一代风流

——1919 至 1927 山东省立一师走出的进步青年

李海平　刘海峰 / 主编

山东城市出版传媒集团·济南出版社

图书在版编目（CIP）数据

一代风流：1919 至 1927 山东省立一师走出的进步青年 / 李海平，刘海峰主编 . -- 济南：济南出版社，2023.7

ISBN 978-7-5488-5780-8

Ⅰ . ①一… Ⅱ . ①李… ②刘… Ⅲ . ①济南幼儿师范高等专科学校 - 校友 - 生平事迹 Ⅳ . ① K820.7

中国国家版本馆 CIP 数据核字（2023）第 128585 号

出 版 人	田俊林	
责任编辑	朱 琦 代莹莹	
封面设计	谭 正	
出版发行	济南出版社	
地 址	山东省济南市二环南路 1 号（250002）	
发行电话	（0531）86131729 86131746	
	82924885 86131701	
印 刷	济南新科印务有限公司	
版 次	2023 年 7 月第 1 版	
印 次	2023 年 7 月第 1 次印刷	
成品尺寸	170mm × 240mm 16 开	
印 张	14.5	
字 数	210 千	
定 价	48.00 元	

《一代风流——1919至1927
山东省立一师走出的进步青年》编写组

主　　编　李海平　刘海峰

副 主 编　王　蕾　高衍玉

特邀顾问　丁龙嘉

编　　委（按姓氏笔画排序）

　　　　　丁龙嘉　孙克旺　刘雅稚　张启群　张丽影

　　　　　张清颖　袁雨田　唐　嫣　高衍玉　满维鸿

编　　辑　张清颖　孙克旺

序

◎丁龙嘉

　　今天的济南幼儿师范高等专科学校，追根溯源，起点是 1902 年创办的山东师范馆。师者，传道授业解惑也。道从何来？欲明大道，必先知史。

　　今天的莘莘学子，担负着建设中国特色社会主义这前无古人的使命。要担起这一使命，历史科学，是其必修课程。怎样学习历史？要像毛泽东所倡导的那样，采用"古今中外法"。对于济南幼儿师范高等专科学校的学子来说，还要从自己母校的百年红色校史中汲取营养。

　　红色校史，具有育人的功能。办学的根本，是培育人，是培育什么人、怎样培育人。显然，今天的学校，应该培育具有世界眼光、家国情怀、勇于进取的优秀人才。如何培育这样的人才？最基本的是，调动方方面面的力量，让学子学会认知、学会做事、学会共同生活、学会生存这四种人生知识和能力，竖起学会学习、学会变革、学会成长这三根人生支柱。无疑，红色校史在培育学生方面有着不可替代的作用。红色校史，与青年学子有着特殊的时空联系，校园、老师、校友，历史档案、文物资料、照片视频，都是重要的纽带，可以使学生更容易拥有自豪感、获得亲切感、产生认同感。这"三感"，可引导青年学子认识到先辈的事迹可学可做、精神可追可及，从而激励其传承先辈的高尚精神和优秀品质，铸牢自身的远大理想和坚定信念，在理想之光的照耀下，在人生的道路上奋勇向前。

红色校史，为育人注入新活力。红色校史，是中国近现代史的一部分，是中共党史的一部分，是青年学子身边的中国近现代史、中国共产党党史。利用好这一重要资源，意义重大。数年来，济南幼儿师范高等专科学校，将自身红色校史融入社科研究，成立了"王尽美与山东党的创建史研究工作室"，成果迭出；将自身红色校史融入思政教学，开设了《尽善尽美尽年华》校本课程，反响良好。现今，又推出了一部著作《一代风流——1919至 1927 山东省立一师走出的进步青年》。我相信，这部新书，不但会受到本校青年学子的欢迎，而且也会受到其他高校青年学子和社会青年的青睐。

国以史为鉴，校以史明志。我祝愿，济南幼儿师范高等专科学校的红色历史，扎根本校，影响全省，走向全国。

2022 年 10 月 20 日

目　录

引 子

　　19世纪40年代，由于列强的入侵、封建统治的腐败，中国一步步沦为半殖民地半封建社会。国家山河破碎，生灵涂炭。如何实现民族独立、人民解放？这是当时中国面临的主要问题，也是中国的先进分子反复思考和奋力抗争的主要问题。

　　为了改变国家和民族的命运，中国人民的反抗斗争几乎没有间断过——太平天国的农民起义、资产阶级改良派的戊戌变法、起自社会下层的义和团运动，一次一次地失败了。1911年资产阶级革命派领导的辛亥革命，虽然推翻了清王朝的统治，建立了中华民国，但是并没有完成实现民族独立、人民解放的历史任务，中国依然在半殖民地半封建的社会中挣扎。

　　辛亥革命之后，中国的先进分子在苦闷和彷徨中探寻新路。以陈独秀等为代表的先进分子开始从思想文化领域探索救亡图存的出路，新文化运动开始了。

　　新文化运动的基本口号是民主和科学。初期新文化运动的实质仍是以资产阶级的新文化反对封建阶级的旧文化。1914年爆发的第一次世界大战，以极端的形式暴露了资本主义制度固有的不可克服的矛盾，使中国先进分子对资本主义制度产生了怀疑。恰在第一次世界大战中的1917年爆发了俄国十月革命，给中国送来了马克思列宁主义。部分先进的中国人开始倾向于马克思列宁主义，赞成走俄国十月革命的道路。

　　列强依据不平等条约闯进中国，他们既是入侵者，又是工业文明的传入者。在工业文明取代农业文明的血泪进程中，社会结构发生了变化，工人阶级和民族资产阶级产生了。五四运动前夕，全国产业工人达到200万左右，仅山东省就有 10 万名产业工人。与此同时，社会上形成了一个以学生、教师、记者为主体的具有新意识的知识分子群体。

1919 年 1 月 18 日至 6 月 28 日，第一次世界大战的战胜国（协约国）和战败国（同盟国）在巴黎召开"和平会议"。中国政府因战时参加协约国一方，作为战胜国派代表出席。中国代表在会上提出废除外国在中国的势力范围、撤退外国在中国的军队等七项要求和希望取消"二十一条"及换文的陈述书，中国人民寄希望于"和会"能够主持公理。

巴黎和会关涉山东问题，山东人民对此有切肤之痛，极为关注。近代以来，山东一直是帝国主义觊觎的目标。1897 年，德国借口"巨野教案"，悍然出兵侵占了胶州湾，于 1898 年强迫清政府签订了《胶澳租界条约》。1914 年第一次世界大战爆发，日本帝国主义借口"英日同盟"，乘机出兵山东，占领青岛，取代德国。山东人民强烈反对德、日帝国主义的强权、侵略。

五四运动爆发前，在济南已出现了呼吁政府坚持公理、取消密约、维护主权的社会活动。1919 年 4 月 20 日，山东各界民众在济南演武厅举行国民请愿大会，到会者 10 万余人，确定组织宣传队，发动民众，提出"收回青岛""收回山东主权"的口号，要求惩办卖国贼。五四运动爆发前，济南国民请愿大会是全国最早的万人群众集会。5 月 2 日，济南 3000 多名工人在北岗子举行收回青岛讲演大会，人力车工人赵强东发表演说："我生在这里，长在这里，我就是这里的主人翁。我们的领土如果有一尺一寸的损失，这都是我们的奇耻。"[1]会后，为抵制日货，工人们自发组织了"劳动五人团"。另外，济南工人还在药王庙、趵突泉和南关等处召开露天演讲大会。五四运动爆发前夕，济南工人就以其鲜明的态度登上了政治舞台。

中国代表在巴黎和会上提出的合理要求遭到拒绝。会议竟判决德国应将在山东获得的一切特权转让给日本。北洋政府居然准备在这样的和约上签字。

---

① 胡汶本，田可深编：《五四运动在山东资料选辑》，山东人民出版社，1980 年版，第 209 页。

巴黎和会外交失败的消息传到国内，激起了各阶层人民的强烈愤怒。以学生斗争为先导、以"外争国权，内惩国贼"为主要内容的五四爱国运动，终于如火山爆发一般地开始了。5月4日，北京大学等13所学校的学生3000多人在天安门前集会，举行示威游行。他们高呼"取消二十一条""还我青岛""惩办卖国贼"等口号，但遭到北洋政府的镇压，30余名学生被逮捕。北京学生实行罢课表示抗议，并通电全国请求声援。

五四运动在京爆发的消息传到山东，济南人民立即掀起了一场伟大的反帝反封建的群众性的爱国运动。

在五四运动中，山东省立第一师范学校逐渐成为济南学生运动和新文化运动的中心。以石愚山、王尽美等为代表的进步青年，通过组织和领导罢课、罢市、罢工、抵制日货，开展彻底反帝反封建的爱国运动；通过建学会、办期刊，推动马克思主义在山东的传播，为创建济南共产党早期组织奠定了基础。山东省立一师的进步青年经过五四运动的洗礼，迅速成长起来，同时书写了五四运动史上的光辉篇章。

张兴三 石愚山 范明枢 ①

◎孙克旺 刘雅稚 高衍玉

张兴三

张兴三，20世纪初曾就读于山东省立第一师范学校。当时的山东省立一师在著名教育家鞠思敏、于明信、王祝晨等主持下，是山东新文化运动的重要阵地。张兴三在校就读期间，深受新文化思潮影响，富有爱国热忱。

1919年5月4日，伟大的五四爱国运动首先在北京爆发。因为中国在巴黎和会上外交失败，被德国窃取的青岛权益没有收回，反而被转让给日本，山东人民对此有特殊的切肤之痛。

得知北京学生因集会抗议而遭到反动当局逮捕后，山东人民群情激愤，星夜酝酿集会，力争收回青岛、惩办罪魁、释放学生。5月5日，山东省议会选派代表赴京，与鲁籍两院议员和旅京山东各界代表聚会，提出立即释放学生、拒绝承认"二十一条"、弹劾内阁等要求。6日，山东国货维持会召开大会，决定抵制日货，严惩奸商。但是，软弱的北洋政府为防事态扩大，严令山东地方当局取缔集会活动，日本政府也屡次要求山东当局压制群众运动。

5月7日，山东各界62个群众团体代表共35000人左右在山东省议会召开国耻纪念大会。当天上午，大量军警荷枪实弹，把守省城各重要路口，但上午10点，已有3万余人手持书有"勿忘国耻""力争主权"等口号的小

---

① 此篇受收集资料所限，把三位校友的史料合为一篇。

旗，冲破军警阻挠，陆续到达省议会，想要前往会场但被阻止的群众不计其数。即使如此，省议会楼上楼下仍然拥挤异常，多数到会者只能露天站立。会场内悬挂着曹汝霖、章宗祥、陆宗舆 3 名亲日派卖国分子的头像。山东省立一师大量学生参加了大会，张兴三也是其中之一。12 点，会议开始，全体到会者高唱爱国歌曲，然后大会主席郑幼亭报告开会宗旨，王讷报告北京近日交涉情形，张问山请大家讨论斗争办法。集会当场决定发出 4 道电文，济南学生外交后援会宣布济南学界分别致电北洋政府及北京大学，声援北京各界的爱国行动。随后，全体到会者高唱《保国歌》。歌毕，包括张兴三在内，共有 30 多名演说员相继演说。张兴三演说时，当场咬破右手中指，血书"良心救国"四个大字（一说为另一演说者——《齐鲁公报》编辑余吟笙演说至精彩感人处，听众起立鼓掌，人群中的张兴三突然咬破手指并血书）。到会者见状，无不陨涕，皆指天誓日，团结一心，爱国行动如不能达到圆满目的，虽牺牲全省人民身家性命也在所不惜。下午 4 点，会议结束。①

张兴三在山东国耻纪念大会上的破指血书"良心救国"，把国耻纪念大会推向了高潮。此后，济南及山东其他地区集会、示威、游行和罢课、罢工、抵制日货等斗争，如火如荼地开展起来。

插图释文： 良心救国。包胥②首碎，威公③泪竭。人心不死，视此热血！中

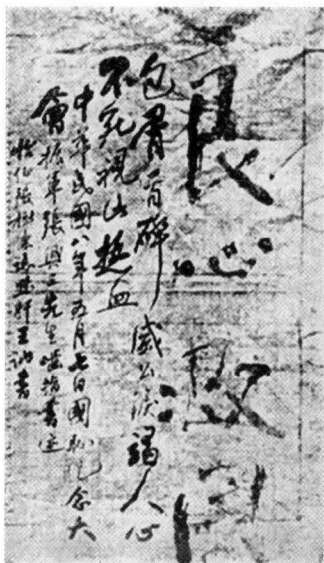

---

①中共山东省委党史研究室，山东省中共党史学会编：《山东党史资料文库·第 1 卷》，山东人民出版社，2015 年版，第 394 页。

②包胥，春秋时期楚国大夫，申氏，故称申包胥；吴攻楚，破楚都郢，申包胥赴秦求救，于秦庭哭七日，叩头于地，头破；秦发兵攻吴，楚国复。

③威公，春秋时期蔡国大臣，心知蔡国将亡，闭门而哭三日三夜，泪尽而继以血。

华民国八年五月七日国耻纪念大会，振军①张兴三先生啮指奋迹。怡伯②张树德志，默轩③王讷书。

石愚山

石愚山，原名石志昆，1895年出生，15岁就读于山东青州海岱中学，他从小便为人正直、性格刚毅。1915年，他考入山东省立第一师范学校史地科，1919年毕业。这一年，石愚山24岁，是品学兼优的爱国青年；这一年，爆发了轰轰烈烈的五四爱国运动，他毅然投身于时代洪流中，开启了自己矢志爱国的波澜一生。

一腔热血，投身五四

石愚山毕业这年，正值第一次世界大战结束，中国作为战胜国之一，派出代表团参加巴黎和会，然而中国代表在巴黎和会上提出的合理要求遭到了拒绝，会议竟然判决德国应将在山东获得的一切特权转让给日本，北洋政府居然准备在这样的和约上签字。

巴黎和会外交失败的消息传到国内，激起了各阶层人民的强烈愤怒。

---

① 振军，张兴三的字。
② 怡伯，张树德的字，张树德生平事迹无考。
③ 默轩，王讷的字。王讷，山东安丘人，清末举人，中国同盟会会员，曾任山东优级师范学堂（山东省立一师前身）监督事（校长），辛亥革命中曾参加山东省独立于清政府的运动，民国时期曾任山东省教育厅厅长、实业厅长，中华人民共和国成立后曾任齐鲁大学教师、山东文史馆馆员，擅书画。

以学生斗争为先导、以"外争国权，内惩国贼"为主要内容的五四爱国运动，如火山爆发一般地开始了。北洋政府出动军警，镇压逮捕了学生，于是北京学生罢课，表示反抗，并通电全国请求支援。

对此，有切肤之痛的山东学生和各界人士义愤填膺，为了有力开展爱国活动、抗议反动政府的卖国行为、声援北京被捕学生，由省立一师、省立第一中学、齐鲁大学、工业专门学校等学校学生会倡议和主持，并联络各学校，各校推选代表二人于5月中旬成立了济南学生联合会，石愚山被选为副主席、评议部部长。

这一年，石愚山24岁，凭着一腔热血，与进步同学们一起发起并组织了一师的罢课和游行示威，接着联合起了省立一中和其他学校，乃至工商界和群众团体。后来因为他敢于斗争、富有组织力，又被选为代主席和济南市各界罢课罢市的总指挥，发动并组织了轰动全国的罢课、罢市运动。

1919年5月23日，在济南学生联合会的领导下，济南全市各学校开始罢课。此后，各校学生在学联会的领导下，不惧反动势力的阻挠破坏，积极地进行了许多活动，如抵制日货、街头演讲等。

当学生抵制日货的队伍在西门大街游行演讲时，济南镇守使马良派队伍将学生们赶至省立一师礼堂内"训话"，试图阻止学生上街游行演讲。此时，石愚山勇敢地站出来和马良辩理，他指出："日本强占我们的青岛和胶济铁路；并在中国销售货物及毒品，压迫和剥削中国人民，我们反对日本侵略，抵制日货，提倡国货，有何不对？"说得马良无言以对、恼羞成怒，蛮横地吩咐卫兵将石愚山打了40手板。学生们纷纷叫嚷怒斥，马良这才住手。他看到石愚山的手十分红肿，赶紧溜下台去。而石愚山仍带领同学们坚定地上街游行，进行各种爱国活动。

学生运动激起了全国许多地方罢工、罢市，特别是上海市商人罢市、工人罢工的爱国浪潮大大影响和推动了济南市各界人民的爱国运动。6月9日上午，在学联会要求下，由省议会出面，召开了一个全市各界代表大会，会议讨论了如何声援北京被捕学生和响应上海等地罢市等问题。当时一致通过决议，即于6月10日起，全市实行大罢市，并由学联会具体进行组织和发动工作。

学联会在组织罢市的过程中，遇到了重重困难与危险。反动军警先是堵住了许多学校的大门不让学生外出，学生们据理力争无果后，高喊口号冲了出去，有的学生被打倒了，爬起来还是向前冲，在相互掩护和配合下，学生们终于冲出了学校大门。而后，反动军警并不甘心，他们调动部队，企图强力驱散街上的学生队伍，他们一边吆喝，一边开始动手打拉学生。学生们一边奋力抵抗，一边大声跟他们讲理。最后，反动军警见无法驱散学生队伍，便命令军队将大街封锁起来，企图用围困的方式迫使学生自动解散。而大家集中在一起后，力量更大，斗志更旺了。他们抱定斗争到底的信念，在省立一师门前搭起了几张桌子作为临时指挥中心，各校代表轮流上去演讲，据理力争。

通过罢课、罢市运动，爱国进步学生和社会各界人士凭着勇气和毅力，一次又一次挫败了敌人的阴谋，也终于争取到进京请愿的合法地位。当年 6 月，山东各界选出了请愿团代表，石愚山便是其中之一。

历尽艰辛，北京请愿

6 月 19 日一早，天方微明，一师全体学生和其他各界代表，都赶到车站，为请愿团送行，有不少人因激情难抑而痛哭流涕。当晚 7 点左右，请愿团到达北京。6 月 20 日一早，请愿团代表整队出发，到达总统府门前，向当时的北洋政府递交了请愿书。但北洋政府警卫密布，如临大敌，首脑们更是闭门不见，于是请愿的学生们高呼口号，甚至手锤脚踢大门。由于天气炎热且情绪激动，有的代表当场中暑晕倒。代表们悲愤难抑，便效法申包胥哭秦庭的故事，"跪在门外，放声号哭。时适下大雨，一小时后，各代表尽陷于水污泥淖之中，痛哭失声，闻者恻恻"。有代表大声喊道："我们 85 人，今天死到这里，不达目的，决不回去！"（1919 年 6 月 23 日《时事新报》）对山东各界请愿团代表的"秦庭之哭"，李大钊曾评说："这样的炎热酷日，大家又跪到新华门前，一滴血一滴泪地哭。唉！可怜！

这斑斑的血泪，只是空湿了新华门前的一片尘土！"

这种情景一直坚持到下午，总统府门外围聚的人越来越多，纷纷咒骂反动政府无耻，只知卖国殃民。迫于群情，反动政府派出山东籍的军警督察处处长马龙标来劝说代表们返回住处，但代表们坚决说道："外交危局，已届刻不容缓，代表不远千里来京，岂有不见之理！"后马龙标无奈又出面回复，说第二天上午大总统会接见代表们，代表们才勉强同意，返回住处。

6月21日，北洋政府大总统徐世昌被迫接见了山东请愿团，请愿团代表递交了《山东各界人民请愿书》，然后分别讲话，讲话内容除了陈述山东人民深受日本帝国主义种种蹂躏的痛苦和人民激愤的心情外，还着重提出了对政府请愿的三条内容，要求采纳民意，明确表示态度，以便回告山东父老。不料，徐世昌老奸巨猾，敷衍了两句就把问题推给代理总理龚心湛，接见就此结束。于是，大家商议决定：一方面推出6位代表，第二天就去见龚心湛，要求他明确表示拒绝签字；另一方面，各代表分头去各界联系，请求声援。

6月22日，石愚山等作为学生代表又同龚心湛展开了面对面的斗争辩理。经过几天的反复较量，25日，龚心湛做出第一次批复，但代表们看出这次批复纯粹是敷衍搪塞，一点没有解决代表们的正义要求，而且暗藏着许多出卖祖国的阴谋。代表们越想越生气，一致决定：不能带着这个结果回去见山东各界人民。于是，经过商讨，决定：一是立即将原批复退回，明确表示决不签字；二是立派代表李子善专程回济，组织增派第二批代表团进京增援；三是再次通电各省，约请各省组织请愿团来京请愿。

终于在6月27日晚，龚心湛被迫做出第二次批复，大意是：已电令巴黎和会我国专使，不保留山东问题，对和约决不签字。随后6月29日，又接到消息：巴黎和会我国专使来电，已在和会拒绝签字。而就在6月29日，山东各界第二批请愿代表80多人又赶到了北京，两批代表见面后经过研究，认为请愿的主要目的已经达成，于是决定离京返济。

初心不改，矢志爱国

五四运动后，1920 年至 1937 年，石愚山先后在济南一中、烟台中学、青州四师任史地教师。上课时，他用自己的爱国经历教育学生："为民者，要为国家版图完整，不怕流血牺牲；为官者，要为国家主权独立而鞠躬尽瘁！"这一时期，他除了教书，还利用业余时间学习国画，并研究考古学。

七七事变后，石愚山毅然辞去教师职务，携眷回乡，并带领部分学生在青州、沂水一带从事抗日宣传活动。他曾编导过话剧《一片爱国心》，以《松花江上》为结束曲，每场演出完毕，台上台下常常一片哭声和口号声。此时，日伪高层知道石愚山在山东教育界颇有影响力，动员其出面做官，他蓄须明志，誓死不当汉奸。这段时间，他以古董商身份为掩护，暗地帮助他的学生在胶济铁路一线从事抗日活动。1940 年，日寇以通共为由在青州将其逮捕，面对日本宪兵队的酷刑拷打，他一口咬定是到青州收购古董，并以其精深的历史文物知识，瞒过了日本人。日寇找不出破绽，但又不肯放人。后经多方奔走，他才获救。

获救后，为避免日寇再次迫害，他在青岛、青州经营小手工业，并与中共地下工作者王费先和爱国人士张明庭、冯俊三等秘密交往，一直未间断抗日活动。抗战胜利后，他以敌后抗日社会贤达代表的身份，担任了青岛对日接收委员一职。工作中，因见国民党接收大员贪污腐化严重，他愤然辞职，又开始从事清贫的教学工作。

中华人民共和国成立后，石愚山出任青岛地理学协会副会长，1952 年调到山东师范大学任教，1958 年退休，1976 年病逝。他晚年酷爱读书与文物收藏。生前著有《世界经济地图》《中国陶瓷源流考》等书。

范明枢

范明枢，1866 年生于山东泰安县徐家园的一个贫苦家庭，父亲范清祥忠厚老实，母亲吃苦耐劳，以磨面为生。范明枢从小就立下了要为贫弱办事、精忠报国的志向。

勤奋好学，教育救国

1875 年春，范清祥拿出全部的积蓄，把范明枢送到私塾念书。范明枢原名叫范丙寅，后改名炳辰，先生赐名明枢。为实现报国志向，范明枢走上科举之路。1889 年，范明枢考中秀才，又选为增生①。这段时期，范明枢如饥似渴地学习中华传统文化，在思想上推崇以孔、孟为代表的儒家思想，在行动上走科举救国之路。

1899 年，范明枢考入泰山上书院，研修一年，肄业回家。主要原因有三：一是他受康梁变法维新思想的影响，对封建腐朽的政治制度产生了怀疑；二是八国联军侵华极大地刺激了范明枢，使他深深感到儒家思想已不能救亡图存；三是他对西方的新学产生了浓厚的兴趣，萌生了通过学习西方新学以救亡图存的进步思想。

1903 年 9 月，范明枢怀揣教育救国的理想，考入山东师范学堂，这是山东最早的师范学府。在当时"中学为本、西学为用"的潮流中，学校对学生操行和功课要求很严格。范明枢旧学根基扎实，在此基础上学习新学，使其眼界大开。

①增生是科举制度中生员名目之一，岁科两试在一等前列者，方能补为增生或廪生。

1905 年 8 月，范明枢与 31 名师范学堂优秀学生一起，由政府保送去日本东京留学。39 岁的范明枢，卖掉家中的部分田产，又向亲戚借了些钱，踏上日本求学之路。他当时深信教育救国，考取了师范速成科。在日留学期间，范明枢除认真学习必修课程外，广泛阅读西方进步书籍，试图找到救国的道路和方法。

就在范明枢刚到日本之际，1905 年 8 月 20 日，在孙中山倡导下，以兴中会和华兴会为基础，联络光复会成员，在日本东京成立了同盟会。范明枢经过慎重考虑，参加了同盟会的革命活动。1907 年，范明枢学成返回山东泰安，以设教馆、办公学等方式，组织发动民众，开展反帝制、反封建活动。

这段时期的范明枢从推崇儒学逐渐转变为信奉旧民主主义，以崭新的风貌和高昂的斗志实践着教育救国的理想。

投身五四，誉满泉城

1918 年，国际形势复杂，俄国十月革命已取得胜利，第一次世界大战业已结束。国内国体几多变更，陷入军阀混战状态。中华民族仍陷于危亡贫弱，百姓仍处于水深火热之中。范明枢教育救国信念依然坚定，丝毫不曾动摇。范明枢又来到济南，几经辗转，就任山东省立第一师范学校学监兼语文教员。

1919 年，五四运动爆发。山东省立一师的学生立即声援北京学生，投入到轰轰烈烈的反帝反封建的爱国运动中。范明枢大力支持学生，参加了五四运动，并以"表现最为勇敢"誉满泉城。

为了声援 6 月 3 日被北京反动政府逮捕的 1000 多名学生，6 月 8 日，山东省学生联合会（会长为省立一师学生赵绍谦）在山东省立一师大礼堂召开大会，一致同意发动全市大罢市，并立即提请山东省议会召开各界大会。6 月 9 日，省议会出面召开了全市各界代表大会，决定发动济南大罢市。在山东省学生联合会和学商联（会长为省立一师学生朱孟武）的领导下，6 月 10 日，济南举行了大罢市。

6月12日晚上，山东省立一师的负责同学石愚山等人，照例在学校西北楼下一个寝室开碰头会，商量第二天的活动对策，因为当时已经得知反动政府"不准学生出校宣传坚持罢市，否则军法严惩""强制商家限期开市"的命令，他们正讨论如何行动和坚持罢市斗争问题。范明枢满怀沉痛和激愤来到寝室。当提到此次军警干涉不同于以往时，范明枢气愤地说："卖国军阀干涉我们爱国正义行动，真是无耻已极，可恶万分。"接着伸出拳头声色俱厉地说："见义不为是无勇也！威武不屈才是大丈夫！"范明枢这样一说，顿时激发了学生们的斗志。

省立一师学生一夜未睡，一直在商讨对策。天还未亮，大批军警就包围了学校。士兵荷枪实弹，严封校门，不准学生出入。

6月13日，天快亮时，学生听到军警包围学校的消息后，决定立即整队冲出校门。学生刚到校门，军警执枪阻拦。学生张某拿了稀饭给士兵们喝，并乘机进行宣传，企图说服军警允许出校，但遭到军警的拒绝，坚决不准外出，否则便开枪。范明枢站在大队前对学生说："卖国政府出卖国家主权，还派军警干涉你们的爱国行动，你们的行为是正义的，我支持你们，见义不为无勇也，同学们跟我来，一起冲出去！"学生高喊"打倒卖国贼"，猛往外冲。军警立即上了刺刀，上前阻拦。范明枢挽起长衫，摘下帽子，不顾一切，猛向士兵冲去，士兵吓得目瞪口呆，急忙后退。学生们乘机破门而出，涌上街头。

汇集在一起的各校数千名学生举行了声势浩大的游行，并在城内西门大街静坐示威，直至深夜，终于迫使山东督军张树元与学生代表谈判，接受学生四项要求，致电北京总统府。年届53岁的范明枢与学生患难与共，一日滴水未进。

山东省立一师的带头作用，极大地促进了五四运动在山东的发展，使山东省立一师成了山东新文化运动和五四运动的中心，而范明枢的壮举，被称颂为"表现最为勇敢"。他身先士卒、不怕牺牲的英雄气概，得到广大青年学生的钦佩和敬仰。

山东省立一师师生体现的"五四精神"熠熠生辉。

矢志救国，坚定信仰

1920 年春，范明枢到曲阜山东省立第二师范学校（简称省立二师）担任校长，此后长达八年之久。他把省立二师打造成了"红二师""小莫斯科"，使该校成了中国共产党在曲阜开展进步活动的中心。由于他的行为引起了国民党政府的不满，再加上当局的倒行逆施，范明枢于 1927 年愤然辞去省立二师校长一职。

在这八年里，范明枢始终怀揣教育救国理想，探索挽救民族危亡的道路。经过不断地比较、鉴别，他在思想上开始逐渐由旧民主主义向新民主主义转变。

1931 年，山东省立第一乡村师范学校（简称济南乡师）校长鞠思敏聘请范明枢担任学校图书馆主任。为了让学生了解新思想，范明枢想方设法购进进步书籍，这些进步书籍对青年学生的世界观产生了巨大的影响。

范明枢通过阅读进步书籍，开阔了视野，对马克思列宁主义产生了浓厚的兴趣，对新民主主义思想有了更深的感悟。范明枢因乐与青年学生结成志同道合的忘年交，在学生中获得了"老青年"的雅号，一直到晚年他对此都津津乐道。

"九一八"事变后，日本侵占了我国东三省，全国民众掀起了抗日救亡的高潮，而国民党奉行不抵抗政策。范明枢对日本帝国主义恨之入骨，积极参加师生们组织的反日斗争，支持学生的南下请愿活动。南下请愿以失败而告终，这让范明枢看清了国民党反动派的真面目，不再对其抱有幻想，并由此彻底放弃了旧民主主义思想，接受了新民主主义思想。

1932 年 3 月初，韩复榘为了扑灭熊熊的革命烈火，在山东进行了一次大逮捕。20 日夜，国民党军警特务冲进济南乡师，逮捕了范明枢等 7 人。

他在接受审讯时被问："你这么大年纪，都到了颐养天年的时候了，为什么还看那些异端邪说？"

范明枢理直气壮地回答："这些书上说的都是真理，为何不能看？"

又问："为什么还介绍给别人，到处传播宣传？"

他泰然自若地说："不只我要追求真理，追求真理是有良知的人共同的心愿，所以我把它介绍给别人，让别人也掌握真理。"

再问："你不知道这是犯赤化之罪吗？"

他正气凛然地说："让青年人看好书，做有利于救国救民的好事，是我的道义职责，何罪之有？"①

警察厅长面对这个秉性耿直、不屈不挠的老夫子瞠目结舌，当即休庭。

66 岁的范明枢身陷囹圄，在社会上引起强烈的反响。对这位爱国进步的老人，社会各界给予极大的同情，但经过多方救援都没效果。最终在冯玉祥的强力干预下，入狱 80 多天的范明枢才被释放。

范明枢出狱后，怀着对国民党反动派的无比愤慨，回到了家乡泰安。1933 年 8 月，范明枢成为了当时在泰安隐居的冯玉祥的老师，从此每天到普照寺给冯玉祥讲课，达一年之久。

1934 年，冯玉祥和范明枢兴办"泰山革命烈士祠纪念武训小学"（简称泰山武训小学），先后共建 15 处分校，冯玉祥任董事长，范明枢任总校长。学校专门招收贫困家庭的孩子，办学经费都由冯玉祥和范明枢筹集或募捐，甚至是借债，学生一律免交学杂费。直到 1937 年冬，日寇占领泰安后，学校停办。

1937 年 7 月 7 日，卢沟桥事变爆发，日本帝国主义大举侵略中国。在中国共产党的努力和全国抗战舆论的压力下，国民党接受了中国共产党抗战的主张，全国抗日民族统一战线得以形成。范明枢对此颇感欣慰，不顾 70 多岁高龄，又全身心地投入到抗日救亡的洪流中。

1937 年 8 月，范明枢和马馥塘（省立一师学生）成立了"泰安各界抗敌后援会"，他被推举为主任，马馥塘任秘书。9 月，他出面成立"泰安

---

① 王玉琳，张鹏编著：《泰山青松范明枢》，中共党史出版社，2005 版，第 82 页。

民众抗敌总动员委员会"，并任主任。这段时间，71 岁的范明枢奔波于城乡之间，多数时间是自雇独轮车下乡宣传，鼓动大家联合起来，保家卫国。

1938 年 8 月，为适应抗日战时勤务工作，鲁南民众总动员委员会成立，范明枢和张有渔实际负责。范明枢奔波于沂蒙山各县区，积极推动各县建立动委会。他让人用漂白布做了两条被单大的横幅，委托"鲁艺学校"在横幅上画了两幅水彩画，画的是日寇在中国抢掠烧杀和中国人民奋起抵抗的场景。他用竹竿把横幅挑起来绑在独轮车上，到蒙阴一带的集市上宣传，深深打动了民众。

1940 年 7 月，范明枢被推选为山东省临时参议会参议长。1945 年秋，山东省临时参议会改为山东省参议会，范明枢继续担任参议长。因为范明枢的出色工作，他被根据地军民誉为"抗战老英雄""抗战老寿星""革命老人""泰山青松"。

1945 年 8 月 15 日，日本宣布无条件投降。范明枢得知日寇投降的消息后，忍不住喜极而泣，当即背诵了杜甫的《闻官军收河南河北》。

范明枢一贯追求进步。在省立二师，他阅读过介绍共产主义的书籍，思想尚处在朦胧状态。在济南乡师，他对共产主义有了一定的认识。抗战期间，在与共产党的合作中，特别是接触了毛泽东的著作后，他真正认识到中国共产党是先进政党，是能领导人民建设新中国的政党。范明枢曾多次向党组织提出过入党要求，但组织上考虑当时抗战工作需要，让他暂时留在党外，发挥更大的作用。

年近八旬，终圆夙愿

1945 年 5 月，范明枢向中共山东分局郑重提出入党请求。分局认为范明枢已具备入党条件，并转报中央，立即获得党中央批准。79 岁的范明枢于 6 月 17 日正式加入中国共产党。范明枢接到消息后极度兴奋，表示被批准入党"乃完成毕生夙愿"，"惟一息尚存，必当奋斗至死"。

1946 年，蒋介石在美帝国主义支持下，悍然撕毁《国共停战协定》，

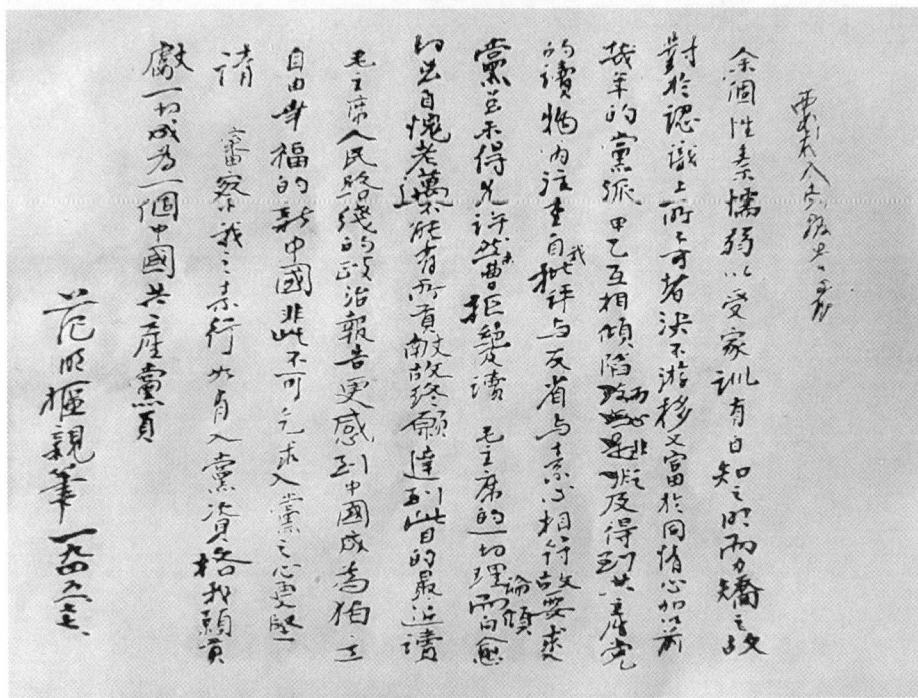

范明枢向党组织提交的《要求入党报告书》

发动反共反人民的内战。范明枢虽在病中，仍极关心时局的发展，发表了《为内战告全省同胞书》，又以省参议会的名义，发表了"致司徒雷登的一封信"，揭露美蒋阴谋。

1947 年 9 月，范明枢新病未愈，旧病复发，从此卧床不起，不幸于 10 月 2 日在山东乐陵与世长辞，享年 81 岁。

1950 年 12 月，范明枢的灵柩移葬泰安，陵墓在泰山南麓普照寺下的苍松翠柏中，墓后并立着三块石碑，正中的一座刻着"故山东省参议会范议长明枢之墓"，左右两座刻着林伯渠和谢觉哉题写的挽词，分别是"革命老人永垂不朽""永远是人民的老师"。

【参考文献】

[1] 胡汶本，田克深 . 五四运动在山东资料选辑 [M]. 济南：山东人民出版社 ,1980.

[2] 中国人民政治协商会议山东省委员会文史资料研究委员会 . 文史资料选辑（第三辑）[M]. 济南：山东人民出版社 ,1982.

[3] 李凤琪 . 五四运动杰出的学生代表石愚山 [J]. 东方花都 . 2014 年 9 月第三期（总第十七期）.

[4] 王玉琳，张鹏编著 . 泰山青松范明枢 [M]. 北京：中共党史出版社 ,2005.

[5] 泰安市政协文史资料委员会编 . 革命老人范明枢 [M].1991.

王尽美

◎丁龙嘉　袁雨田[①]

王尽美,原名王瑞俊,又名烬美、烬梅,字灼斋。1898 年 6 月 14 日出生于山东省诸城市大北杏村(时属莒县)。1918年考入山东省立第一师范学校。在校学习期间,投身于五四爱国运动,创建了济南共产党早期组织,参加了中国共产党第一次全国代表大会,成为党的创始人之一。王尽美一生致力于党的革命事业,是山东党、团组织的缔造者,是党早期开展工人运动和统一战线的主要领导者。因积劳成疾,1925 年 8 月 19 日病逝于青岛,终年 27 岁,是最早辞世的中共一大代表。王尽美临终前的遗嘱没有一句家事私情,至死牵挂的仍是无产阶级和全人类的解放以及共产主义的彻底实现。

沉浮谁主问苍茫（1898—1918）

（一）倔强不屈的苦孩子

1898 年 6 月 14 日,王尽美出生于山东省诸城市大北杏村(时属莒县)。

---

① 此篇文章由丁龙嘉指导,袁雨田执笔。

大北杏村位于乔有山下、潍河旁边，村北面是一望无际的昌潍平原，村南面是绵亘起伏的沂山山脉。

王尽美的祖父母为了生计从外地逃荒来到大北杏村，给村中地主当了佃户。王尽美出生前四个月，其父在贫困中离开了人世。王尽美出生的这一年，正是大灾之年，他与祖母、母亲相依为命，生活艰难。也是在这一年，德国强租胶州湾，英国强租威海卫，山东沦为德国的势力范围，帝国主义对中国的侵略进一步加深，山东半殖民地化程度日益加深。资产阶级维新派发动了救亡图存的戊戌变法，农民阶级发动的义和团运动也在山东兴起。

在苦难中泡大的王尽美，幼年时唯一的乐趣就是听母亲讲故事。王尽美的母亲善良、淳朴、勤劳，而且记忆力强、口才好，会讲许许多多的故事。王尽美最喜欢听的是义和团反洋教的故事，他对侵略者恨之入骨，对义和团的英雄由衷地崇拜。母亲讲的故事，是幼年时期王尽美的精神食粮。在这些故事的熏陶下，王尽美萌生出伸张正义、铲除不平的思想。

王尽美母亲王刘氏

苦难的生活、对正义的追求、对英雄的崇拜，使王尽美从小形成了倔强不屈的性格，即使生活贫苦，他也从不到地主家去乞求施舍。王尽美 8 岁便起五更睡半夜，搂草拾柴，干农活。后来，他在《山东的师范教育与乡村教育》一文中写道："可怜那些贫民的孩子，不到七八岁的时候，就要帮助他父兄去地里操起沉重的工作，日未出即下坡，夜深方回家，终年勤勤恳恳，不敢偷一点闲暇，结果凭血汗所得到的食物、衣料，还要让强有力者尽量掠夺了去，什么赋税、租粒……割肉敲骨，卒致自己还不免冻饿死亡。"这既是王尽美对童年时周围生活的反映，也是对自己生活的写照。王尽美一家人，辛辛苦苦劳作一年，秋后却将一袋袋粮食送到地主家，自己所剩无几，终年过着半年糠菜半年粮的生活。

世道的不公，使少年王尽美感到迷惑不解：同样是人，为什么有的人不劳而获，有的人坐享其成？为什么有的人吃山珍海味、穿绫罗绸缎，有的人终年辛苦却不得温饱？母亲总是含着泪水告诉他："这是穷人的命苦啊！"王尽美问母亲："'命'不好，不能换一换吗？"

常年的悲惨生活，让身处社会底层的王尽美对农民和农村有更深刻的认识，让不认命的王尽美形成了反抗压迫、反抗剥削、反抗不公的朴素的阶级思想，也培养了他吃苦耐劳的优良品质。

（二）努力汲取知识的少年

王尽美的家乡——诸城，人杰地灵，名士辈出，崇尚教育，是一个历史悠久、文化灿烂的古县。"至今东鲁遗风在，十万人家尽读书"。当孩子长到七八岁时，家庭无论是富裕还是贫穷，都想方设法让孩子读书。对王尽美异常疼爱的祖母和母亲，也极其盼望能让聪颖的王尽美读书，但生活贫困的他们要供孩子读书是办不到的。一个偶然的机会，7 岁的王尽美成了地主家孩子的陪读。私塾里，先生给他起名曰王瑞俊，字灼斋。启蒙阶段的学习内容有《三字经》《百家姓》《千字文》《日用杂字》等。王尽美深知自己读书不易，便发奋学习，由于成绩比地主家孩子好，常遭嫉妒，被责难训斥。陪读不到一年，地主家孩子突然病故，王尽美也就失去了读书的机会。

1910 年春，大北杏村办起了村塾，主要招收贫寒子弟入学，学费很低。王尽美在失学三年后，有幸又获得了学习的机会。在村塾的两年间，王尽美学习了《论语》《大学》《中庸》《孟子》《易经》《书经》《礼记》《左传》《古文观止》《千家诗》等。从这些书中，王尽美学到了许多知识。由于学习刻苦且善于思考，王尽美深得先生张玉生的称赞，称王尽美是他一生中最得意的学生。

私塾和村塾里学习的古代经典，不仅让王尽美得到了启蒙，学习了知识，也让他认识了底蕴深厚的中华优秀传统文化。这些中华优秀传统文化中蕴含的家国情怀、民族精神、教育思想等，为王尽美认识和改造社会提供了有益启迪。

（三）立志救国救民

1911 年，中国发生了翻天覆地的大事变——辛亥革命。此时的诸城也正经历着历史性的变化。1911 年辛亥革命前，革命党人就在诸城地区活动。辛亥革命后，各省纷纷宣布脱离清政府并独立。1912 年 2 月，革命党人攻占了诸城县城，宣布诸城独立，并成立了山东军政府分府。当时，"驱除鞑虏，恢复中华，创立民国，平均地权"的口号振奋人心。这激动人心的场面，使王尽美大开眼界，他隐隐地感觉到，世道正在发生变化。青年王尽美为这种变化而振奋。

1912 年，山东各县劝学所为推行新学，派人到各地查封、改良私塾，开办新式学校。就在这一年，大北杏村成立了初级小学，王尽美转入了这所小学的四年级学习。由于王尽美品学兼优，被指定为大学长，并免除了学费。1913 年，初级小学毕业的王尽美升入设在枳沟镇的高级小学，并成为唯一的免费生，继续担任大学长。在新式学校学习期间，王尽美的知识丰富了，眼界开阔了，对周围的环境有了新的感悟，思想开始发生巨大变化。

在枳沟高小学习时，王尽美的思想深受老师王新甫的影响。王新甫毕业于山东法政学堂，是支持资产阶级革命的新派人物。随着革命形势的进展，他常在课堂上给学生讲述铁路风潮、武昌起义等革命事件，介绍黄花岗七十二烈士、邹容等人物事迹，给学生们推荐、介绍一批当时流行的书籍和刊物，如《天演论》《革命军》《民报》等。这些革命事件、革命人物和革命书刊体现的资产阶级民主革命思想，将王尽美的思想引向了一个新境界，使他的思想开始发生巨大变化。在他朴素的阶级情感中，民主主义的思想开始萌芽，他渐渐地明白了一些革命道理，越来越关心国家大事，逐步确立了救国救民的远大志向。

（四）向往广阔天地

1915 年，17 岁的王尽美在枳沟镇高小毕业后再一次失学在家，从事农业劳动。这一年秋，祖母和母亲为王尽美订婚。其妻李氏比王尽美大一岁，贫苦农民家庭出身，是一位勤劳、贤惠的女子。

参加农业劳动的王尽美成了家庭的顶梁柱。繁忙的劳动、沉重的负担、困苦的生活，并没有扼杀王尽美求知的欲望，也没有窒息他追求进步的思想。王尽美千方百计地搜寻书刊，凡是能够找到的书籍、刊物和报纸，他都想方设法借来，贪婪地阅读。

王尽美十分喜欢文艺，在枯燥的农业劳动之余，他同许多农民一样喜欢摆弄乐器和演戏。那时大北杏村有个农民戏班子，王尽美常去戏班子玩儿，在那里他学会了拉二胡、吹笛子、弹三弦、演戏等技艺。不久又成为戏班子的正式成员，每年新春正月时节，戏班子为各村农民去演戏，王尽美都积极参加。后来有人回忆说，亲眼看到寒风瑟瑟的舞台上，王尽美身穿黑袄、腰系扎带、头戴毡帽吹笛子。王尽美的文艺才华对他后来从事革命活动、宣传革命思想都很有助益。

20世纪一二十年代，世界在剧烈地变化着。国内，接连兴起反对日本侵略和"二十一条"的大规模群众运动以及护国运动；国外，第一次世界大战、十月革命等，都深刻地影响着中国和世界。在全国时局的影响下，诸城发生的两件事，深刻地震撼了王尽美的思想。1915年12月，袁世凯复辟帝制激起了全国的反袁浪潮，各地纷纷护国讨袁。1916年5月，中华革命军东北军马海龙支队在广大群众的配合下，攻克诸城县城，宣告独立，开监放人，开仓济民。同年，郑耀臣组织民众在白龙山竖起农民起义大旗。资产阶级的护国讨袁和农民的反抗压迫，使王尽美深深感觉到自己应当在这个变动的时代中有所作为。

恰在这时，省城济南有官费学校可以报考，王尽美决定远赴济南求学。在家人坚决反对并且自己已婚的情况下，王尽美之所以下决心来济南求学有三个原因：一是受资产阶级民主革命思想的影响。王尽美的老师王新甫灌输的资产阶级民主革命思想对他影响很大。当时半殖民地半封建的中国没有民主可言，民主对知识青年有着很大的吸引力。他想要到一个能学到新东西、传播新思想的地方去，在山东就是省会济南。二是王尽美立志要改造社会。常年的悲惨生活，让身处社会底层的王尽美对农民和农村有更深刻的认识，对当时急剧转变中的农村各种矛盾、各种社会现象有更进一步的了解，他想探寻改造社会、救国救民的道路。三是他有一位贤惠的妻子。

他的妻子可以照顾家庭，让他少了很多后顾之忧。

1918 年春夏之交，王尽美离开家乡。临行前，他登上乔有山，远眺滚滚东流的潍河水，感慨万千，遂赋诗一首，表达自己力求改变社会现状、救国救民的抱负：

> 沉浮谁主问苍茫，古往今来一战场。
>
> 潍水泥沙挟入海，铮铮乔有看沧桑。

五四锤炼渐成长（1918—1919）

（一）考入山东省立第一师范学校

1902 年的山东大学堂附设师范馆，是全国最早的师范学府之一，后改为山东师范学堂、山东优级师范学堂。辛亥革命后，1912 年 5 月改为国立山东高等师范学校，由徐鸿策、鞠思敏先后出任校长，与当时的北京、南京、武汉三处高等师范并称为全国四大师范学府，培养的学生许多成为山东教育界的精英，对民国初年山东中等教育的发展做出了重要贡献。1914 年 8 月改名为山东省立第一师范学校，是当时山东省内体制完备、质量较好、影响较大的师范学校，民国初年山东四大教育家鞠思敏、于明信、王祝晨、范明枢都在此任教。省立一师的教育目标是培养山东国民小学教师，学制是预科一年，本科四年。

辛亥革命后，经历了国体变更和学制改革，山东的师范教育进入了一个新的历史阶段。在教育思想和教育政策上逐渐摒弃了封建主义的糟粕，吸收了西方的先进教育理念，教育体制、教育管理、教学内容和教学方法都有了很大变化。当时陈独秀、李大钊宣传的"民主"与"科学"的思想已在济南传播，《新青年》等宣传新文化的刊物已在山东销售。

1918 年，王尽美到达济南后，顺利地考取了山东省立第一师范学校。王尽美是高小毕业生，一开始便进入北园分校预科班。来自社会最底层的王尽美在 20 岁时进入省立一师，他很珍惜这个来之不易的学习机会，便拼命地学习。除了学好规定课程以外，剩余的大部分时间就是博览群书，尤其酷爱文史方面的书籍。同时，他还擅长书法、绘画，喜好音乐，是学校雅乐组的笛子和唢呐演奏员。由于王尽美成绩优异，多才多艺，又性情温和，平易近人，同学们都乐于同他谈心，交朋友。

当时的省立一师处在一个由旧的教育制度、教育内容向新的教育制度、教育内容转型的过程中。王尽美在入学的一年中学习的内容既有新知识，也有旧知识，授课的老师中既有"老古董"的老师，也有很新派的老师。这种新旧的转型与斗争也深刻影响了王尽美的思想，让他对当前教育的意义从"不知不觉"到"有知有觉"。

埋头读书的日子没过多久，王尽美就对自己所学的课程产生了困惑。当时的中国正处在被列强瓜分、军阀混战、民不聊生的年代。虽然清廷已被推翻，倡导民主与科学的新文化运动也已发起多年，但在学校封建伦理和科学知识兼有的课程设置中，读经、古文、修身、伦理一类的课程，仍占很大比重。新文化、新思潮受到压制，青年学生的思想受到禁锢。王尽美对这种教育渐感不满，陷入了苦闷彷徨之中。他向自己提出了许多问题："这些远离现实的学问能解决中国的实际问题吗？""灾难深重的中华民族该往何处去？"从"不知不觉"到"有知有觉"的思想变化，为王尽美积极投身五四运动，并在运动中崭露头角打下了坚实基础。

（二）五四运动中崭露头角

1919 年，中国在巴黎和会上外交失败的消息传到国内，激起了各阶层人民的强烈愤怒，以学生斗争为先导的五四爱国运动就如火山爆发一般地开始了。

5 月 4 日，北京学生 3000 余人齐集天安门前举行示威。他们高呼"外争国权，内惩国贼""取消二十一条""还我青岛""诛卖国贼曹汝霖、章宗祥、陆宗舆"等口号，强烈要求拒绝在巴黎和约上签字，震惊中外的五四运动爆发了。五四运动像一把火，既点燃了整个中国社会的情绪，也点燃了王尽美个人的情绪。

此时在省立一师学习的王尽美被推选为省立一师北园分校的学生代表。他领导北园分校的学生投入到轰轰烈烈的爱国运动中。王尽美联络济南其他学校的学生，建立了反日爱国组织，积极开展讲演等街头宣传活动。5 月 10 日，省立一师与济南城内外 21 所中等以上学校万余名学生冒着倾盆大雨，冲破军警的阻拦，在省议会举行大会，强烈要求拒绝在巴黎和会上签字，严惩卖国贼，并分赴各街道演讲。12 日，济南学生联合会成立，由各校代表组成办事机构，统一领导学界爱国运动。23 日，在济南学生联合会的组织和领导下，济南中等以上 21 所学校举行总罢课，并发表了由王尽美参与起草的《罢课宣言》。27 日，济南中等以上学校学生演讲团 50 余个轮流到城外露天演讲，唤起同胞的爱国热情。王尽美是活动的积极组织者与参与者，在组织演讲活动中，王尽美表现特别突出。他义愤填膺地进行街头讲演，揭露日本侵夺山东的强盗罪行，谴责列强践踏公理的卑鄙行径，怒斥北洋政府的卖国行为，号召各界民众在国家存亡、土地割裂这千钧一发之际，共同奋起，誓死维护主权。王尽美的演说，声情并茂，言恳意切，听者无不动容。

6 月 8 日，为指导反帝爱国斗争，王尽美和省立一师的其他进步学生一起创办了《山东省立第一师范学校学生周刊》，周刊是一个完全由学生自筹资金创办、自己编写的刊物。它的宗旨是"唤醒同胞，协心勠力以救亡"。王尽美亲自参与了创刊号发刊词的起草。发刊词宣称：

> 吾等罢课，纯属救国，吾等救国，纯本良心。不忍坐视国家之沦亡，故振臂高呼，反帝救国，盟天日而誓山河……

周刊的发行，对唤起民众迅速觉醒、反帝爱国，指导学生运动的健康发展发挥了重要作用。

在济南学生大罢课后，王尽美又和石愚山等学联负责人一起，联合各界力量，领导了大罢市、抵制日货和断绝日军粮源的斗争。这年夏天，王尽美以山东省学生联合会代表的身份回到家乡开展爱国斗争。为了宣传反帝爱国，王尽美利用当地《长江歌》的曲调，填写了爱国新词，亲自教群众演唱。歌词如下：

> 看看看，滔天大祸，飞来到身边。日本强盗似狼贪，硬立民政官，此耻不能甘。山东又要似朝鲜，磋我祖国，攘我主权，破我好河山。
>
> 听听听，山东父老，同胞愤怒声。送我代表赴北京，质问大总统！反对卖国廿一条，保护我山东。堂堂中华，炎黄① 裔胄，主权最神圣。

王尽美填写的这首思想鲜明、形式活泼、朗朗上口的歌，在诸城风靡一时，流传很广。不久，王尽美离开诸城县城，回到枳沟镇。在枳沟高小，王尽美与母校的教师、学生进行座谈，推进枳沟的爱国运动。王尽美还组织学生利用集市发表演讲，唤醒民众的爱国意识。他给农民作了一首歌谣：

> 穷汉白劳动，财主寄生虫。
>
> 人穷并非命，世道大不公。
>
> 农民擦亮眼，革命天才明。

6月28日，在全国人民的共同斗争下，中国代表团终于拒绝在巴黎和会上签字，五四运动取得了胜利。五四运动是中国新民主主义革命的开端，中国的工人阶级开始以独立的政治力量登上历史舞台。也正是五四运动，使青年学生突破了校门，融进了社会，学校再也无法关闭它的大门了。正如王尽美所说，在此之前"大多数青年，已经有了觉悟，便觉得老实读书之外，个人和社会、和人类还有种关系，非常重大，已注意到这上头"。王尽美把目光投向现实社会，心怀国家和民众的安危，喊出了改造教育、改造社会的呼声，同时也让他看到了工农群众的力量。他的思想，也已经从单纯的学习基础知识向干预社会、改造社会转变。

暑假过后，王尽美由省立一师预科班升入本科第十一班学习。在五四

---

① 原词表述如此，华夏裔胄更为妥当。

运动中崭露头角的王尽美在学界的名声渐渐增大，新学年开始不久，就被选为山东大专、中学的学生联合会负责人之一。

救国救民谱新章（1919—1922）

（一）诸城文化圈与齐鲁书社

经过五四运动的洗礼，"沉闷的山东，也是如梦初醒"，"国民心理感受新思潮的冲动，渐渐有点觉悟"。王尽美等一批先进的爱国知识分子没有止步于这场运动，而是进一步探索改造社会的道路和方法。王尽美所在的山东省立一师是宣传新文化、新思想的一个重要阵地。一些进步教师冲破重重阻力，积极在校园中倡导新文化运动，但他们的行动遭到了顽固守旧教员的反对，学生也因此而分为新旧两派。据1919年12月23日《晨报》报道："济南有一件很可观的事，就是有了所谓新旧之争，而第一师范就是争的场所。教员学生皆分两派。"在这场新旧争论中，王尽美坚决站在新思想这一面，积极在学生中宣传新文化，与旧派进行斗争，并著文阐述自己的观点。

在这期间，王尽美进一步受到资产阶级民主革命思想的影响，深刻影响他的人是王乐平。五四运动前，在济南的诸城学子建立了一个"诸城旅济学生会"组织。王尽美与王乐平除有同乡之缘，还是远亲。所以，在济南求学的王尽美等人都是王乐平家中的常客。其实，在济南的"诸城旅济学生会"组织就是把来自诸城、在济南求学的优秀知识分子组织起来。这些来自诸城文化圈的进步知识分子、青年学生，以王乐平为中心集聚在一起，集聚地就是王乐平创办的齐鲁通讯社。

王乐平，1884年生，山东诸城人。1906年考入山东高等学堂（山东大学），1907年加入同盟会，从此走上革命道路。1911年参与领导辛亥革命的山东独立。1918年当选为山东第二届省议会议员，并任秘书长。1919年参与领导了山东的五四运动，是山东赴京请愿团的总指挥。王乐平在山东积极从事新文化运动，尽可能地给求知的青年学生以指导和帮助。当时他在青年学生中，尤其是诸城文化圈的进步青年中具有较高的威望。

五四运动引发的社会变动，为外来的各种各样的"主义"蜂拥进入中国创造了条件。在这一局面下，王乐平等创办的齐鲁通讯社应运而生。1919年10月，王乐平等在济南院前大街2号创办了齐鲁通讯社，并附设售书部（一年后扩充为齐鲁书社），与上海、北京、广州等地的进步团体和出版界建立了密切联系，"一方作通讯事业传达到外边去，一方代派各处新出版物，为介绍思潮、改良社会的先声"。齐鲁通讯社售书部经销全国各地出版发行的进步书刊，其中有关马克思主义和俄国十月革命的书刊占很大比重，如《资本论入门》《唯物辩证法研究》《俄国革命史》等著作和《新青年》《每周评论》《曙光》《上海》等期刊。当时，在山东和北京，齐鲁书社颇有影响。它是济南比较系统地传播马克思主义的首个主渠道，是济南探索改造社会的进步知识分子和青年学生的聚集地。

在山东，主要是济南，外来的各种"主义"之间的激荡，各种"主义"与中国传统思想文化、旧民主主义思想文化的激荡，构成了一幅壮丽的画面。这其中，马克思主义很快成为主流。

（二）传播马克思主义

1. 建立康米尼斯特学会

王尽美与邓恩铭[①]、王翔千[②]、王象午等人经常到齐鲁通讯社购买或阅读进步书刊。王尽美如饥似渴地学习、研究着各种新思潮，并经常同邓恩铭、王翔千等探讨救国救民、改造社会的道路和方法。在这个探索的过程中，王尽美逐步接受了马克思主义。

1920年夏秋之际，王尽美联合在齐鲁通讯社售书部结识的一批向往共

---

① 邓恩铭（1901—1931），贵州荔波人，中国共产党的创始人之一，山东早期党组织的组织者和领导者，济南的共产党早期组织的创建者之一，山东工人运动的先驱，1931年4月5日在济南纬八路刑场慷慨就义，终年30岁。

② 王翔千（1888—1956），山东诸城相州镇人，山东早期党组织的领导者。1928年底，与党组织失掉联系，之后辗转各地，以教书为生，继续宣传进步思想。新中国成立后，担任山东省政协委员等职务，1956年病逝。

产主义的进步青年，秘密建立了济南康米尼斯特（Communist，译为共产主义的）学会。在济南乃至山东，这是第一个专门研究马克思主义的学术团体。学会专门收集共产主义理论书籍，以研究共产主义为宗旨。学会的主要成员还有邓恩铭、王志坚、李祚周、王克捷、赵震寰、王象午等人，王尽美在康米尼斯特学会中发挥了重要作用。

2. 加入北大马克思学说研究会

在探讨马克思主义的过程中，王尽美与北京的马克思主义者之间的联系进一步加深，并建立了深厚的友谊。在五四运动期间及五四运动之后，王尽美经常以山东学生会的名义与北京的进步学生联系，交流学习马克思主义的体会。在此期间，他与北京大学马克思学说研究会①书记罗章龙相识，并登记作为通讯会员加入了北大马克思学说研究会。罗章龙在 1981 年的回忆中说：

> 1920 年 3 月，以北京大学为主，由国立八个院校联合组织的马克思学说研究会成立以后，王尽美同志又来到了北京。我领他到北京大学图书馆，教师、学生宿舍等处转转看看，还去看了一些外面来旁听的学生，同时，向他介绍了北京马克思学说研究会的情况。在北京念书的学生加入马克思学说研究会的是北京的会员，在北京以外各省市念书的学生或工人被吸收入会的做通讯会员……王尽美同志对这些都很感兴趣，他登记作为通讯会员加入了北京的马克思学说研究会。那时我任马克思学说研究会的书记，他回去后经常和我通信联系，交换刊物。通过他，还介绍了一些别的通讯会员，名字记不清了。后来，他在济南仿照北京马克思学说研究会的形式组织了山东的马克思学说研究会。

---

① 北京大学马克思学说研究会，1920 年 3 月在李大钊指导下成立，以研究关于马克思的著作为目的，搜集马克思学说的德、英、法、日、中各版本图书，编译、刊印马克思全集和有关著作，组织会员开"讨论会"和进行专题研究等。

3.组建励新学会

在新思潮的影响下，对现实不满的知识青年越来越多，王尽美等为了广泛吸收进步青年参加研究革命理论，决定把马克思主义的理论以大众化的语言，广泛地在知识分子中传播。经过多次讨论，王尽美、邓恩铭决定另行组织一个范围更为广泛的学会，名为励新学会。励新学会在济南乃至山东，是最早学习、研究新文化的团体，其核心就是改造社会。

励新学会的发起者有王尽美、邓恩铭、王志坚、吴隼等11人。1920年11月14日，发起者举行会议，一致推举王尽美和于其惠、陈汝美、谢凤举四人起草详细会章，并决定印行一种新出版物，定名《励新》。《励新学会章程》共八章，章程规定学会的宗旨是：研究学理，促进文化。信条是：勤、俭、诚、勇。学会设庶务1人，文牍1人，编辑主任2人，交际主任2人，发行主任2人。励新学会的会务有：发行报章，举行演讲，举办学术谈话会，随时扩充举办有益事业等。

1920年11月21日下午，王尽美等在济南商埠公园大厅召开励新学会成立大会。励新学会总会设在济南市大布政司街（现省府前街）的齐鲁书社，会员最多时达50余人，主要是省立一师、省立一中的学生，山东公立工业专门学校、山东公立商业专门学校等也有一部分学生参加。在王尽美的影响下，他所在的省立一师第十一班的学生几乎全部参加了励新学会。

《励新》是励新学会的会刊，是学会研究学理的主要园地，每半月出版一次，王尽美任励新学会编辑主任，具体负责刊物的编辑工作。为编好《励新》，王尽美付出了大量的心血。《励新》以宣传新思想、介绍新文化、揭露社会黑暗、主张社会改革、倡导民众教育为主要内容，是推行新文化运动的进步期刊。需要指出的是，五四以后的新文化运动是以传播马克思主义为中心的。1920年12月15日，《励新》半月刊第一期出版。《励新》上刊载了会员探索解决社会各种问题的办法。

王尽美是励新学会的重要组织者和负责人，励新学会为济南地区党、团组织的建立奠定了坚实基础。在济南的共产党早期组织成立后，学会成为其外围组织和重要活动的阵地。

从康米尼斯特学会到励新学会，以王尽美为代表的济南早期的马克思主义者积极参与其中，并发挥着骨干作用。济南早期的马克思主义者不只是把马克思主义当成单纯的学理进行探讨，而是以其为指导，关注社会问题，试图把马克思主义同改造中国的具体实践相结合，这是社会现实的需要，也是济南早期马克思主义者的一个优点。

（三）呼吁改革旧教育制度

在励新学会期间，王尽美对中国教育的状况和改造极为关注，并就这一问题发表了多篇文章。这些文章有《乡村教育大半如此》《我对于师范教育根本的怀疑》《山东的师范教育与乡村教育》等。上述文章除《山东的师范教育与乡村教育》发表在《励新》杂志上外，其他两篇发表在当时的《泺源新刊》[①]上，王尽美的这三篇文章集中体现了他对中国教育的看法和改造教育、改造社会的思想。

王尽美特别强调教育，特别是乡村教育和师范教育的重要性。他认为"乡村教育是改造社会的利器"，"改造社会首先要从改造乡村教育入手"，"乡村教育是一切教育的基础"；师范学校是教育的中坚，"师范里一位学生就是发达教育的一个孢子。将来能把我四万万同胞的腐败脑筋洗刷净尽，更换上光明纯洁的思想，只有赖我们师范生了。可见师范教育，是占绝高位置的"。

王尽美从自己在乡村和省立一师的求学经历中，深知旧教育制度的弊端和危害，他对当时山东教育的状况表现出强烈的不满，发出了彻底改造旧教育的呼声。王尽美对教育改革提出了独到的见解。他认为师范教育除使学生得到应用的知识外，"还要有应付环境的能力，有创作新教育的精神，因为毕业后，就要到万恶社会上，实行办起改移风俗的事业。要不能透彻了解教育原理，没有改造环境的能力，势必陷入万恶社会的旋涡里与之同化，真是危险得很"。

---

①《泺源新刊》是王尽美组织省立一师学生自治会出版部编辑出版的，于1920年10月1日创刊，每周出版两期，主要内容是介绍新刊物、宣传新思想、揭露社会陋习、倡导教育改革。王尽美既是刊物的负责人又是评议委员。

王尽美强调，教育要注重实践、调查研究和学以致用。理论要与实践相结合，在了解教育实际的基础上，要把学到的理论用于改造社会的教育上。王尽美认识到要普及乡村教育，使平民都有识字的机会，非先打破贫富阶级悬殊不可。这表明，他已在一定程度上认识到黑暗的封建社会不可能使中国的教育普及和发展，也表明他这时已经能够运用马克思主义的阶级观点分析社会实际问题。

（四）创建济南共产党早期组织

中国一部分先进的知识分子开始注意到，要用马克思主义改造中国，走十月革命的路，就必须像俄国那样，建立一个无产阶级政党，充当革命的组织者和领导者。随着马克思主义在中国的广泛传播和一批确立了马克思主义信仰的先进分子的出现，在中国成立共产党组织的思想和干部条件已经具备，建立工人阶级政党的任务被提上日程。

最早酝酿在中国建立共产党组织的是陈独秀和李大钊。中国组建共产党的准备工作，得到了共产国际的支持和帮助。1920 年 8 月，在上海法租界老渔阳里 2 号《新青年》编辑部，中共发起组织——上海共产党早期组织正式建成，这是中国的第一个共产党组织，陈独秀担任书记。陈独秀函约王乐平在济南组建共产党，王乐平收到陈独秀的信函之后，委托王尽美、邓恩铭具体筹建。在联络筹备过程中，得到了北京共产党早期组织和共产国际、俄共（布）派遣到中国的代表团成员杨明斋的指导。

1921 年春，济南共产党早期组织建立，成员有王尽美、邓恩铭、王翔千等。这是中国大陆上六个共产党早期组织之一，在中国共产党的创建史中具有非常重要的地位和历史意义。各地共产党早期组织的成立使马克思主义的传播不再限于少数知识分子的范围，马克思主义开始在工农群众中得到传播并和中国工人运动相结合。

（五）唤醒劳工大众

各地共产党早期组织成立后，开始有计划、有组织地传播马克思主义，到工人中开展宣传和组织工作，促进马克思主义同中国工人运动的结合。上海出版了《劳动界》，北京出版了《劳动者》，这些刊物用通俗易懂的文字，结合工人生活和斗争的具体事例，深入浅出地宣传马克思主义的基本道理。同时刊登工人生活和斗争的具体事例，用他们的亲身经历揭露中外资本家对工人的剥削和压迫，诉说工人的要求，在工人中引起共鸣。在北京、上海等地的影响下，王尽美开始把目光投向产业工人。

1921 年 4 月 15 日出版的《励新》第五期刊登了王全（即王复元）的《成年补习班与工学主义》一文，文中谈到中国工人阶级的悲惨状况，提出要学习十月革命、举行罢工、争取八小时工作制等。王尽美对王复元的观点颇为欣赏，在对王全的附记中指出，要使大多数工人觉悟起来，争取做人的权利，就必须首先宣传马克思主义，使工人有所了解，才能达到目的。王尽美又说：

> 不过当这大多数未觉悟之先，少数觉悟者，不得不先尽传播酝酿的责任。一俟时机成熟，我们的理想自能一蹴而就。

为了向工人宣传马克思主义，1921 年 5 月，王尽美等济南共产党早期组织成员成立了济南劳动周刊社，并在济南《大东日报》副刊上创办了《济南劳动周刊》。《济南劳动周刊》是王尽美联络《大东日报》主笔王静一，经《大东日报》创办人张公制同意而创办的。报头印有斧子和锄头交叉的图案，它点滴介绍马克思列宁主义和苏俄的状况。这是山东第一份公开介绍马列主义的报刊[1]。

王翔千担任《济南劳动周刊》主编，王尽美、王复元参加周刊社的工作。《济南劳动周刊》创刊号上发表了王尽美等人写的宣言。宣言声明出版周刊的目的是：促一般劳动者的觉悟，好向光明的路上去寻人的生活。宣言阐明办刊方针为：增进劳动者的智识，提高劳动者的地位，改造劳动者的生活。

---

[1] 张公制：《〈劳动周刊〉的创刊与停刊》，载中共中央党史资料征集委员会编：《共产主义小组》（下），中共党史资料出版社，1987 年版，第 657 页。

中共一大前后,《济南劳动周刊》与上海中国劳动组合书记部主办的《劳动周刊》、湖南劳工会主办的《劳工周刊》来往密切,互相之间交换报刊,并相互转载各地的工运消息。

在创办《济南劳动周刊》的同时,王尽美还先后到津浦铁路大槐树机厂、鲁丰纱厂等厂对工人阶级进行宣传和组织。在王尽美的指导下,大槐树机厂工人李广义在厂内积极开展宣传活动。之后,李广义等又在王尽美、王荷波①指导下成立了津浦铁路济南大槐树机厂工人俱乐部,这是山东第一个工会性质的组织。王尽美常来到这里给工人讲课,宣传马克思主义,介绍苏俄革命状况,给工人赠送《济南劳动周刊》,启发工人的阶级觉悟。王尽美还写了歌谣在大槐树机车厂传唱:

> 天下工农是一家,
> 不分你我不分他,
> 不分欧美非亚、英美日法俄德和中华,
> 全世界工农联合起来吧,
> 世界太平,
> 弱小民族开放自由幸福花。

王尽美用通俗的语言揭露社会黑暗,唤醒劳工大众,这种宣传、教育,启发了工人的阶级觉悟和为自身的解放而斗争的自觉性、积极性。

(六)出席中共一大

在各地共产党组织的陆续成立中,陈独秀、李大钊等积极酝酿组建统一的中国共产党。1921年6月,王尽美、邓恩铭在参加党的第一次全国代表大会前,与参加会议筹备工作的张国焘在济南大明湖进行了畅谈,就建党问题交换了意见。张国焘走后不久,王尽美、邓恩铭即乘火车南下上海。

---

① 王荷波,中国工人运动的杰出先驱,中国共产党第一位工人出身的中央委员,中央监察委员会的首任主席。

他们到达上海后，在李达夫人王会悟的安排下，住到了法租界白尔路（今太仓路）那所环境清静的私立博文女校。

1921 年 7 月 23 日，中国共产党第一次全国代表大会在上海法租界望志路 106 号（今兴业路 76 号）开幕。参加会议的代表有：上海的李达、李汉俊，北京的张国焘、刘仁静，长沙的毛泽东、何叔衡，武汉的董必武、陈潭秋，济南的王尽美、邓恩铭，广州的陈公博，旅日的周佛海[①]；包惠僧受陈独秀派遣，出席了会议。13 位代表代表着全国 50 多名党员。共产国际代表马林和尼克尔斯基出席了会议。陈独秀和李大钊因事务繁忙未出席会议。由于会场受到暗探注意和法租界巡捕搜查，最后一天的会议转移到浙江嘉兴南湖的游船上举行。

在会议期间，王尽美、邓恩铭汇报了济南的政治形势、建立党组织的简况，介绍了济南的共产党早期组织在宣传马克思主义和开展工人运动方面所做的工作。王尽美给代表们留下了良好而深刻的印象。1936 年，陈潭秋著文回忆中共一大时写道："王、邓两人是非常活泼的青年。"

党的一大确定党的名称为"中国共产党"。大会通过了中国共产党第一个纲领。党的纲领是"以无产阶级革命军队推翻资产阶级"，"采用无产阶级专政，以达到阶级斗争的目的——消灭阶级"，"废除资本私有制"以及联合第三国际。这是一个依据马克思主义理论、取法俄国十月革命、直接实行社会主义革命的纲领。这表明，中国共产党从建党一开始就旗帜鲜明地把社会主义和共产主义规定为自己的奋斗目标，并且坚持用革命的手段来实现这个目标；这表明，中国共产党从一开始便旗帜鲜明地以马克思主义的阶级斗争观点来观察和分析中国的问题。

党的一大决定设立中央局作为中央的临时领导机构，选举产生了以陈独秀为书记的中央局。党的一大宣告中国共产党正式成立。中国共产党作为中国最先进的阶级——工人阶级的政党，不仅代表着工人阶级的利益，

---

① 张国焘，1938 年投靠国民党，被中国共产党开除党籍；陈公博、周佛海，在党的一大后不久因严重违反党的纪律被清理出党，抗日战争中成为汉奸。

而且代表着整个中国人民和中华民族的利益。它从一开始就坚持以马克思主义为行动指南，始终把为中国人民谋幸福、为中华民族谋复兴作为初心和使命。中国共产党的创建是中华民族发展史上开天辟地的大事变，给灾难深重的中国人民带来了光明和希望。

参加中共一大的王尽美心潮澎湃，并专门作了一首《肇在造化——赠友人》的诗，表达了为解放劳苦大众，建设"尽善尽美"共产主义社会的信心和决心。

贫富阶级见疆场，

尽善尽美唯解放。

潍水泥沙统入海，

乔有麓下看沧桑。

中共一大后，王尽美把自己的名字由"王瑞俊"改为"王尽美"。"尽美"即"尽善尽美"，要求美的原则与善的原则相伴而行，不可斩断，即道德与审美的统一。

（七）成立马克思学说研究会

中共一大会议结束后，王尽美、邓恩铭从上海带回了《共产党宣言》《马克思主义浅说》《工钱劳动与资本》等书籍。为了研究、宣传马克思主义，王尽美联络原励新学会中信仰马克思主义的会员，于1921年9月成立了济南马克思学说研究会，会员有王尽美、邓恩铭、王翔千、王用章、王复元、贾乃甫、王辩、王志坚、王象午、马馥塘、段子涵、方鸿俊等。和励新学会不同的是，马克思学说研究会是一个要求严格的团体，规定入会者要有会员介绍，而且必须思想信仰一致。王尽美等还吸收优秀工人参加，研究会会员发展到五六十人。

马克思学说研究会设在山东教育会内，门口挂着"马克思学说研究会"的牌子。每个会员戴着一枚瓷质圆形小徽章，上面印有马克思的头像。马克思学说研究会是中共山东组织直接领导下的一个公开的学术团体。研究会的主要任务是组织会员读书，举行报告会。会员经常到研究会阅读刚刚翻译过来的马列著作和介绍马克思主义、苏俄情况的进步书刊。会员每周六集会一次，有时举行讲演会，有时召开纪念会，有时分组进行学习和讨论。马克思学说研究会成了宣传马克思主义和开展革命活动的阵地。

王尽美是马克思学说研究会的倡导者和负责人。在紧张的学校学习和繁忙的会务间隙，他如饥似渴地阅读马列著作。在会员集会上，他经常给会员介绍和分析马克思的学说，发表自己的见解。他也常去人声嘈杂的闹市或景色宜人的大明湖进行讲演，用通俗的语言将马克思主义理论介绍给人们。王尽美工作踏实，见解深刻，深得大家的好评。

此时，王尽美愈来愈忙，不仅要在校内上课和参加活动，而且要到其他学校、工厂中开展工作，还负责马克思学说研究会的工作。为了避开学校当局的注意，王尽美常常夜间翻越校墙到外面去进行活动。时间久了就引起学监的注意和不安，他们感到王尽美是个"危险分子"，处心积虑地要把王尽美开除。王尽美的处境越来越坏。1921年秋冬之交的一天，王尽美愤而在学校的壁报栏内写了一篇题为《饭碗问题》的讽刺文章，对学监们名为办教育实则为自己的饭碗而四处钻营的丑恶行径进行了淋漓尽致的揭露。这篇文章更加触怒了学校当局，他们以此为借口，将王尽美开除。从此，年仅23岁的王尽美开始了职业革命家的生涯。

（八）苏俄之行与出席中共二大

1. 出席远东各国共产党及民族革命团体第一次代表大会

中共一大后的一年间，国际局势风云突变。美国打着"维护世界和平"的幌子，于1921年11月至1922年2月召开华盛顿会议。为揭露帝国主义国家侵略的真面目，共产国际于1922年1月在莫斯科召开了远东各国共产党及民族革命团体第一次代表大会。参加会议的各国代表有148人，中国派出44人的代表团，王尽美、邓恩铭、王复元、王象午、王乐平作为中国代表团的山东地方代表出席了会议。

1922年1月21日，远东各国共产党及民族革命团体第一次代表大会在克里姆林宫隆重举行。大会揭露了华盛顿会议的反动实质，分析和总结了远东各国人民开展革命斗争的情况和经验，并根据列宁关于民族和殖民地问题的理论，阐明了被压迫民族所面临的反帝反封建的历史任务。

大会闭幕后，王乐平、王象午等先行回国。王乐平向在上海的孙中山汇报了赴苏俄开会考察的情况。王尽美、邓恩铭和一些代表留在苏俄参观学习。在苏俄几个月的时间里，王尽美从各个方面观察和认识这个世界上第一个无产阶级掌握政权的国家，从中受到很大的启示、教益和鼓舞。

2. 出席中共二大

1922 年 4 月，王尽美自莫斯科回到济南。1922 年 7 月 6 日，中共第二次全国代表大会在上海英租界南成都路辅德里 625 号 (今成都北路 7 弄 30 号) 李达的寓所召开。王尽美以山东地方党组织代表和出席远东会议的代表双重身份赴上海出席中国共产党第二次全国代表大会。

中共二大第一次提出了明确的反帝反封建的民主革命纲领，这一革命纲领的制定，得力于列宁理论的指导。共产国际在莫斯科召开远东各国共产党及民族革命团体第一次代表大会，阐明了列宁关于民族和殖民地问题的理论，指明了中国"当前的第一件事便是把中国从外国的羁轭下解放出来，把督军推倒"，建立一个民主主义共和国。这些思想，对于中共二大制定革命纲领有着直接的指导作用。中共二大还制定了党的章程，从而完成了中国共产党的创建。

二大期间，王尽美向大会汇报了远东会议的精神，传达了列宁对中国革命所作的重要指示，结合山东人民斗争的实际情况，就有关问题谈了自己的意见，而且与代表们认真讨论制定了民主革命纲领。

风起云蒸涌工潮（1922—1923）

（一）建立济南党、团组织

1922 年 4 月，王尽美自莫斯科回到济南后，根据中央局的指示，把工作重点放在发展党的组织方面。5 月，王尽美等正式建立了济南地方党组织——中共济南独立组，王尽美任组长，直属中共中央。中共济南独立组一成立，就积极开展工人运动和发展党员。

中共二大之后，在中共中央特派员陈为人指导下，建立了中共济南地方支部，成员有王尽美、邓恩铭、王翔千、王象午、王复元、王用章、贾乃甫、郝永泰、张筱田等9人，王尽美任书记。

中共济南地方支部成立不久，王尽美等又在陈为人的指导下，建立了中国社会主义青年团济南地方团组织。1922年9月16日，济南地方团组织成立大会在大明湖畔的李公祠举行，会议选举产生了地方团执行委员会，王复元任书记部书记。

（二）组建中国劳动组合书记部山东分部

中国共产党一成立，就于8月中旬在上海成立了"公开做职工运动的总机关"——中国劳动组合书记部。在党的领导下，以1922年1月香港海员罢工为起点，1923年2月京汉铁路工人罢工为终点，掀起了中国工人运动的第一次高潮。其中，安源路矿工人大罢工、开滦煤矿工人大罢工最具代表性，充分显示出组织起来的工人阶级的力量。王尽美就是开滦煤矿总同盟罢工的领导者之一。

1922年5月底，在王尽美和中共济南独立组的领导下，中国劳动组合书记部山东分部（亦称山东支部）在济南成立，王尽美兼山东分部主任，并亲自撰写了《中国劳动组合书记部山东支部宣言》。1922年7月，王尽美等为了推动山东工人运动的发展，决定将已停刊的《济南劳动周刊》改组易名为《山东劳动周刊》，以作为中国劳动组合书记部山东分部的机关刊物重新出版，7月9日复刊，王尽美负责周刊的编辑工作，王翔千任主编。

《山东劳动周刊》大量地介绍了山东工人运动开展的情况，也报道其他各地工人运动的状况。王尽美通过典型事例和生动活泼的语言向劳苦大众宣传组织工人团体的重要性，鼓励工人起来和资本家斗争。《山东劳动周刊》在第一期通讯栏内，刊登了津浦铁路司机傅长义写给编辑的泣诉信。傅长义在信中讲述了自己无故被开除后的悲惨境况。王尽美在信后写了一篇附记，对于傅长义的遭遇，王尽美指出：

> 这实在是自己没有团体的缘故。我现在只有一面希望傅先生不要气馁，要瞪起眼来，握起拳来，结合同志，去争我们最后的胜利，一面更希望全体工友赶快自觉……我们要为自己争人格，为大家谋利益。

以这篇附记和以前王尽美对王全（王复元）文章的附记比较，可以看出，王尽美的思想已经产生了很大飞跃。这时王尽美已经认识到，只使劳动者觉悟还不够，还必须把劳动者团结起来，建立一定的组织，经过艰苦的斗争，才能取得胜利。

（三）为劳动界立法而请愿

1922 年上半年，直系军阀吴佩孚打败奉系军阀张作霖，取得北京政权后，宣称要重开国会，制定宪法。中国共产党利用这个机会，由中国劳动组合书记部提出劳动法大纲，要求国会通过，并且动员全国工人广泛开展劳动立法运动。作为中共山东党组织和劳动组合书记部山东分部负责人的王尽美积极参加了这一运动。7 月，在北京重开国会之际，王尽美和中国劳动组合书记部总部的邓中夏、武汉分部的林育南、上海分部的袁达时、湖南分部的毛泽东、广东分部的谭平山联名向众议院递交《关于劳动立法的请愿书》，要求为劳动界立法，保护劳动者的利益和权力。8 月，中国劳动组合书记部正式发布《劳动法大纲》。

在王尽美等的领导下，中共济南地方支部和中国劳动组合书记部山东分部积极组织山东工人开展劳动立法运动，进一步提高了工人阶级觉悟，推动了工人运动的发展，并且使中国共产党和劳动组合书记部在山东工人群众中的威望进一步提高。

（四）燃起山东劳工运动之火

中国劳动组合书记部山东分部成立后，王尽美等密切关注着济南大槐树机车厂工人的情况，并经常到厂里活动，与厂内的李广义等党员和积极分子讨论成立工会。1922 年 6 月 18 日下午，济南大槐树机车厂工会成立。

工会的成立，使职工欢欣鼓舞，热烈庆祝，并举行了游行示威。游行队伍高喊"劳工神圣""工会万岁"等口号。

济南大槐树机车厂工会是在中共济南独立组和中国劳动组合书记部山东分部的领导和帮助下成立的山东省第一个产业工会，王尽美对此事非常重视，专门派代表出席了大会，并发表了热情洋溢的贺词。贺词称：

好了！好了！劳动界一线的曙光放到我山东来了！

……

努力！努力！有多少亲爱的同胞，眼巴巴地望着你！

工会成立后，王尽美仍然不时地前去指导，努力改进工会本身的工作，使工会真正成为工人自己的组织。在王尽美等人的宣传教育下，大槐树机车厂工人的认识水平和觉悟等有了很大提高。7 月 26 日，大槐树机车厂工会在党组织的指导帮助下，发动全厂 1000 余名工人为争取改善生活条件举行首次罢工。罢工坚持 7 天，迫使厂方答应了部分条件。首次罢工取得胜利，极大地鼓舞了工人为争取自身解放而斗争的勇气和信心。罢工的胜利，也证明王尽美等人在大槐树机车厂工人中所做的宣传、教育、组织工作已初见成效。

1922 年 6 月 25 日，矿业工会淄博部在王尽美的领导下成立，这是山东建立的第二个产业工会组织。它一诞生就得到了广大矿工的拥护，参加者几乎遍布淄川、博山各煤矿。它唤起了广大矿工团结斗争的意识，扩大了党在群众中的影响，对推动淄博矿区工人运动的开展起了很大的作用。

（五）树起京奉路工运胜利的旗帜

中共二大结束后，王尽美被任命为中国劳动组合书记部北方分部副主任兼秘书。应王尽美做一个战士的要求，北方分部任命王尽美为京奉路特派员，具体负责京奉路工人运动的组织和领导工作。

1922 年初秋，王尽美来到山海关铁工厂。他化名刘瑞俊，住在老工人李耀东家里，以铁工厂学徒身份为掩护，开展工作。王尽美白天干活，伺机进行工作，晚上在俱乐部开办的夜校里，以传授文化为名，宣传革命道理，传播马克思主义。他还向工人骨干秘密介绍俄国十月革命胜利后工人当家做主的情况。

当时，山海关铁工厂和全国其他各地一样，封建帮派林立。王尽美利用在夜校给工人上课的机会，进行耐心的说服教育工作，逐步启发工人的觉悟，使工人的帮派思想日益减轻。王尽美十分注意调查研究，他经常到工人中间进行调查、访问，约工人到自己住处谈心，有时还到工人家去登门拜访，一面向工人宣传革命道理，一面帮助解决实际困难。就这样，王尽美很快了解和掌握了山海关铁工厂的实际情况。与此同时，王尽美在工人中的威信日益提高。工人们觉得王尽美"和蔼可亲、平易近人，到过苏俄、见过大世面，有文化、有知识、说话在理儿"，什么事都愿找他商量。

不久，王尽美带领工人开展了反铁工厂总管、封建把头赵壁的斗争。当时正值长辛店工人罢工取得胜利、工潮四起之际，工人要求开除赵壁的"状子"连夜送到天津，铁路局迫不得已答应工人的要求。几经波折，9月14日，铁路局公开宣布开除赵壁等几个工头。王尽美领导的这次斗争取得了胜利。

后来，与王尽美一同领导工人运动的罗章龙回忆道：

> 1922年，国内革命的职工运动狂热地发展，北方铁路工人实属此运动中心。尽美时方在京奉路山海关独当一面工作……此时尽美以"工钱奴隶"，赤手空拳与工头、厂长、工贼、军警等搏斗，历尽人生未有的苦痛。辛运用他的智力克服一切困难，打倒许多强权，于三个月内全体工友群众均接受了他的宣传，山海关工会遂在尽美领导下宣告成立。[①]

反赵壁斗争取得胜利后，王尽美仿照长辛店工会组织的模式，整顿山

---

① 罗章龙：《回忆王尽美光辉的一生》，中共诸城县委、山东大学历史系合编：《王尽美传》，山东人民出版社，1981年版，第169—170页。

海关京奉路工友俱乐部。工人俱乐部经过整顿，健全了组织，加强了领导，成为工人活动的领导核心，直接为工人解决各种问题。工人俱乐部的威信日渐提高，参加俱乐部的工人越来越多，这为开展大规模的斗争做了组织上的准备。1922 年 9 月，王尽美又根据在山海关办工会的经验，建立了秦皇岛矿务局工友俱乐部。至此，山海关、秦皇岛两地的数千名工人在王尽美的统一领导下组织起来了，这也为后期秦皇岛港口工人大罢工奠定了基础。

为了改善工人的生活待遇和争取工人的基本权利，王尽美审时度势，领导了京奉铁路山海关铁工厂大罢工。9 月 25 日和 10 月 1 日，王尽美先后召开两次露天大会，借此动员工人。召开大会前，王尽美对各种事项，如会场布置、标语口号、发言顺序、表决方法、游行路线都做了详细安排。10 月 4 日北京《晨报》报道说："十月一日下午第二次全体露天大会，工人绝非昔比，内部组织更极详密，尤其惊人者是他们开会的秩序之严格。"两次露天大会充分体现了王尽美高超的组织才能。

10 月 3 日下午，在警务处处长吴达挺进行恫吓和破口大骂时，愤怒的工人举行了声势浩大的示威游行。"劳工神圣""劳工万岁""中国万岁"的口号震天动地。京奉铁路山海关铁工厂大罢工就这样开始了。

在罢工中，工人每天在俱乐部门前集合、点名，王尽美也搬到俱乐部吃住。白天，他和俱乐部委员研究问题，向工人发表演说，组织游行，设法解决部分工人生活上的困难，消除个别工人的动摇情绪，有时还要出面对付厂方和军警的"说客"，亲自担任谈判代表，经常连饭也顾不上吃。为帮助山海关工人解决罢工期间的生活困难，开滦煤矿 3 万工人捐助一日工资。王尽美等人把外界捐助的钱救济最困难的工人，帮助有思想情绪的工人解决实际困难，保证工人群众齐心协力，团结一致，把罢工斗争坚持到底。为了应对京奉铁路局拖延的办法，王尽美经过反复考虑，认为必须采用坚决的办法迫使当局迅速答应复工条件。他和俱乐部委员们商议，决定卧轨截车。

10 月 9 日一大早，1000 多名工人排着长队走向车站，呼啦啦地在铁轨上躺下来。当时适值开往北京的 4 次快车将要出站，列车开动后，开车的中国司机见此情景想要刹车，而机务科的英国纠察却抢过手把亲自开车。

车轮滚滚，越走越快，越走越近。然而，卧轨的工人面不改色，全然不动。中国司机见情况紧急，一把抢过手把，来了个急刹车。此时，车头距离卧轨的工人只有三四节车轨远了，路经山海关的列车全被截住。10月12日，京奉铁路局终于答应了工人的要求。京奉路山海关铁工厂工人坚持9天的罢工，终于取得了胜利。它的胜利成为京奉路上第一面胜利的旗帜，对京奉路全线各地的斗争起到很大的鼓舞作用，在中国工人运动史上留下了光辉的一页。

（六）参与领导开滦工人大罢工

山海关铁工厂工人罢工胜利后，秦皇岛和开滦五矿（由唐山、赵各庄、林西、马家沟、唐家庄五矿组合而成，矿工约5万人）工人的总同盟罢工又开始了。王尽美根据党的统一部署，立即把工作重心转到秦皇岛方面，与邓培、罗章龙、王仲一等人组成罢工总指挥部，领导秦皇岛、开滦五矿工人总同盟罢工（秦皇岛港口主要出口开滦煤，英国人在这里设立开滦矿务局秦皇岛经理处，秦皇岛港口工人当时也通称为开滦工人）。王尽美分工负责秦皇岛的工作，具体指导秦皇岛工人的大罢工。

中共在开滦工人中早就进行了宣传组织工作。随着山海关铁工厂工人罢工斗争的胜利，开滦矿工迫不及待地要求改善生活待遇。1922年10月16日，开滦工人向厂方递交了要求改善生活待遇的请愿书。同日晚，秦皇岛工人俱乐部召集秦皇岛工人举行露天大会，这是罢工前的一次动员大会。王尽美在这次大会上发表了演讲。工人纷纷表示，如局方不答应工人提出的6项要求，坚决罢工！

10月19日，五矿工人俱乐部正式在唐山成立，工人俱乐部成为指导工人罢工的指挥部。10月23日早晨6点，开滦五矿举行同盟总罢工。王尽美接到同盟罢工的指示后，亲自主持秦皇岛工友俱乐部开会，布置了罢工的各项准备。10月23日，这天清早，汽笛声传遍了秦皇岛，秦皇岛码头工人的大罢工开始了。王尽美首先讲了罢工意义所在，然后大会宣布了《总同盟罢工宣言》，接着，声势浩大的示威游行开始了。此次总同盟罢工，范围十分广泛，人员非常多。当时英国《泰晤士报》写道："此次该埠罢工，异常齐心，如电灯、机器各处及车务处、电话、医院内外全体工人无一不加入者。"

开滦五矿工人的同盟大罢工，引起了英方的极大恐慌。他们给直系军阀曹锟拍电报，要求得到保护，曹锟派唐山保安队 3000 人开进矿区，向请愿工人队伍开枪，打死 1 人，重伤 7 人，轻伤 57 人，造成流血事件。惨案发生后，王尽美连夜替秦皇岛工友俱乐部起草了《秦皇岛矿务（局）全体工人痛告国人书》，并于次日发表。王尽美公布了秦皇岛和开滦五矿工人罢工真相，痛斥了帝国主义和反动北洋政府制造开滦惨案的罪行。

王尽美领导的秦皇岛港口工人罢工表现很突出。在秦皇岛，王尽美妥善处置罢工中的各种事变，"办事手续周密，一切举动文明"，斗争讲究策略，使反动军阀无隙可乘。工人们表现得坚定、勇敢，组织纪律性强，罢工结束时，又有计划地组织了退却，使工人队伍未遭受重大损失。连当时英国的《泰晤士报》也不得不承认："查五矿同盟罢工，以秦皇岛团结最力。"

在大家的共同努力下，开滦矿务局被迫答应了工人增资等条件。秦皇岛工人 18 日起陆续复工，21 日全部复工。坚持了二十多天的开滦五矿同盟总罢工宣告结束。开滦五矿大罢工，给英帝国主义以沉重的打击。

（七）在工人运动中发展党组织

王尽美来山海关后，在工人运动中十分注意建立党组织的工作，物色和发展工人中的先进成员，提高他们的阶级觉悟，使工人明白斗争不只是为了涨几个钱，而是为了整个阶级的利益，进行的是阶级斗争，要通过阶级斗争争取自身的解放。不久，许多工人俱乐部骨干就知道为什么去奋斗。有些工人发言说："当局轻视我们，无非因为我们无权无势，其实我们工人是很有权利的。""我们为自身生命计，为阶级利益计，不能不起来拼命奋斗。"

王尽美还特别注重在实际斗争中锻炼和考察积极分子。罢工胜利后，王尽美认为发展党员的时机已经成熟，于是对骨干分子加紧了培养。1922年 11 月初，王尽美和共产党员杨宝昆一起发展了山海关京奉铁路工友俱乐部委员长佟惠亭及总干事刘武入党，在秦皇岛正式成立了以杨宝昆为组长的党的秘密小组，小组直接受王尽美领导。秦皇岛地区第一个党的组织就这样在山海关诞生了。

（八）被捕后由工人快速解救

王尽美在领导罢工斗争时，有好多场合是亲自出面和反动派进行斗争的。因此，当局对王尽美特别注意和仇视，多次想方设法对王尽美进行报复，必欲除之而后快。有一天，王尽美、杨宝昆及另一名工人在下班出厂时被捕了。原来，山海关铁工厂翻砂厂有一个姓张的反动把头，是杨宝昆的妹夫，专门和工会作对。杨宝昆想把他的势力除掉，张心怀不满，就诬告杨宝昆等聚众闹事，他认为王尽美是杨宝昆的后台，连王尽美一起告了。

工人们一见王尽美等人被捕，立即到俱乐部送信。佟惠亭等人一面通知工人纠察队到临榆县政府集合，一面到县政府找县长。佟惠亭等人向县长申辩：张把头告杨宝昆纯属报私仇，和王尽美无关。县政府抓工人应该和俱乐部打招呼，拦路抓人，不合法，应把 3 个人立即放出来。县长正在迟疑时，400 余名工人纠察队包围了县政府，并扬言要砸县政府。县长深知俱乐部的威力，便以 3 人以后不再聚众闹事为担保而释放，王尽美等 3 人被抓两个多小时后，便在几百名工人的欢笑声中，昂首阔步走出县政府。

此时，全国工人运动正处于低潮。山海关当局下令：根据上面通告，为了防止工人闹事，工会必须一律取消，不然就要封闭。王尽美考虑到当时的斗争形势，与党的秘密小组商量决定，工会暂时把牌子摘下来，组织秘密存在，工会所在地作为工人的娱乐场所。

不久，由于形势紧张，中共中央决定调王尽美回山东，主持中共济南地方支部工作。于是，王尽美向秦皇岛党的秘密小组部署了工作，安排了负责人，个别交代了与上级党组织联络的时间、地点、人员和方法。王尽美离开山海关时，工人纠察队副队长代表大家把王尽美送到山海关附近的石河边。王尽美望着暮色苍茫中的山海关，伫立了很久很久。然后，他在风雪中踏上了新的征程。

在领导工人运动的过程中，王尽美把马克思主义与工人运动的实践相结合，他深入到工人中，注重调查研究，建立工人组织，把工人组织起来，注重方式方法；他广泛宣传马克思主义，把马克思主义阶级斗争的观点运用到指导工人运动的具体实践中去，在实践中，促使"劳动者有阶级的自觉"，不断提高工人的政治觉悟；同时，他还在实践中注重发展党组织，培养先进分子，发展党员。王尽美更加坚定了"全世界无产者联合起来"推翻旧社会、建立新社会，最终实现无产阶级和全人类解放的信念，更加坚定了以马克思主义为指导、走社会主义道路救国救民的信心。

身心尽献大革命（1923—1924）

（一）建设山东党、团组织

1. 加强济南党、团组织建设

1922 年 12 月，王尽美自山海关回到济南。1923 年 7 月，王尽美等人指导了济南理发工人大罢工并取得罢工的胜利。在罢工中，王尽美等中共济南支部的负责人看到了理发业工人的革命斗争热情和在斗争中产生了一批骨干，便因势利导地帮助工人筹备建立工会组织。10 月 10 日，山东理发业联合总会正式成立，并发表了《山东理发业联合总会成立宣言》，会员达 1000 余人。此后，茌平、博平、利津、平原、禹城、齐河、济阳、长清等 10 余个县也建立了分会，会员达 1700 余人。山东理发业联合总会是山东省第一个全省性的行业工会。

为了进行革命宣传，中共济南支部想方设法创办报刊。王尽美等人帮助和推动进步人士、济南电话局添口领班汝仲文筹办《晨钟报》。8 月 2 日，《晨钟报》正式发行，汝仲文任社长，王翔千任主笔，王尽美、王用章、方子英等共产党员参加了编辑等工作。《晨钟报》大量报道了工人和各界人民开展革命斗争的情况，进行反帝反封建军阀的革命宣传。王尽美对《晨钟报》的编辑和发行很重视，把它当作宣传党的主张的一个重要阵地，许多重要社论都在《晨钟·星期副刊》上发表，其中有的是他亲自撰写的。《晨钟报》的"钟声"，唤醒了许多睡梦中的青年学生、工人和知识分子及其他各界群众，使他们走上革命的道路。

到 1923 年 10 月，在王尽美等人的努力工作下，济南党、团组织都有了发展，成员不断增加。10 月 6 日，中共济南地方支部召开全体党员大会，正式建立了中共济南地方执行委员会（简称中共济南地执委）。王尽美和王用章、王翔千被选为地执委执行委员。王尽美任委员长兼宣传部主任，王翔千任秘书兼组织部主任，王用章任农工部主任。当时有党员 13 名，编为两个组，第一组是学生和知识界的成员，由吴容沧任组长；第二组主要是工人成员，由郝永泰任组长。

在领导中共济南地执委开展工作的同时，王尽美也加强了党对济南青年团工作的指导。1923 年 10 月 30 日，中国社会主义青年团济南地方团召开全体团员大会。贾乃甫报告了团"二大"通过的团章规定，中国社会主义青年团济南地方团执行委员会改称为中国社会主义青年团济南地方执行委员会（简称团济南地执委）。在这次会上，王尽美谈了在山东发展青年团的计划，指出将来山东青年团组织可发展为济南、淄博和青岛三个地方团。在王尽美、王振翼的指导下，11 月 1 日，济南团地执委举行第一次全体执行委员会会议，确定了委员的分工和划编基层组织。

2. 建立青岛党、团组织

中共济南党、团组织的建立和发展，为全省其他地区党、团组织建立奠定了基础。1923 年 3 月，中共济南地方支部派邓恩铭赴青岛开展工作。1923 年 10 月中旬，王尽美到青岛指导党、团工作和工人运动。王尽美到青岛后，对青岛的社会状况有了进一步了解，就建立党、团组织问题与邓恩铭进行了多次商讨，促进了青岛党、团组织建立的进程。1924 年 5 月（另说 1923 年 8 月），邓恩铭、王象午和延伯真建立了青岛第一个共产党组织——中共青岛组，邓恩铭任组长。在中共青岛党组织筹建中，青年团组织在王尽美、邓恩铭、王振翼等人的努力下，于 1923 年 11 月 18 日成立了，邓恩铭任书记。1925 年 2 月，根据中共四大修改的党章，中共青岛组改为青岛支部，邓恩铭任书记，王象午负责组织，延伯真负责宣传。

3. 中共淄博支部等地方组织建立

1924 年 6 月，参加中国共产党第三次全国代表大会的王用章由中央任命为中央驻淄博特派员，领导开展淄（川）博（山）矿区工人运动和发展党组织工作。7 月，在王尽美、邓恩铭的指导下，成立了中共淄博支部（亦称淄博矿区支部），王用章任书记。

受中共济南地执委委派，济南党员分赴全省各地开展工作。延伯真回原籍广饶一带开展工作，于 1924 年 9 月建立中共寿（光）广（饶）支部；王复元在张店火车站铁路工人中开展工作，于 1924 年冬建立中共张店车站小组；贾乃甫回原籍齐河县后里仁庄开展工作，于 1924 年建立中共后里仁庄支部；王翔千在青州开展工作，于 1925 年 1 月建立中共青州地方支部；庄龙甲回潍县开展工作，于 1925 年 2 月建立中共潍县支部。

为使山东党组织的活动形成一个统一的整体，中共中央派尹宽到山东巡视各地党、团组织建设，以建立统一的山东党的领导机构。1925 年 2 月，济南、青岛、张店、淄川等地党组织的代表在济南召开会议，决定在中共济南地执委的基础上，成立中共山东地方执行委员会，尹宽、王尽美、邓恩铭、王翔千、刘俊才任委员，尹宽任书记。

（二）开创山东国共合作新局面

1. 推动山东国共合作

20 世纪 20 年代初，中国在列强操纵下，军阀混战，民不聊生，"打倒列强，除军阀"是全国人民共同的强烈愿望。中国共产党第三次全国代表大会决定与国民党合作，结成最广泛的反帝反封建的统一战线。

1923 年 6 月，中国共产党第三次全国代表大会在广州召开。王尽美派王用章代表中共济南支部出席大会。党的三大决定共产党员以个人身份加入国民党，以实现国共合作，并明确规定共产党员加入国民党时，必须在政治上、思想上、组织上保持自己的独立性。

王尽美等对中央的决定表示拥护，并积极行动起来，与山东的国民党实行合作，共同开展革命斗争。中共山东组织与国民党山东组织素有渊源。王尽美等与山东国民党进步人士关系密切，特别是深受王乐平的影响。王乐平与共产党的创始人陈独秀等有密切的交往，济南共产党早期组织的创建，王乐平起了重要作用。这些都为山东的国共合作奠定了良好的基础。

1920年至1924年，山东基本处于北洋皖系军阀统治之下。共产党组织和国民党组织同处地下，开展工作都极为困难。为了方便国共两党共同开展工作，王尽美等创办了育才小学作为秘密联络点。为了宣传三民主义，扩大国民党的影响，王尽美还和王乐平一起，开办平民夜校，吸收青年和工人参加学习，经过训练后介绍加入国民党。与此同时，王尽美、王乐平等人还在山东各地创办学校，发展平民学会会员，先后建立青州分会、烟台分会、曹州(今菏泽地区)分会、青岛分会、武定(今滨州地区)分会。这些分会各有会员百余名，成为山东国民党组织的基础。

1923年11月24日至25日，王尽美代表中共济南地执委参加了在上海召开的中共三届一中全会。王尽美回济后，根据中共三届一中全会的精神，指示中共济南地执委和中国社会主义青年团济南地执委所属的党、团员，均于所在地区以个人身份加入国民党。王尽美、邓恩铭、王翔千、王用章、郝永泰等都加入了国民党，他们在国民党内积极帮助改组，发展国民党员，推动各地组织的发展。

在共产国际和中国共产党的帮助下，孙中山以巨大的革命魄力排除重重障碍，推进国民党的改组工作。1924年1月20日至30日，中国国民党第一次全国代表大会在广州广东高等师范学校礼堂隆重举行。王尽美、丁惟汾、王乐平、张苇村、杨泰峰、孟广浩作为山东的代表出席了大会。大会有代表200人，其中共产党员23人，占代表总数的11%。李大钊、谭平山、林祖涵(伯渠)、张国焘、瞿秋白、毛泽东、李立三、王尽美等代表在这次大会上起到了重要作用。大会审议通过了由鲍罗廷起草、瞿秋白翻译并经孙中山同意的《中国国民党第一次全国代表大会宣言》。这个宣言采纳了中国共产党提出的反帝反封建纲领，把旧三民主义发展为新三民主义，并确立了联俄、联共、扶助农工的三大革命政策，成为国共两党合作的政治基础。中国国民党第一次全国代表大会的召开，标志着第一次国共合作的正式形成。

王尽美参加了国民党一大，对国共合作的意义有了更明确的认识。会议期间，通过山东代表丁惟汾、王乐平等人，王尽美与孙中山有了交往。

2. 坚持团结、斗争的方针

1924 年 3 月 24 日，中共济南地执委和团济南地执委联合召开党、团员全体大会，从广州回济南的王尽美任大会主席。他向大会报告了赴广州参加国民党一大的情形，大会部署了今后一个时期党、团活动以及与国民党联合等工作。4 月，王乐平、王尽美等召集山东各地国民党员和平民学会的代表在济南举行会议，建立了国民党山东省临时党部，选举王乐平、王尽美等 9 人为执行委员，第一次国共合作在山东正式形成。

王尽美根据中共中央的指示，帮助山东国民党改组、发展的同时，对国民党内部的斗争以及对国共两党的关系与前景都有比较清醒而正确的认识，这一点保证了山东国共两党合作的顺利发展。他经常在党、团会议上以及与党、团员的个别谈话中对党、团员进行教育。他主张对国民党采取既团结又斗争的方针，极富远见卓识。

在以王尽美为首的中共济南地执委和国民党进步人士的共同努力下，山东国民党组织得到迅速发展。1925 年 7 月 11 日至 13 日，国民党山东省第一次代表大会在济南育才小学召开。出席大会的各地代表 30 余人，其中有共产党员邓恩铭、丁君羊、王翔千、延伯真等 10 余人，王尽美因病重而未能到济参加会议。大会选举产生了国民党山东省党部第一届执行委员和监察委员，共产党员丁君羊、邓恩铭、延伯真当选为执行委员，王辩、王用章、丁子明当选为候补执行委员。这次大会进一步巩固和发展了山东地区的国共合作，推动了正在发展的反帝爱国运动。

改组后的山东国民党的成分有明显变化，工农成分迅速增加。到 1926 年国民党第二次全国代表大会召开时，山东的国民党员达 2500 人，其中学生占 40%，工人占 25%，农民占 15%，教师占 15%，其他占 5%。山东国民党组织基本上成为工人、农民、城市小资产阶级和民族资产阶级的革命联盟。

（三）掀起反帝新高潮

积贫积弱的中国带着屡战屡败的惨痛迈入 20 世纪，一个个不平等条约的签订使中国逐步沦为半殖民地半封建社会。五四运动后，救亡声浪始终没有衰减。驱逐列强、反帝废约，成为大革命时期的主旋律。国共两党共同组织推动了群众性反帝废约运动。

为宣传民主革命思想，揭露帝国主义的罪行，共产党与国民党共同在山东创办了《现代青年》周刊和《十日》旬刊。《现代青年》于1924年6月正式创刊，每星期二出版，王尽美亲自参与了刊物的编辑工作。当时，《现代青年》周刊发行山东全境，是山东政治论坛上有权威的刊物之一。《十日》旬刊是1924年以山东省平民学会的名义创办的，王尽美参与主办。他在《十日》旬刊上发表了《中俄携手后的蒙古》等文章，揭露了帝国主义、封建军阀、官僚政客、资本家的各种罪行及其伪善面目，并对中国革命的一些重大问题阐明了观点。这些文章鼓舞了革命者、工人阶级和广大劳动群众的斗志。

1924年5月31日，苏联政府和直系军阀曹锟执政的北洋政府正式签订了《中俄解决悬案大纲协定》（即《中苏协定》），该协议是中国自鸦片战争以来和外国签订的第一个平等条约，它废除了帝俄强加给中国人民的一切不平等条约。协定的签订，直接推动了中国人民废除不平等条约的反帝运动。在中国共产党的领导下，一场以废除不平等条约为中心的反帝斗争全面展开。

8月初，中共济南地执委和团济南地执委根据中共中央指示召开联席会议，决定由王尽美在国民党临时省党部以各界联合会和国货维持会名义发起组织山东反帝国主义大同盟。8月24日，山东省和济南各界31个团体的代表聚集在国货维持会，举行会议，正式成立山东反帝国主义大同盟，并发表了由王尽美亲自起草的《山东反帝国主义大同盟宣言》，这是山东反帝国主义大同盟的一个纲领性文献，是一篇声讨帝国主义及中国军阀的战斗檄文。9月7日，王尽美组织济南党、团地执委以山东反帝国主义大同盟的名义，在商埠公园召开30余个团体六七百人参加的群众大会，王尽美在大会上发表了慷慨激昂的演说，他历数帝国主义对中国的种种侵略，号召人民参加反帝斗争。

（四）开展促成山东国民会议运动

国民会议运动是大革命时期国共两党共同组织和领导、旨在通过召开国民会议实现民主与共和的反帝反军阀的民众运动。1923 年 7 月，《中国共产党第二次对于时局之主张》提出了"召开国民会议"的口号，主张由全国的商会、工会、农会、学生会及其他职业团体，推举代表，共同举行国民会议，解决中国的政治问题。中国共产党的这一主张得到了孙中山的支持。1924 年 9 月，第二次直奉战争爆发。受革命影响的直系将领冯玉祥等率部倒戈，回师北京，发动政变，电邀孙中山赴京共商国是。11 月 10 日，孙中山发表《北上宣言》，提出对外取消一切不平等条约和对内扫除军阀两大目标，主张"召集国民会议，以谋中国统一与建设"。为了把革命影响扩大到全国，中共中央支持孙中山北上，国共两党一道，在全国范围内发起以召开国民会议为中心内容的运动。

王尽美等根据中共中央《孙中山北上，各地应组织国民会议促成会及开展活动》的通告精神，组织济南党、团员积极开展对外宣传，号召各界团结起来，努力促成国民会议的召开。济南党、团地执委决定，以国民党山东省和济南市临时党部的名义，联络各团体发起筹备欢迎孙中山北上大会，开展促成国民会议和废除不平等条约的运动，以推动国民革命的发展。12 月，王尽美和王乐平、阎容德一起到北京，参加在李大钊直接领导下召开的国民会议促成会全国代表大会。会后，王尽美、王乐平、王哲、阎容德 4 人又乘火车去天津见孙中山。孙中山接见了他们并委任他们为国民会议特别宣传员。孙中山与王乐平交情颇深，与王尽美在国民党一大时也相识，并有所了解。王哲回忆当时的情况说：

> 孙中山首先接见了王尽美同志，并与其进行了长时间的亲切的谈话……王尽美同志与孙中山先生交谈了山东国民会议运动的情况。孙中山先生以他个人的名义委任王尽美同志为国民会议宣传员特派员，并授予了盖有孙文之印的委任状。

12月28日下午，王尽美、王乐平等以国民会议特别宣传员的身份，在省教育会召开山东省和济南各界代表会议。王尽美等发表演说，阐述召开国民会议的意义及其与各界人民的关系。会议决定，成立山东国民会议促成会筹备委员会。1925年1月7日，山东国民会议促成会正式成立。在山东国民会议促成会成立前后，王尽美沿胶济铁路东行，先后指导建立了青州、潍县、青岛、淄博、张店等地的国民会议促成会。

据王乐平的侄子王蔚明回忆，1924年12月下旬，王尽美以孙中山特派代表的名义来到青州，宣传召开国民会议。在与王尽美的交谈中，王尽美提到孙中山先生派他当宣传员，并给他100元作为宣传费。

在王尽美的指导下，1925年1月17日，青岛国民会议促成会成立大会召开。会议由鲁佛民 [①] 主持，王尽美进行了演讲。会议讨论通过了《青岛国民会议促成会简章》，并发表《青岛国民会议促成会宣言》，决定1月18日下午召开市民大会。

鲁佛民的儿子鲁广益跟随父亲参加了这次大会。鲁广益后来参加革命工作，改名余修。新中国成立后，曾任山东省副省长的余修在回忆王尽美时这样写道：

在雷鸣般的掌声中，有一位身躯颀长的青年人，方面大耳，快步走上讲台。他年约二十七八岁，穿一身灰布长袍，笔挺地站在讲台上，用锐利的目光，扫视全场听众的兴奋面孔，而他自己的脸上也是充满激昂的表情。等欢迎的掌声落下来，他便开始了滔滔不绝的讲演，这位讲演者就是王尽美同志。

王尽美同志年轻而英俊。他对时局的分析精辟深透，他的革命立场鲜明坚定。父亲虽然长他不少年纪，但对他是十分器重与爱戴的。尽美

---

① 鲁佛民（1881—1944），山东济南人，1914年毕业于山东法政学校。1916年参与创办民主报刊《公言报》，1926年加入中国共产党，七七事变后，由北平转赴延安，受到毛泽东接见。曾任陕甘宁边区政府教育厅秘书、边区政府法制委员会委员兼边区银行法律顾问。1944年5月18日病逝于延安。

同志那谦虚谨慎的作风，政论家的风度，十分吸引人的演讲才能，都给我留下了很深的印象，以致若干年来都不能忘记他。

1924 年 12 月 31 日，孙中山自天津到达北京，受到各界群众的热烈欢迎。1925 年 2 月 1 日，由段祺瑞操纵的完全由军阀、官僚等组成的善后会议在北京召开。孙中山拒绝出席善后会议。为了对抗善后会议，中共和孙中山商议，决定在北京召开国民会议促成会全国代表会议。正在张店活动的王尽美、王哲接到参加会议的通知后，立即赶往济南，与王乐平等一起赶赴北京。

1925 年 3 月 1 日，国民会议促成会全国代表大会在北京开幕。全国 20 多个省 120 多个地方的国民会议促成会的代表共 200 多人参加大会。共产党人李大钊、赵世炎、王尽美等和不少国民党左派人士也参加了大会。大会讨论了中国革命的基本问题，其内容包括国际问题、国内问题、财政问题及国民会议运动的方针等。会议期间，王尽美与李大钊、赵世炎等组成临时党团，运用合法斗争的形式和策略，保证会议在帝国主义和军阀的双重压力下，在国民党右派破坏面前，仍能顺利进行。大会所通过的各项决议，基本上接受了中共的政治主张。这次会议，虽然未能达到改组政府的目的，但它有力地推动了国民会议运动的开展，较为广泛地传播了革命主张。

在国民会议促成会全国代表大会期间，孙中山心力交瘁，病情日益严重。3 月 12 日，孙中山在北京逝世。在北京的王尽美不顾日益加重的病情，参加了追悼、安葬孙中山的活动。北京 10 多万市民加入送灵的行列。当送灵队伍经过西华门段祺瑞的善后会议会址时，人们愤怒地捣毁了善后会议的牌子，悼念活动变成了一次反帝反军阀、要求召开国民会议和废除不平等条约的群众大示威。

参加完在北京追悼孙中山的活动后，王尽美匆匆赶回山东，指导山东追悼孙中山的活动和国民会议运动。这期间，王尽美的肺结核病已十分严重，但他不顾身体病重，奔波于北京、济南、青岛、淄博、青州、潍县之间，为召开国民会议、唤醒民众而呕心沥血。

这一时期，在党的领导下，王尽美致力于统一战线的发展，以马克思主义为指导，团结一切可以团结的力量，促进中华儿女进行反帝反封建的斗争，同时采取正确的策略和方法，以坚定的政治立场确保了党对统战工作的领导，增强了党的阶级基础，扩大了党的群众基础。

尽善尽美唯解放 (1924—1925)

（一）大革命高潮的先声

在青岛开展国民会议运动期间，王尽美参与领导了胶济铁路和四方机厂的工人大罢工。1925 年初，在帝国主义操纵下，胶济铁路局中的江浙派和山东地方派两大势力之间发生了内讧。王尽美、邓恩铭等人不失时机地发动胶济路和四方机厂工人进行罢工斗争。2 月 8 日，胶济铁路全路员工罢工开始。与此同时，四方机厂工人在王尽美、邓恩铭等人的指导下，也于2 月 9 日宣布罢工。王尽美因亲自领导过山海关铁工厂和秦皇岛港口工人大罢工，富有经验，所以在这次罢工的组织、发动和指挥方面发挥了重要作用。他和邓恩铭等人一起对罢工进行了精心布置。

胶济路全线停运，引起了北洋政府的震动。全路工人罢工的第三天，北洋政府为平息工潮，只得将属于江浙派的胶济铁路管理局局长阚铎免职。山东地方派取得胜利，胶济路全线恢复通车。在此情况下，王尽美、邓恩铭认真分析当时的形势，继续带领四方机厂工人罢工，罢工坚持到第九天，胶济铁路局被迫答应工人提出的部分条件。2 月 18 日，四方机厂工会召开全体工人大会，庆祝罢工胜利，并发表了《胶济铁路四方机厂工人罢工胜利宣言》。在罢工胜利的鼓舞下，王尽美和中共青岛组织公开了四方机厂工会，并以四方机厂工会为基础，成立了胶济铁路总工会，这是青岛第一个行业系统的总工会。

王尽美、邓恩铭等人领导的这次胶济路和四方机厂工人大罢工在中国工人运动史上占有重要地位，它一扫“二七”大罢工失败之后工界的沉闷气氛，预示着中国工人运动新的高潮的到来。工人运动的先驱邓中夏在 1930

年编写的《中国职工运动简史》上写道：

> "二七"失败已隔一年……此时有一新生势力为"二七"时所没有的，就是异军突起的胶济路工会，该会在中国工人阶级大受打击之后，居然能起来组织工会，会员发展到 1500 余人，不能不算是难能可贵。

青岛四方机厂工人罢工取得胜利后，王尽美、邓恩铭领导青岛党组织，认真总结经验，调配力量，迅速将工作重点转移到产业工人多、受压迫深重的日资纱厂工人中去。1925 年 4 月，王尽美、邓恩铭领导了青岛日资纱厂工人第一次同盟罢工。这次青岛日资纱厂工人同盟罢工持续 20 余天，秩序井然，充分体现了王尽美、邓恩铭及青岛党组织卓越的指挥才能和高超的领导艺术，也体现了青岛纱厂工人的组织性和纪律性。5 月 9 日，双方达成了改善工人待遇等 9 项复工条件，青岛日资纱厂第一次同盟罢工取得胜利，把青岛的工人运动推向了一个新的阶段，可以说是早期青岛工人运动史上最辉煌的时期。四方区的大康、内外棉、隆兴纱厂还组织了跨厂性的地区产业工会——四方纱厂工人联合会，以统一领导和协调三厂的工人运动。王尽美看到这种情况，非常兴奋，对中国革命的前途充满了信心和希望。

（二）斯人已逝，英魂长存

1.带病战斗

长期过度紧张的工作和常年艰辛的生活，严重地摧残着王尽美的身体。早在 1924 年 10 月，王尽美就染上了肺结核病。1924 年 12 月在济南与反动的基督教徒论战时，因连日演讲，劳累过度，致使吐血晕倒，不得不住院治疗。住院期间，王尽美关心的不是自己的身体，而是山东刚刚兴起的国民会议运动，所以住院不到一周就匆匆出院，投入到斗争中。因而，他的肺病继续发展，他不时大口地吐血，最终病倒，不得不卧床休养。

病榻上的王尽美不断地从来看望他的同志、朋友、群众口中听到反帝爱国斗争运动开展的情况，忧心如焚。他眼看着战友们为革命呼号奔走、忙无暇时，而自己却不得不辗转于病榻之上，还要同志们来照顾自己，内心感到十分痛苦。王尽美多么希望能尽快驱除病魔，重新回到火热的斗争中去！但这个愿望却没能实现，王尽美的病情越来越重了。党组织和同志们曾多次劝他住院治疗，但他认为住院花费太大，多次婉言谢绝。在这种情况下，党组织只好劝他回家静心休养。王尽美反复考虑，自己身患重病，已不能工作，留在青岛，徒然给党组织和战友们增加麻烦和负担，因而也就同意暂时回家休养。

2. 长年奔波后终回故乡

1925 年 6 月，王尽美回到了自己的故乡——大北杏村。在几年的职业革命家生涯中，他东奔西走，很少回家，即使借工作之便回家探望，也只是短暂一停，即匆匆离去。这次归来，给他的家庭带来了短暂的欢乐。白发苍苍的祖母、慈祥善良的母亲、勤劳能干的妻子，以悲喜交加的心情迎接王尽美的归来。两个天真可爱的孩子则高兴至极。为了使王尽美能够安心休养和治疗，家里向邻居借了两间较安静的南屋作为他临时居住的地方，悉心照顾，四处奔走请良医，希望把他的病治好。组织上也按时给他寄来生活和治疗的费用。然而，当时的医疗水平对肺结核病毫无办法，王尽美的病情仍一天天加重。

眼看着王尽美的病情日益恶化，亲人们心如刀绞，祖母、母亲、妻子不时暗暗悲泣。王尽美常常在昏迷中被亲人们的抽泣声惊醒。其实，王尽美知道自己的生命走到了尽头，何尝不撕心裂肺！作为一个社会的精英，在人生最美好的年华就面临着生死离别，他还有毕生追求的为劳动人民求解放的未竟事业，还有血肉相连的孤儿寡母在苦难中挣扎。

他不愿让亲人看到自己的痛苦，每至此时，他就强作欢颜，对亲人安慰一番。这时，王尽美的大儿子王乃征 6 岁，小儿子王乃恩才两岁半，年纪虽小却非常懂事。王尽美经常把孩子们叫到自己的床前，给他们讲述一些浅显的革命道理，再三叮嘱他们长大后要为穷人办事，要成为一个有出息的人。

王尽美在家休养了大约一个月，病情不见任何好转。他知道自己已无生的希望，便产生了到自己曾经工作和战斗的青岛去看看战友们的心愿。

王尽美的妻子留在家中照顾孩子，母亲陪同他前往青岛。

7月的一天，烈日炎炎，身体十分虚弱的王尽美在母亲的陪同下，离开了大北杏村。临走时，他紧紧地捏着两个孩子的手摇了又摇，久久不愿松开。他知道，这一去就是与亲人的诀别，与故土的永别。这是人间最难忍受的生死别离啊！他深情地凝视着乔有山，在亲人的哽咽声中离开了家，离开了大北杏村……

3. 病逝于青岛

到青岛后，王尽美住进了青岛医院治疗。同志们听到消息后，纷纷去看望他。正在青岛巡视工作的全国铁路总工会委员长、中共北方区委的负责人王荷波也去医院探望。鲁佛民到医院探望，并为王尽美补助医药费。大家看到王尽美骨瘦如柴，肚子板硬，吐着大块的紫血，都十分难过。但王尽美对战友们从不谈自己的病情，总是勉励他们要好好为党工作。他说："我是不行了，你们好好为党工作吧！我万想不到会死在病床上。"

临终前，王尽美请中共青岛党组织负责人笔录了他口授的遗嘱：

> 希望全体同志好好工作，为无产阶级和全人类的解放和共产主义的彻底实现而奋斗到底！

遗嘱记录好后，王尽美亲自过目，然后在遗嘱上按了手印。

1925 年 8 月 19 日，王尽美病逝于青岛医院，永远离开了他为之奋斗一生的劳苦大众，时年 27 岁。

王尽美逝世后，青岛党组织及同志和朋友们为他举行了简单的追悼会。青岛党组织负责人宣读了他的临终遗嘱，并致哀悼。嗣后，党组织派王象午和傅书堂与王尽美的母亲一起，把他的灵柩送回大北杏村安葬。灵柩抵达大北杏村时，王尽美的妻子拉着两个年幼的孩子伏跪在村头迎接，全家悲痛欲绝，失声恸哭……

王尽美去世后不久，其祖母和妻子先后病故，只剩下老母亲带着两个年幼的孙子，生活之凄苦可以想见。党组织和同志们对王尽美的家属尽可能给予关心和照顾。王翔千资助两个孩子王乃征、王乃恩读书，并经常讲述王尽美的革命经历，启发教育他们。王乃征和王乃恩后来都走上了革命道路。新中国成立后，王乃征担任了吉林省军区参谋长、副司令员等职，王乃恩则留在地方工作。

4. 英魂长存

中共北方区委得知王尽美去世的消息后，在北京和他曾经战斗过的唐山等地举行了隆重的追悼大会；曾与他并肩战斗过的中国劳动组合书记部北方分部主任罗章龙亲自作怀唁诗一首，高度概括了王尽美光辉而短暂的一生。悼诗云：

> 忆昔书记部，东鲁萃群英。
> 党团多魁秀，君领方面军。
> 严严泰山峻，泱泱黄海云。
> 青济兖泰间，风起复云蒸。
> 方圆亘千里，车马久经循。
> 攻守大槐树，转战皇姑屯。
> 罢工曾卧辙，布檄竟飞文。
> 凡此诸战役，与君共经纶。
> 君绩愈益重，君体愈益轻。
> 积劳染沉疴，心力交相侵。
> 予闻君病危，一再临海滨。
> 访君汇泉医，见君神志清。
> 遗语不及私，肝胆为摧崩。
> 医术诚不竞，百药竟无灵。
> 夺我党之良，苍天何不仁。
> 叹息斯人去，群工泪为倾。
> 此恨何时已，沧海欲生尘。

当年共同缔造中国共产党的战友们也常怀念他。毛泽东曾三次提到王尽美。他深情地对参加第一届全国政协会议的山东代表马保三说："革命胜利了，不能忘记老同志，你们山东要把王尽美、邓恩铭烈士的历史搞好，收集他们的遗物。"毛泽东还生动地描述说："王尽美耳朵大，长方脸，细高挑，说话沉着大方，很有口才，大伙都亲热地叫他'王大耳'。"这是毛泽东第一次提及王尽美。1957 年到山东视察的毛泽东又一次说："你们山东有个王尽美，是个好同志。听说他母亲还活着，你们要养起来。"1969 年，在中共九大会议上，年届 76 岁的毛泽东历数牺牲的一大代表，第一个提到的就是王尽美。董必武也深情写下《忆王尽美同志》：

> 四十年前会上逢，
> 南湖泛舟语从容。
> 济南名士知多少，
> 君与恩铭不老松。

人民也不曾忘却王尽美。2009 年，在新中国成立 60 周年之际，广大人民评选出了 100 位为了民族独立和人民解放英勇牺牲的英雄模范人物，王尽美光荣当选。

斯人已逝，英魂长存。王尽美的一生虽然短暂，但已在人类历史上铸下一座丰碑。他所创建的济南的共产党早期组织，已由几个党员发展成现在拥有 700 多万党员的山东全省党组织；他所参与缔造的中国共产党，已由 50 多人发展成今天拥有 9600 多万党员的执政党；他为之奋斗终生的事业，已经取得了辉煌的成就。

【参考文献】

[1]丁龙嘉,张业赏.王尽美[M].石家庄:河北人民出版社,1997.

[2]丁龙嘉.王尽美[M].长春:吉林文史出版社,2011.

[3]本书编写组.中国共产党简史[M].北京:人民出版社,中共党史出版社,2021.

[4]中共诸城县委,山东大学历史系合编.王尽美传[M].济南:山东人民出版社,1981.

[5]丁龙嘉,蒋爱翠.论王尽美群众观的确立践行及其启示[J].理论学刊,2013(6).

[6]济南师范学校.王尽美遗嘱与研究文集[M].北京:中共党史出版社,2009.

[7]中共党史研究室.中国共产党的七十年[M].北京:中共党史出版社,1991.

[8]张春常,李秋毅.济南师范学校百年史[M].济南:齐鲁书社,2002.

[9]中共山东省委组织部,中共山东省委党史资料征集研究委员会,山东省档案馆.中国共产党山东省组织史资料(1921—1987)[M].北京:中共党史出版社,1991.

[10]中共山东省委党史研究室.中国共产党山东历史第一卷(1921—1949)上册[M].济南:山东人民出版社,2018.

王志坚

◎高衍玉

　　王志坚（1899—1947），曾用名王石佛（也写为王石甫），相州王家第十六世后裔。出生于诸城市相州镇相州七村一个地主家庭，是山东早期共产党员王翔千的侄子。1919 年考入山东省立一师本科班。在学校期间，积极参加五四运动，参与建立康米尼斯特学会，发起成立励新学会，主编《泺源新刊》。曾两次在杭州出家。1929 年回到相州把全部精力投入到重新恢复的相州王氏私立小学。在任校长期间，大力推行教学改革，尤其注重对学生进行爱国主义教育，教学效果显著，每逢全县统考都屡屡夺魁，使相州王氏私立小学达到鼎盛。

优良家风的传承与浸润

　　诸城，原名东武，西汉初年置县，因山为名。隋开皇十八年（598）改名诸城。诸城是一个历史悠久、文化灿烂的古县。从春秋到明清，诸城涌现了一大批名士名流，如孔子弟子公冶长，赤眉军领袖樊崇，《清明上河图》作者张择端，名医王化贞、臧应詹，名臣刘统勋、刘墉等。由于世代熏陶，诸城人民形成了忧国忧民、尊师重教、钟爱文艺的优良传统。

　　诸城位于山东半岛东南、泰沂山脉与胶潍平原交界处，地处鲁东南交通要道，是连接水陆的咽喉之地。独特的地理位置使诸城成为自古以来的兵家必争之地，同时也造就了诸城人民不畏强暴、敢于反抗的革命传统。

王志坚出生的前一年，即 1898 年，德国强迫清政府签订了《胶澳租界条约》，使山东沦为德国的势力范围。辛亥革命前，革命党人就在诸城活动。1912 年 2 月 3 日，民众响应辛亥革命，配合革命军攻克县城，组织山东军政分府，宣布诸城独立。2 月 25 日，清军破城，诸城独立运动失败。1913年，柴沟"小刀会"领导农民在千佛阁起义，打富济贫，坚持斗争 20 余年。1916 年 5 月，中华革命军为讨袁护国，在民众的配合下攻克诸城县城，宣布独立。同年，郑耀臣领导农民在白龙山起义，诸城市境东北部的佃户一连两三年没有向地主交租。

相州镇位于诸城市北部，置建于明朝初期，距今已有 500 多年的历史。镇里居民大多为王姓，根据相州王氏族谱记载，王氏先祖王庠是明朝初期由海州（今江苏连云港）辗转迁到相州定居。

相州王氏族人四世之前以务农为主，五世以后，开始向仕途发展。相州王氏在清朝开始登上政治舞台，据族谱记载统计，清朝时期族中共考取进士 21 人（一说 17 人），其中武进士 1 人，皇帝赐予进士 1 人。另外，还有130 多人入仕为官，出现了"一门二十一进士，父子同朝为官，皇帝御赐进士"的奇迹，成为诸城当地的名门望族。王志坚就出生在相州王氏家族，是相州王氏十六世后裔。

清朝统治的终结和科举制度的废除，使相州王氏家族的科举之路走到了尽头。但是，"忠厚传家、诗书继世"的家风和"应时而变、顺势而为"的治世态度却在相州王氏家族流传至今。1905 年，随着西学的传播和清末新政的推广，清廷下诏"谕立停科举以广学校"，施行 1300 余年的科举制被废除。相州王氏族人顺应时代潮流，举全族之力兴办新式教育，创立相州王氏私立三等学堂（初小、高小、中学三个阶段）。王氏私立三等学堂奉行"中学为体，西学为用"，倡导救亡图存，对学生的影响很大。辛亥革命后学堂停办，1913 年得以重新恢复。它的早期毕业生王翔千成为中国共产党在山东的创始人之一，王乐平成为国民党在山东的创始人之一，后来他们的家族子弟与学生王深（甡）林（琳）成为农工民主党的创始人之一。除此之外，还培养了一批影响较大的文学界、教育界、军政界人才。王志坚早年就读的就是这所学校。

早年的王志坚深受诸城文化和相州王氏家族家风的影响，打下了扎实的中华传统文化基础，萌发了忧国忧民的家国情怀，产生了要改造社会、救亡图存的报国理想。

五四中的坚守与彷徨

（一）积极参与五四运动

王志坚于相州高等小学毕业后，1917 年赴济南考入山东省立一中。为节省费用，后复转考入山东省立第一师范学校北园分校，进入预科班学习，1919 年升入山东省立第一师范学校本科第十一班。

在山东省立一师，王志坚和王尽美是同班同学，住在同一宿舍。两人都是学校的高才生，又都擅长文学。其间，他受王尽美的影响，积极参与组织开展了许多进步活动。

1919 年五四运动爆发后，在外地的许多诸城爱国学生和进步人士纷纷回到家乡参加活动，积极开展反帝爱国和新文化运动的宣传工作。王志坚与王翔千等从济南回到家乡相州，亲自组织学生、农民千余人，在相州东大庙召开了大会。会后组织了近千人的宣传队，深入各村宣传，使反帝爱国思想在群众中迅速普及。他们除口头宣传外，还散发传单，张贴标语，编演节目。

他们在宣传爱国思想的同时，展开了抵制日货的行动。当时日货大量输入，充斥市场，群众称之为"仇货"。他们组织学生成立国货维持会，用文字或口头宣传，尤其每逢大集就到人多处讲解日本帝国主义想吞并中国的野心，号召救国先从抵制日货开始，有日货者立即卖出，下次如再发现马上没收，当众焚毁，并保证以后不再卖日货。经宣传后有的商人仍卖日货，于是他们当即没收日货，在相州东大庙前焚毁，没收两三次后市面不见了日货。在他们的领导下，相州一带成为"五四"时期全县最活跃的地方之一。

　　1919 年暑假后，王志坚在山东省立一师升入本科第十一班。新学期开始不久，他和王尽美针对黑暗腐败的教育方针和教学方式，针对省立一师限制学生思想、言论、行动自由的清规戒律，联络省立一中学生邓恩铭、王克捷以及育英中学教师王翔千，在省立一师闹了一次学潮，其目的是要求撤换昏庸的校长，废除腐败的旧教育制度。学生们通过贴标语、开讲演会、编演话剧、写诗歌等形式，揭露旧教育制度的种种弊端。这次学潮，来势迅猛，席卷了整个省立一师，一师本部、二部 1000 多名学生举行了总罢课。他们还走出校门，走上大街游行示威，并到省教育厅请愿，学校一度完全陷入瘫痪状态。学潮持续了一个多星期。在社会各界人士、其他学校和学生家长的支持下，学潮最终迫使教育厅撤换了省立一师校长，辞退了部分老举人教师。这次学潮在济南乃至全省学界引起强烈震动，虽然达到了撤换校长的目的，但旧的教育制度和教育内容并无什么改变。

（二）建立济南康米尼斯特学会

　　1920 年夏秋之际，王尽美联合邓恩铭、王志坚等一批向往共产主义的进步青年，秘密建立了济南康米尼斯特学会。学会的成员有王尽美、邓恩铭、王志坚、李祚周、王克捷、赵震寰、王象午等。这几位省立一师、一中和公专的同学，是在王乐平开办的齐鲁通讯社售书部阅读和购买有关马克思主义的书籍、报刊时，志趣相投而结合在一起的。该学会的宗旨是："专以收集共产主义理论书籍，研究共产主义。"[①]

（三）主编《泺源新刊》

　　1920 年 10 月 1 日，山东省立一师学生自治会创办刊物《泺源新刊》。王志坚参与主编。该刊以介绍新刊物、宣传新思想、揭露社会陋习、批评旧教育、倡导教育改革为主要内容，发行周期为 3 天，共出版发行了至少 40 期。《泺源新刊》第一期刊登了《发刊词》，阐述刊物创办的原则和宗旨。刊登《发刊词》主要有两个目的：一是强调更加注重学校教育，回归教育本质；二

---

　　① 中共山东省委党史资料征集研究委员会编：《山东党史资料》1982 年第 2 期，第 172 页。

是更加注重理论联系实际，注重实践教育。期间，王志坚在该刊上发表了《小学各科教授的研究》系列文章，新诗《无衣的农夫》《吃西瓜》，短评《图书馆》，新诗《晚上校园散步》，短评《二大书局》《我对于年级制度的意见》《小学教师宽严问题》《乡村教育与文化运动》《劝大家快些助赈》，新诗《劝赈》等若干改造社会方面的文章。①

　　1920年10月5日《泺源新刊》第二期，"新诗"专栏刊载了王志坚的《无衣的农夫》，内容如下：

　　　　前面那块地里

　　　　种了些青青的秫圪

　　　　里边有一个少年农夫

　　　　手里拿着一把长锄

　　　　低着头儿弯着腰

　　　　把那为官②的蔓草尽力除去

　　　　啊　天气这样热

　　　　日光这样毒

　　　　上下不着衣

　　　　怎么靠得住

　　　　肤色黑似猪

　　　　汗珠落如雨

　　　　这个情景真教人替你叫苦

　　　　为什么从这里经过的人

　　　　反而说"有趣有趣"

---

　　①胡汶本，田克深编：《五四运动在山东资料选辑》，山东人民出版社，1980年版，第523—535页。

　　②笔者注，围观。

附后有王统照[①]对这首新诗的点评："此三段诗，意涉实深，且绝无拖累杂凑之病，足当起写实二字，后句结得亦好。"

该刊是山东五四运动后期创办的新刊物中出版期数最多、办刊时间最长的一种，在宣传新思想、启蒙青年学生觉悟、推动新文化运动深入发展等方面都发挥了重要作用。

（四）励新学会的主要发起者

1920 年 10 月底，在新思潮的影响下，一些进步青年学生不再甘心"老实读书"，对现实不满的山东知识青年越来越多。为广泛吸收进步青年参加研究革命理论，王尽美、邓恩铭决定另行组织一个范围更为广泛的学会，名为励新学会。"当时列名发起者，系王志坚、吴隼等十一人。"[②]

1920 年 11 月 14 日，发起者举行会议，一致推举王尽美、于其惠、陈汝美、谢凤举 4 人起草详细会章。励新学会的宗旨是：研究学理，促进文化。信条是：勤、俭、诚、勇。总会设于济南，各处有会员 5 人以上者可设分会；王志坚任励新学会交际主任。

1920 年 11 月 21 日下午，在济南商埠公园大厅召开励新学会成立大会，全体会员到会，王乐平、王晴霓（北京《曙光》杂志主笔）等作为来宾参加了会议。在此次会议上，来宾和会员进行了演说，举行了茶话会和摄影等活动。

励新学会成立同时，创办《励新》半月刊，《励新》是励新学会的会刊，是会员研究学理的主要园地，每半月出版一次。《励新》以宣传新思潮、介绍新文化、揭露社会黑暗、主张社会革命、倡导民众教育为中心。1920 年 12 月 15 日出版的《励新》第一卷第一期卷首《我们为什么要发行这种半月刊》中指出：

> 新思潮发生以来，各处都有人树起极显明的旗帜来，高倡文化运动，

---

①王统照，山东诸城人，王志坚二叔，生平酷爱文学，其代表作有小说《一叶》《黄昏》《山雨》，诗歌《童心》和散文《片云集》等。是五四以来中国文坛上的著名人士之一。

②《会务报告》，载自《励新》，1920 年 12 月 15 日。

思想界受了这种影响，发生了空前大变动，凡少有觉悟的人，都照着这条路上走了，这当然是很有希望的一种好现象。

但是新思潮未发生以前，大多数青年，安安稳稳的，埋头于故纸堆里，并不去管社会怎样，人类怎样，就觉着除了"老实读书"以外，并没有旁的问题似的。近来，新思潮蓬蓬勃勃过来以后，便与前大不相同了。大多数青年，已经有了觉悟，便觉着老实读书以外，个人和社会、和人类还有种关系，非常重大，已注意到这上头，便对于从前一切的制度、学说、风俗……等等都发生了不满意，都从根本上怀疑起来，于是觉得满眼前里，无一处，无一事，不都是些很重要的问题了。我们一般青年对于这种问题，想得痛痛快快的给他一个解决，确实困难丛生，往往左思右想，总是解决不来，只觉得个人肉体，和在刀心剑林里似的，不舒服极了，精神上更不消说了，感受极大的苦痛，常此一往，一定发生种种危险。

同人等想到这样，见有联络同志、组织会社之必要，便以精神的结合，组成励新学会，拟定宗旨：

研究学理，促进文化。

对于种种的问题，都想着一个一个的，给他讨论一个解决的方法，好去和黑暗环境奋斗，得到结果，便可以宣布出来，争得大家的同意，请求大家的指教。

我们所以要发行这种半月刊，就是为的这个。①

王志坚在做好学会交际工作的同时，还积极为《励新》半月刊撰文，其中在《励新》杂志第一卷第一期（1920 年 12 月 15 日）上发表了文章《贫乏的研究》和诗《暴雨》，在第一卷第五期发表了《贫乏与教育》。

在《贫乏与教育》一文中，王志坚指出教育与人生有莫大的关系，教育

---

① 中共山东省委党史资料征集研究委员会编：《山东党史资料》1983 年第 2 期，第 216 页。

应该是每个人应该享有的权利。但是在现实社会中，只有最少数的富足者享有教育，而贫乏者不能受教育。贫乏者不能受教育的原因是因为受到经济压迫而没有钱、没有工夫，从而导致富足者享有特权，贫乏者遭受欺侮。王志坚指出要真正普及教育，就必须解决经济问题，消灭富足者和贫乏者的差别，否则，教育依然是最少数的富足者的特权。从《贫乏与教育》一文可以看出，王志坚已经运用马克思主义的阶级观点来看待当时社会存在的贫富差距问题，并提出要普及教育，使教育成为每个人应该享有的权利，就必须解决经济不平等问题，从而消除贫富差距，否则也就无法实现普及教育。

励新学会是一个进步青年知识分子介绍革命新思潮的读书会性质的组织。励新学会的成员主要是各类学生，他们在五四运动后因为反帝爱国组织在一起，开展研究新思潮、促进新文化传播的工作，一定程度上推动了大家的进步，促进了革命的思想准备。

五四运动以后的济南，同全国各大城市一样，思想界比较活跃而又比较复杂。当时，既有以马克思主义为中心的新文化新思潮的传播，也有资产阶级改良主义、无政府主义、基尔特社会主义[1]等反动思潮的泛滥。马克思主义同各种反马克思主义的思想在进行着激烈的斗争。在此情况下，人们的信仰在不断地、迅速地变化着。济南文化界和山东省立一师的师生中，日渐明显地分化为左、中、右三派。励新学会内部，不久也发生了分化，其中一部分右翼分子同国民党接近，有的参加了国民党；一部分左翼激进分子，则是"马克思学说研究会"的成员。[2]

（五）参加马克思学说研究会

王尽美、邓恩铭参加完一大回济南时，从上海带回了《共产党宣言》《马克思主义浅说》《工钱劳动与资本》等书籍。为了研究马克思主义、宣传

---

① 基尔特社会主义是行会一词的英语译音。基尔特社会主义是20世纪初流行于英国的一种资产阶级改良主义。它主张通过和平的途径，用所谓基尔特社会主义来代替资本主义制度。

② 中共诸城县委，山东大学历史系合编：《王尽美传》，山东人民出版社，1981年版，第17页。

马克思主义，王尽美联络原励新学会中信仰马克思主义的会员，准备成立一个新的团体。这个新团体就是马克思学说研究会。

1921 年 9 月，济南马克思学说研究会正式成立，骨干会员有王尽美、邓恩铭、王翔千、王用章、王复元、贾乃甫、马馥塘、王辩、王象午、赵展复、王克捷等。王志坚在王翔千的影响下，后来也参加了马克思学说研究会。

马克思学说研究会是中共山东组织直接领导下的一个公开的学术团体。研究会的主要任务是组织会员读书，举行报告会。会员经常到研究会阅读刚刚翻译过来的马列著作和介绍马克思主义的进步书刊。会员每周六集会一次，有时举行讲演会，有时召开纪念会，有时分组进行学习和讨论。

马克思学说研究会在宣传马克思主义理论方面发挥了重要的作用。他们除集会进行讨论外，还在育英中学举行过纪念十月革命节的集会，也纪念过五月五日马克思的诞辰。[①]

"记忆最深的是争论关于无政府主义主张个人自由与马克思主义主张团体自由的问题。常批判这主义那主义，在节日搞过集会讲演，具体情节不记得了，好像在'社会主义青年团'成立之后，'马克思学说研究会'就无形解散了。"[②]

济南马克思学说研究会推动了马克思主义在山东的进一步传播，为党培养了一大批骨干力量。1922 年秋，济南马克思学说研究会被济南警察厅强行解散，但其活动一直持续到 1925 年春。

（六）两次出家

王翔千长子王希坚对于王统照的纪实小说《春花》曾写到：

书中的主角那个坚石，就是我们同一曾祖父的二哥。……我那二哥是王尽美的同班同学，他也是那时励新学会和马克思学说研究会中

---

① 中国人民政治协商会议山东省诸城市委员会文史资料委员会编：《诸城文史资料》（第 1—7 辑），1989 年 12 月，第 30 页。

② 胡汶本、田克深编：《五四运动在山东》，山东人民出版社，1980 年，第 509 页（摘自贾迺甫所写材料）。

的骨干和积极分子。但在一次闹学潮失败后，他跑到杭州去当了和尚。当了一个时期又回到济南。有人还记得他当时写的两句诗："出世无因还入世，避秦无计且亡秦。"这以后，国民革命军兴师北伐，他还到部队里干了一阵。随着大军北上的半途而废，他又第二次回到杭州去当了和尚。直到最后，大哥（坚铁）才去把他领了回来。

1922 年，王志坚一度出家杭州半山寺，不久回到济南。

1923 年，王志坚从山东省立一师毕业。不久，他参加了王乐平在济南组织的"平民学会"。后来，他到青岛胶澳中学教书。执教不久，经朋友介绍，去河南郑州参加了冯玉祥部队，任军部秘书，后因对部队作风看不惯而退出。

1927 年，蒋介石叛变革命，白色恐怖笼罩全国。王志坚再次去杭州半山寺出家为僧。1928 年被家人找到返回相州。

在五四运动中，王志坚投入全部身心组织参加各种爱国运动，建学会、创办报刊，宣传马克思主义，倡导社会改造，谋求建立理想社会。当革命理想在现实中受挫时，他对理想和现实产生了怀疑，并难以接受从而选择逃避。当救国理想被唤醒时，他仍然想在那个时代有所作为，又义无反顾地踏上救亡图存、改造社会的征程。

教育救国的坚持与笃行

（一）重建相州王氏私立小学

1929 年春，王志坚与兄长王铁佛奔走筹划，恢复了一度停办的相州王氏私立三级学堂。

恢复的学校只设小学班，改称相州王氏私立小学，王志坚接任该校校长，一直到 1937 年抗战爆发。

学校门上边悬着"诸城县相州王氏私立小学"的横匾。一进大门迎面一堵影壁，白底黑字，上面写着"人生两件宝，双手和大脑，用手不用脑，事情做不好，用脑不用手，饭也吃不饱，手脑都会用，才算大好老"①。在学校四周的墙壁上，在通往各个教室的过道上，王志坚亲手写上了许多爱国主义标语口号。

王志坚首先从整顿教师队伍入手。他坚持选聘思想开明、有学识、有才能的人担任教师，王翔千、王润存、王蔚铭、孙朴风等都曾在该校任教，使教师队伍逐渐得到充实。

坚持大胆改革教学内容。将高级小学以讲授古文为主要内容的《国文》课，改为以讲授白话文为主要内容的《国语》课。其余课程也都采用了最新教材。他将传统人文课程与乡土相互结合，让学生收集乡间流传的故事、歌谣、俗语、谜语……这些作为学生写作的项目，效果极其显著。

在教学方法上强调理论与实践相结合。王氏私立小学接受了 20 世纪 30 年代陶行知先生所大力倡导的"知行合一""社会实践"的教育思想，开展"小先生"活动。王志坚教给学生几句口号："我是小先生，热心好似火山喷，生来不怕碰钉子，碰着一根化一根。"②

王志坚担任班主任，教授语文，还兼任历史、地理课。语文课的作业是，学生每周一篇作文，每天一篇日记，还有一张大仿或三行小字。日记和小字必须当天批阅发下，每天还得平均批改八篇作文，都有删改、圈点、眉批、总批，仅此就得需用三四个小时。住校学生夜间睡醒一觉后，往往看到王志坚办公室窗户上的灯光还在亮着。

王志坚积极组织领导对学生进行爱国主义教育。当年的学生王仲欣在《怀念王石佛校长》一文回忆道：

> 校院四周的墙壁上，挂着一些蓝木牌，用白漆写着"打倒帝国主义""铲除封建思想""我们一定要收复失地""人人要爱护花草树木"等标语口号，在通往各个教室的过道上方，张贴着一张着色的东北四

① 王瑞华：《王翔千》，中国文史出版社，2015 年版，第 90 页。王志坚把王翔千自编的打油诗用红油漆写在校门的影壁上，成为了学生们诵念的名句。

② 诸城市政协文史资料委员会编：《诸城文史资料》，1996 年 9 月，第 196 页。

省（辽宁、吉林、黑龙江、热河）地图，左边写着"哀我东北"，右边写着"何时收回"。这些影壁和木牌上的标语都是王校长亲笔所书，那张着色的东北四省地图是他指导着学生们绘制的。触动学生们心灵的"哀我东北，何时收回"八个大字也是他编写的。①

1937年抗日战争爆发后，王志坚及时向师生报告抗战形势，学生从他的讲话中，初次听到了毛泽东、朱德、苏区、红军等这些陌生的名字和名词。他还组织师生们成立抗日救亡宣传队，昼夜赶排了话剧《吼！打鬼子去》和广场剧《放下你的鞭子》，还有快板、大鼓等节目，到街头、集市和外村去宣传演出。据王仲欣回忆：

> 每次演出《放下你的鞭子》，好多观众都流下了眼泪。我担任演唱大鼓书，鼓词是校长编的，内容是：
> 说的是民国二十年"九一八"夜，
> 日本鬼子重兵进攻沈阳，
> 委员长下命令不准抵抗，
> 东北军退进关抛离家乡，
> 数月间丢掉了东北四省，
> 四万万同胞们气破胸膛。
> 同胞们当自强，
> 捍卫国土敢承当，
> 捐身躯不怕战死在古辽阳，
> 拼热血宁愿洒向鸭绿江，
> 誓把倭寇杀干净，
> 收复失地最荣光。

---

① 山东省诸城市相州镇王氏合著：《我们的家族史略》，第307页。

　　王志坚接任校长时期，也是相州王氏私立小学的鼎盛时期，作为乡村私立学校，每逢全县统考都能够屡屡夺魁。王仲欣在《怀念王石佛校长》一文中回忆道：

　　　　1933 年的秋天，诸城县政府第四科（教育科），组织力量对全县五六年级学生进行统一会考，结果王氏小学取得了两个第一名，县政府奖给两块大木匾，长约两米，宽约 80 厘米，黄底黑字，由县长李承绶亲手书写，一块是"栽培功深"，一块是"科学昌明"。在隆重的授匾仪式上，县长讲话，称赞相州王氏小学校长办学好，老师教学好，学生学习好，从此"三好"学校便出了名，学生也越发增多了。

臧仲余在《春日的风中——相州王氏私立小学所忆》中回忆道：

　　　　1934 年，全县小学举行会考，我校五、六年级参加，县里来了两个人，发试题、监考。考完后，带着卷子走了。快放假了，发下榜来，公布了前十名的成绩，前五名有 3 名是我校的。[1]

　　随着学校知名度的提高，方圆几十里，包括安丘、高密县等地的家长，都把孩子送到该校就读。

　　据有关统计，20 世纪 30 年代初诸城全县小学已近 300 所，并且有的家族经费投入更多，办学规模更大。而相州王氏私立小学能够脱颖而出闻名全县的原因，除了相州王氏重视教育的家风外，与学校有王志坚这位好校长有莫大的关系。王志坚在山东省立一师接受过系统的师范教育，对小学教育进行过深入的思考和研究，并能够把所学所思与乡村教育的实际相结

----

　　[1] 诸城市政协文史资料委员会编：《诸城文史资料》（第十四辑），1996 年 7 月，第 197 页。

合，尤为重要的是，他具有为了乡村小学教育甘于"上汤锅"①的奉献精神，这些都成就了相州王氏私立小学的辉煌。

当时刚恢复的王氏私立小学，因地方混乱，庄稼歉收，学校经费入不敷出。为摆脱困境，王志坚一方面向社会各界募捐；另一方面，带领全校教师向学校捐款，每人每月从工资中拿出2至5元捐献给学校。同时提倡勤俭办学、严格开支手续，把办公费用压缩到最低限度。为了扩大财源，学校还开办了一个小型商店，经营的商品多为学习用品，由教师在业余时间开店营业，以所得利润弥补学校经费的不足。

1935年初，当时在文坛已经小有名气的王统照旅欧回国后重返相州。回乡第二天，他就到学校里给师生们讲话。讲话之后，他问校长王志坚还有什么要求。王志坚就将学校想建图书馆苦于无书的事提了出来。王统照爽快答应帮助学校筹集图书，回去之后他自费购买了《水浒传》《西游记》等5000多册图书，用木箱子装着从青岛寄来。随之，王氏私立小学便在校分院利用一座庙宇"玉皇阁"建立起学校第一个图书馆。可惜在1938年日军飞机轰炸相州时，两枚炸弹扔在"玉皇阁"附近，图书馆被炸塌，图书也散失了。

这次回故乡，王统照还应王志坚的请求，为王氏私立小学编写了校歌，当时歌名为《相州王氏私立学堂校歌》，后被整理传唱为《做一个新儿童》。歌词是：

明白事理，
学习技能，
中华疾病弱与穷。
身体劳动，
精神朴诚，

---

① "上汤锅"，民国时期诸城一带曾把当小学教师比为"上汤锅"，比喻小学教师工作之累，待遇之薄。

救人救国在于功，

大家力合心，

同衔土的蚁，

酿蜜的蜂，

你我他，

做一个新儿童，

快乐融融，

春日的风中，

春日的风中。

至 1937 年夏，全校有初小 6 个班，高小 4 个班，共 10 个班，学生达 500 多人，教职员工 25 人。班数、学生数、教师数都比建校初期扩大了一倍半。

1937 年冬，由于日寇入侵，学校被迫停办。当学生得知这一消息时，教室里传出一片片哭声。学生不约而同地去找王志坚校长，看见王志坚两眼满含泪水，一句话没说，向学生摆摆手，返回了宿舍。学生朝他的门口深深鞠躬，哭泣着走出了学校。

王志坚返回家乡后，把全部精力投入到王氏私立小学建设中，即使在极其困难的条件下始终坚持办学，办学质量和水平得到社会的高度认可。同时也实践了一种成功的乡村小学教育范例。王志坚不仅是相州王氏家族教育的传承者，而且也是山东近代乡村教育的探索者和成功实践者。

（二）《围城日记》

1930 年，诸城发生过一场旷达半年之久的围城与反围城战争。守军是冯玉祥西北军的一个团，攻城的是蒋系陈调元部的 55 师，兵力约倍于守军。战斗于 2 月 20 日晨 3 时打响，至 8 月 27 日攻守双方的军队退清，历时 189 天。恰巧从相州赶往城里办事的王志坚，被困城中。被困期间，他天天躲于地窖内，看惯横空炮火红。愁闷困顿中的王志坚用日记形式，逐日记录了这场战争的过程，直到 5 月初开城门离城返乡。

《围城日记》从 2 月 22 日起，至 5 月 9 日止，对百姓因战争造成的痛苦进行了细致的描绘，还对战争期间粮食物价、街谈巷议等多有记载。

诸城县相州私立小学停办后，王志坚携妻带子先后到青岛、泊里等地教书。1944 年，举家重返相州，到相州三村亲戚家借住。1945 年 9 月诸城解放后，他曾到县教育科工作，后回村，以开小商店卖书笔和日常生活用品维持生活。1947 年王志坚去世。

【参考文献】

[1] 中共中央党史研究室.中国共产党历史（上卷）[M].北京：人民出版社,1991.

[2] 中共中央党史研究室.中国共产党的七十年 [M].北京：中共党史出版社,1991.

[3] 中共山东省委党史研究室.中国共产党山东历史第一卷（1921—1949）[M].济南：山东人民出版社,2010.

[4] 胡汶本、田可深.五四运动在山东资料选辑[M].济南：山东人民出版社,1980.

[5] 丁龙嘉，张业赏.王尽美 [M].石家庄：河北人民出版社,1997.

[6] 中共诸城市委党史研究室.中共诸城党史人物传（第一卷）[M].济南：齐鲁书社,2002.

[7] 余世诚，刘明义.中共山东地方组织创建史 [M].东营：石油大学出版社,1996.

[8] 中共山东省委党史研究室.中共山东地方史（第一卷）[M].济南：山东人民出版社,1998.

[9] 济南师范学校.济南师范学校百年史 [M].济南：齐鲁书社,2002.

[10] 中共山东省委党史资料征集研究委员会.山东党史资料（第九、十五辑）[M].1998.

[11] 诸城市政协文史资料委员会 . 诸城文史资料（第十四辑）[M].1996.

[12] 诸城市政协文史资料委员会 . 诸城文史资料（第 1—7 辑）[M].1989.

[13] 济南师范学校 . 王尽美遗嘱与研究文集 [M]. 北京：中共党史出版社 ,2009.

[14] 中共诸城县委，山东大学历史系 . 王尽美传 [M]. 济南：山东人民出版社 ,1981.

[15] 中共济南市委党史资料征集研究委员会 . 中共济南党史大事记（1919.5—1949.9）[M]. 北京：中共党史出版社 ,1991.

[16] 王瑞华 . 王翔千 [M]. 北京：中国文史出版社 ,2015.

[17] 王统照 . 春花 [M]. 北京：中国国际广播出版社 ,2013.

[18] 王宪明 . 诸城王氏家风 [M]. 北京：人民出版社 ,2015.

[19] 山东省诸城市地方史志编纂委员会 . 诸城市志 [M]. 济南：山东人民出版社 ,1992.

延伯真

◎袁雨田

延伯真，原名延寿璞，又名延白真、延波真。1896 年 8 月 30 日出生于山东省乐安县延家集村（今广饶县延集村）。1916 年考入山东省立第一师范学校，在校就读期间积极参加五四爱国运动，创办青年互助社，传播新文化。1923 年底加入中国共产党，从此走上了一生无悔的革命道路，把开展党的工作当成自己终生的事业，先后在山东青岛、济南、潍坊、东营、烟台等地进行革命活动。在与党组织失去联系后，虽多地漂泊，但信念如一，后转战东北从事抗日工作。1946 年参加中国人民解放军，1947 年重新加入中国共产党。1969 年 11 月 17 日病逝于沈阳，终年 73 岁。

热爱自然的倔强少年（1896—1916）

延伯真出生的村子里人口不多，阳河穿村而过，柳榆桑杨遍地皆是。延伯真院内就有父亲种的好些树木。

延伯真的祖父延心田是一名乡下秀才，父亲延光辰终生从事农耕。延光辰一生对农作物极为喜爱并很有研究，是个种庄稼的好把式。他热爱自然，忙里偷闲，在庭院种花种树，精通花木莳弄之道。他还热心公益事业，耿直豪爽，具有山东大汉那种路见不平拔刀相助的豪气。这位可敬的老人具有的中国传统美德也深深影响了延伯真。1944 年某日，汉奸队去骚扰派"公粮"，老人家里没有吃的，就与其理论，遭到毒打，从此一病不起，饱经忧患而亡。

1904 年，延伯真入乡塾，塾师是他的伯父延象辰。他对延伯真极为严厉，授课刻板，令延伯真非常苦恼，从而产生了反抗心理。延伯真经常逃学，有时逃到荒野，以野菜野瓜充饥，有时逃到十几里外的姥姥家，时常被伯父率领着族人掳回去加以暴打，但这个当时只有八九岁的倔强孩子心里从未屈服过。在乡塾的四年时间，延伯真读了《大学》《中庸》《论语》《孟子》《诗经》等，虽文义不明，但顺口成诵。

1908 年，伯父延象辰受维新思想影响，决定谋求新的出路，去济南求学。乡塾停办了，延伯真辍学在家，12 岁的延伯真觉着自己解放了。他投入大自然的怀抱，投入他十分热爱的农业劳作中，放牛，割草，铲地，捉菜虫，看垄沟，同叔父当转运队（村里有草帽辫贩卖店，经常用畜拉人推的小车往胶济路益都车站送）。在少年延伯真看来，虽身受风吹日炙，但较塾室"囚禁"是兴高采烈得多。

1911 年，由于家中增加了两名劳动力，延伯真得以再次入乡塾进行学习。辛亥革命后，清王朝被推翻，村里设立了新式小学，延伯真也随即由乡塾转到小学。1912 年，延伯真由父母包办和顾氏结婚，1915 年，长子延志宁出生，1919 年，次子延仲宁出生。1916 年，20 岁的延伯真高小毕业，被邻村聘为小学教员。同年，考入山东省立第一师范学校。

在山东省立第一师范学校求学（1916—1921）

（一）积极参加五四爱国运动

1916年延伯真来省城济南求学，就读于山东省立第一师范学校，在济南度过了5年的求学生涯。1919年五四运动爆发，当时的省立一师始终走在战斗的最前列。延伯真作为省立一师三年级八班的学生，积极参加五四爱国运动。他与同学们一起投身运动洪流，上街示威游行，开展反帝宣传。他为冲出校门挨过北洋军的枪托，长跪街头请求商人罢市遭到过骑警的迎头冲撞。同时，他和同学们积极宣传抵制日货，并与几位同学回到家乡广饶县城和延集村掀起抵制日货的斗争。他还到工厂动员工人们参加爱国运动。延伯真在五四运动中表现勇敢，五四运动的洗礼也为延伯真接受新文化奠定了基础。

（二）接受新文化

延伯真来济南求学时正处于民国初期的军阀时代，也是省立一师成立初期，虽然清廷早已被推翻，但封建专制观念依然根深蒂固，教育指导思想依然是封建伦理旧的一套。一师初期的课程内容中，虽然封建伦理和科学知识兼有，但是"修身、齐家、治国、平天下"的陈旧思想仍为当时教育的核心。延伯真在他的自传《延伯真略历》（写于1948年，以下简称《略历》）中表示，他的思想随着五四运动划分成了两个阶段，"五四"前是被"中学为体、西学为用"和道学思想支配，五四运动后接受了新文化，极端否认中国的旧文化。

五四运动促进了新文化运动的发展与继续，激发了广大青年接受新思想、新文化，当时还有不少青年学生办学会、办刊物，研究、传播新文化。经过五四运动的洗礼，延伯真的思想发生了很大变化并逐步接受了新文化。他常去学校图书馆看新文化的书，《新青年》和鲁迅的文章对他思想的转变影响很大，他开始逐步由儒家"道统说"的拥护者转变为新文化的拥护者。

1921年5月7日，延伯真与张玉山、杨笙甫等9名进步学生在山东省立第一师范学校组织成立了进步团体——青年互助社。青年互助社在思想上研究新文化，在事业上想从教育入手，改造社会。规定入社条件是道德品质好，入社时要经过两个社员介绍。社员受五四运动科学和民主思想的影响，有了朦胧的争民主自由、个人权利、个人尊严的思想和举动。

延伯真说他在五四运动后"极端否认中国的旧文化"，这可能是受了当时出现的"矫枉过正"思潮的影响。但经过了否定之否定的过程，中年、晚年的延伯真没有全面地否定儒学和中国传统文化，终其一生在思想和行动上，除了深受马克思列宁主义影响之外，也秉承着中国传统文化的精华，这从他日后的言行中可以得到印证。

改革农村教育（1921—1922）

1921年夏季，延伯真从山东省立一师毕业。学校组织毕业生前往江南旅行，参观南方教育，这是延伯真第一次走出齐鲁大地，他赞叹"江南的秀丽风光，有别于黄河流域的干枯和雄壮"。毕业后，延伯真在山东省博兴县师范讲习所任教，他兴致勃勃地设计了一种新的教学方法，但阻力很大，不到半年只好辞职。

1922年，他辞职后回到家乡延集，与几位志同道合的青年建了一所小学，自任校长兼教师，决定实施自己制订的乡村教育计划。延伯真根据自己孩提时代的切身经历认为：热爱自然、劳动、体育活动，醉心于玩耍，是孩子们的天性，孩子们需要阳光、田野、风和空气，而旧式教育让孩子们死记硬背四书五经，填鸭式硬灌并且经常体罚、斥责孩子，压制了孩子们的天性，漠视了孩子们的独立人格，伤害了他们的自尊心，也摧残了他们的想象力和创造力。久而久之，他们视学习为畏途，厌学逃学。延伯真主张将田园劳作和文化课相结合，教授白话文，增设数学、历史等课程，但受到保守势力的反对，不到半年就行不通了。这时，他省立一师的同学邀请他到平阴开展乡村教育，说平阴有好的发展条件。结果那里思想观念更顽固，更行不通。

延伯真在一年的时间里改革乡村教育的梦想三次搁浅。因为他遇到的对手是所谓"德高望重"的豪绅地主和他们的代理人，这些人是旧学、旧礼教的护卫者，不会容许一个拥护新文化的后生去搅动他们的"圣殿"。延伯真痛恨帝国主义的欺压、军阀的昏庸无能贪得无厌、旧人物旧礼教的顽固迂腐，致使中国落后，民众贫穷和愚昧，他抱着教育救国的理想决定出去闯一闯。他的父亲也是一位深明大义的人。1922 年，延伯真的妻子和母亲相继离世，56 岁的父亲需要照看 3 个孩子（延伯真的弟弟和延伯真的两个儿子），尽管困难重重，父亲还是支持延伯真出去做事。

在青岛播撒革命火种（1922—1925）

1911 年孙中山领导的辛亥革命推翻了清王朝，但没有触动封建势力的基础。各派军阀与帝国主义相勾结，国家陷入了军阀连年混战的局面。青岛先后被德、日列强统治长达 25 年。根据 1922 年华盛顿会议决议，同年 12 月，中国政府从日本手中收回青岛，但青岛立即成为军阀竞相争夺的肥肉，青岛人民遭受的盘剥压榨如旧。

（一）共产党在青岛发展的第一个党员

1922 年底，延伯真到青岛，在原省立一师学监、时任胶澳督办公署教育科长徐昌言的帮助下，被介绍到姜哥庄初级小学当教员，没过多久，又到公立青岛国民小学当教员，后来还在台东镇和台西镇小学工作过。1923 年初，丁惟汾、王乐平到青岛，创建了国民党外围组织——平民学会青岛分会，开始在工人、学生、教师、店员及下层职工中秘密活动，发展党员。同乡李开文（字郁延，国民党第一届立法院委员）向延伯真介绍孙文学说和三民主义。延伯真经过一年多"通过教育改革社会"到处碰壁，"感到政治问题不解决，什么建设都搞不通"，因此于 1923 年 1 月，经李开文介绍，加入了国民党，试图找到一条改革社会的道路。

1923 年 3 月，中共济南支部派邓恩铭赴青岛开展工作。随着国共合作的开展，延伯真和邓恩铭得以接触。邓恩铭将一些有关无产阶级争取解放和马克思主义的书籍介绍给延伯真阅读，延伯真开始接触马克思主义并与邓恩铭有了密切的往来。1923 年 10 月中旬，王尽美由济南到青岛，对青岛党的工作和筹建社会主义青年团的工作进行指导，并与延伯真多次接触。1923 年年底，经王尽美、邓恩铭介绍，延伯真加入中国共产党，成为党在青岛发展的第一个党员，从此走上了一生无悔的革命道路。1924 年 5 月（另说 1923 年 8 月），邓恩铭、王象午和延伯真建立了青岛第一个共产党组织——中共青岛组，邓恩铭任组长。

（二）建立山东省最早的两个农村党支部之一

延伯真入党后，即积极宣传党的革命思想，发展党员。1923 年寒假，延伯真回到家乡延集。整个寒假，延伯真找本村青年延安吉和几个学生谈话，讲述革命道理并分发、借给他们进步书刊，宣讲共产党的宗旨和目的，延伯真还教给他们唱《国际歌》。寒假末期，延伯真介绍延安吉入党。1924 年 2 月，延伯真写信邀请同学张玉山赴青岛。1924 年 4 月，张玉山、王云生自寿光赶赴青岛，延伯真与邓恩铭共同介绍他们入团。1924 年暑假，在邓恩铭的指示下，延伯真回到广饶和相邻的寿光一带活动，将张玉山、王云生由团员转为党员，并于 8 月在自家老宅指导张玉山、王云生与延安吉组成党小组，张玉山任组长。同年 9 月，经中共济南地方执行委员会批准，在党小组的基础上，成立了中共寿（光）广（饶）党支部，张玉山任书记，这是山东省建立最早的两个农村党支部之一。该支部隶属中共济南地执委，统一领导寿光、广饶两县的党团工作，指导两县的革命斗争。

延伯真也积极参加青岛团组织的工作。1923 年 11 月，中央派王振翼到青岛指导工作，与邓恩铭一起发展团员，并建立了青岛团支部，隶属团中央，邓恩铭任书记。1924 年 10 月 26 日，中国社会主义青年团青岛地方执行委员会建立，孙秀峰任书记，团员共有 20 人，设 4 个支部，延伯真任第二支部书记。

1925 年 2 月，根据中共四大修改的党章规定，中共青岛组改为中共青岛支部，隶属中共山东地执委，邓恩铭任书记，王象午负责组织工作，延伯真负责宣传工作。

（三）参加青岛国民会议运动

国民会议运动是大革命时期国共两党共同组织和领导、旨在通过召开国民会议实现民主与共和的反帝反军阀的民众运动。1925年1月7日，山东国民会议促成会正式成立，接着，王尽美到青岛进行国民会议促成会的组建工作。1925年1月17日，青岛国民会议促成会成立大会召开，大会选举鲁佛民为主席，邓恩铭、延伯真等人为执行委员。会议通过了《青岛国民会议促成会成立宣言》，阐述了召开国民会议的必要性和重要性，号召人民团结努力，争取把国家的一切权力交给国民会议。

青岛国民会议促成会成立后，王尽美在青岛举行了两场大规模演讲，宣讲国民会议运动的意义。延伯真每天到各处去，协助王尽美宣传国民会议，散发传单。在王尽美、邓恩铭的亲自指导和国共两党的共同努力下，青岛成为全国国民会议运动最活跃的地区之一。全市各民众团体几乎全部参加了促成会，并纷纷举行集会、联谊、游行、演讲，拥护共产党和孙中山提出的召开国民会议的倡导，反对段祺瑞的善后会议，形成了一股反帝、反封建的巨大洪流。1925年4月，延伯真还参与了青岛日资纱厂工人第一次同盟罢工的发动和宣传工作。

参与山东省地执委领导工作（1925—1928）

延伯真在青岛协助王尽美促成山东国民会议运动之后，1925年奉命到济南，参与了省地执委领导工作。同年7月，国民党山东省第一次代表大会召开，延伯真被选为国民党山东省第一届执行委员，负责工农部工作。1925年8月，中国共产党创始人之一、中共山东党组织的创建人、中国工人运动的先驱王尽美在青岛病逝；山东地执委书记尹宽调离山东。1925年8月下旬，山东各地党组织的代表召开会议，组成新的中共山东地执委，推选邓恩铭、延伯真、孙秀峰三人为委员，邓恩铭任书记，延伯真负责组织工作。

1925 年 7 月，青岛日商纱厂工人第三次同盟罢工失败后，军阀张宗昌加强了其残酷统治，山东国民革命运动进入了严重困难时期。在努力发展工人运动的同时，国共两党山东地方组织开始积极开展农民运动。在北伐战争开始以前，国共两党山东地方组织即动员党、团员和群众准备支援北伐。延伯真作为山东地方执行委员会的委员和担任农运工作的国民党山东省党部委员，参与了山东农运工作的组织和领导工作。

1925 年秋，中共山东地执委派延伯真到北平中共中央所办的训练班学习一个月。李大钊、蔡和森、恽代英、瞿秋白等著名共产党人都曾为训练班学员授课。经过这次学习，延伯真深感参加革命不能只凭朴素的阶级感情和主观热情，而应理解"从事无产阶级革命，还存在着客观的历史发展的必然性"（摘自《略历》）。

1925 年 11 月，中共山东地方执行委员会在济南筹备纪念十月革命节的活动中被敌人发觉，地执委机关遭破坏，邓恩铭等 6 人被捕。1925 年 12 月，中共中央派张昆弟到山东工作，在济南重新组建中共山东地方执行委员会，张昆弟任书记，延伯真、李耘生、关向应等任委员。

延伯真在济南工作期间认识了济南山东省立女子职业学校的教员刘雨辉，两人于 1926 年 4 月结婚。刘雨辉（1900—1985），原名刘玉蕙，1900 年出生于广饶县刘集村一个较为富裕的农民家庭。1925 年毕业于苏州女子产业学校，同年 7 月到济南山东省立女子职业学校任教员。她接受进步思想，于 1925 年 9 月经于佩贞、朱云岫介绍加入中国共产党。1926 年 3 月，刘雨辉因参加革命活动被校方开除。一个月后，刘雨辉冲破重重阻力，在济南与延伯真结婚。这对革命伉俪从此在革命和人生道路上并肩战斗，风雨同舟，历尽艰辛，在腥风血雨的残酷斗争中，倾注了自己的满腔热血和革命者的激情与智慧，义无反顾，共同走过了 43 年的人生岁月。

1926 年春节期间，刘雨辉、延伯真和同乡刘子久一起回家乡广饶探亲，带回了许多令人振奋的革命信息以及中文全译本《共产党宣言》（全国最早版本，1920 年 8 月出版），这本书留在了广饶县刘集村，并在指导当地革命实践中切实地发挥了作用。这本珍贵的革命宝书在战争中几经辗转，最后被当地老党员刘世厚冒着生命危险保存了下来，现存于山东省东营市广饶县博物馆，是"国家一级革命文物"。

1925年至1927年，延伯真作为中共山东地执委委员，多次赴鲁北的平原县一带开展工作。在平原县，延伯真与中共党员李宗鲁一起，一边传播马克思主义，一边物色发展对象，先后发展县保安队司书王化友（王旭鹏）和平原县立中学教员马绳武入党。1926年上半年，平原县建立了小屯党支部、刘宁口党小组，发展党员20余名。1926年9月，中共鲁北地方执行委员会在平原县成立。平原县成为鲁北地区党组织活动中心。延伯真常住平原协助鲁北地委开展农运工作。1927年夏，延伯真为了解革命形势，去济南、武汉找党组织接洽。在他到武汉期间，时任山东省委书记吴芳召开会议，以自由行动为由给予延伯真留党察看一年的处分，并将其调至淄川煤矿工作。"犟脾气"延伯真由于不服这个处分又多次沟通无果，决定只身前往烟台、潍县等地进行革命活动，从此与山东省委失去联系。

延伯真后来谈到这段往事说："我对革命工作决不死心。我知道山东几个大城市都有了组织，只剩下烟台还没有，就决心到烟台去把组织搞起来，做出个样儿给他们瞧。一失足成千古恨，再回首是百年身。我就这样与党组织失掉关系二十年。回头想想，这都是自己英雄主义和少年负气造成的。"邓恩铭与中央的通信中，也多次提到过延伯真。其中有封信这样写道："伯真兄除固执点外，其他均好。"家乡延集人说延伯真脾气犟，这在邓恩铭给中央书信中也得到了印证。

尝试在难民中建党（1928—1931）

1928年初，延伯真来到烟台。经老乡邓天一介绍，在烟台牌照局当了一名调查员，住在烟台广仁路基督教青年会，后来这里成为烟台地下党初创时期的主要活动场所。延伯真经过接触和恳谈，介绍同住在基督教青年会的胡世星等人加入了中国共产党，后又与共产党员徐约之和赵横之建立了联系。他们分析了烟台的形势，商定要在烟台建立党的组织，积蓄发展革命力量。1928 年 5 月，由徐约之、延伯真、赵横之、胡世星等人组织成立了中共烟台支部，徐约之任支部书记，延伯真、胡世星为委员。党支部成立后，胡世星持延伯真写的介绍信去济南与省委取得了联系。

延伯真发现，在烟台海港，每天有大批难民为躲灾荒、避战乱乘船涌向东北，形成"闯关东"浪潮。他感觉这种情况有加剧的趋势，并认为这些难民中蕴藏着革命的火种，于是决定在难民中开展党的活动，将难民组织起来，然后在东北谋求革命的机遇。1928 年夏，延伯真离开烟台，混在难民的船中去了东北，先去大连，但茫茫人流为了活命各奔东西，根本无法将他们组织起来，更不要说干革命了。这时，延伯真路费花光了，挨了几天饿。1928 年夏，他流落到哈尔滨，仍试图在难民中建党，但没能成功。

1928 年 9 月，妻子刘雨辉到哈尔滨与延伯真会合。那时的延伯真为联系不上党组织而焦虑。当时他遇到一位安姓朝鲜族人，说他的家乡东宁是个边防重镇，紧挨苏联。延伯真得到这一信息后，决意到东宁县寻找机会。经安姓人介绍，延伯真在东宁女校当了教员，但一直找不到门路去苏联，也找不到党的关系，又返回哈尔滨，最终在穆棱县落了脚。夫妻两人均在穆棱女子高等学校任教。延伯真在难民中建党的空想被打破了。

日本关东军刺刀下的秘密情报工作（1931—1945）

（一）从事苏联情报工作

1931 年 9 月 18 日，日本在沈阳制造了震惊中外的"九一八"事变，侵占中国东北地区，中国人民为期 14 年的抗日战争开始了。侵占中国东北地区之后，日本便在这里建立了伪满洲政权，对中国人民实行奴化教育和军国主义教育。在侵略中国期间，日军烧杀抢夺，无恶不作，十分残忍。中国军民对日军进行了顽强抵抗，中国的抗日战争是世界反法西斯战争的重要组成部分，为世界反法西斯战争的胜利做出了重要贡献。

1931年夏，延伯真在穆棱县遇到了从事苏联情报工作的韩心平（由中共北满特委派去苏联）和傅姓两个人。1931年冬，经上述两人介绍，延伯真和其长子延志宁到苏联，找到了第三国际远东情报局的负责人。他们要求延伯真返回东宁做情报工作，延志宁留在苏联上学。为了工作的便利，延伯真又回到黑龙江东宁县当教员，从此在日本关东军的刺刀下，开始了长达10年的抗日秘密情报工作。

1931年到1938年，延伯真以东宁女高和绥芬河小学教员身份作掩护，分别在东宁和绥芬河做了大量的抗日情报工作，搜集了东宁、绥芬河一带日伪时期的军事、政治、经济情况和日本开拓团的移民状况。刚开始的时候，延伯真经常到苏联的四站、双城子、海参崴等地报告工作。后来，交通工作主要由延伯真的次子延仲宁担任，那是1932年，延仲宁只有13岁。这个13岁的少年每次要绕路走两个小时去送情报，路上自然环境十分恶劣，各种野兽和土匪强盗经常出没，更糟的是日本宪兵和伪军巡逻队经常出现，要时常保持警惕。有一次，延仲宁被一队伪军巡逻队抓住，刺刀顶在肚子上，被严厉盘问。延仲宁压住心中的恐惧，谎称得罪了父亲，惧怕责打，要躲到姥姥家，迷了路。伪军信以为真，就把他放了，得以侥幸逃脱。

延伯真的公开身份是东宁县小学教员，他白天要忙于教学工作和建立联系、搜集情报，因此，所有搜集到的情报，一概由延伯真打草稿，刘雨辉抄写清楚。有时，延伯真口述，刘雨辉执笔。不论是延伯真父子谁担任交通员，都由刘雨辉将材料秘密藏在他们身上。冬天缝到棉衣、棉裤里，夏天则比较麻烦，但也尽量缝在隐蔽处，如裤袋或鞋里等。延仲宁1934年去苏联学习后，跑交通的工作就改由贺伯真[①]担任。

（二）最早发现"东宁要塞"并将情报传递出去的中国人

延伯真所领导的东宁情报站，干得最出色的一件事是获得了"东宁要塞"

[①] 贺伯真，山东牟平人，1930年左右在黑龙江省宁安县为共产国际做情报工作，1934年被指派到东宁情报站做交通员。

的情报，并成功地传递到共产国际远东情报局。1934 年至 1945 年，侵华日军历时 10 余年，在东起吉林省珲春的中俄朝边境，中经黑龙江省中俄边境，西至内蒙古自治区海拉尔、阿尔山中俄、中蒙边境，在绵延 5000 余公里的国境地带，依山就势秘密修筑了珲春要塞、东宁要塞、虎头要塞、富锦要塞等 17 处军事要塞，被日军称为牢不可破的"东方马其诺防线"。这些要塞的设计、施工和经营是在极其保密的情况下进行的。

这些要塞中，东宁要塞群是侵华日军最大的军事要塞群，它坐落于黑龙江省东宁县境内，最接近远东战区和太平洋军港海参崴，是第二次世界大战最后的战场之一。东宁要塞始建于 1934 年 6 月，正面宽 110 公里，纵深 50 多公里，主要为了进攻苏联而建立，总兵力达 13 万多人，曾被视为一级阵地，前后共有 17 万余名中国劳工被迫参加了要塞的修建。据延伯真的二儿子延仲宁回忆说，在东宁县城就可以听到轰轰的爆炸声，这是日本人在开山炸石，听说很多工人都戴着脚镣干活。

延伯真得知东宁要塞信息并传递有关情报可能是在 1936 年。为了工作，延伯真广交朋友并善于与人交流，发现具有爱国心的同胞就想方设法启发他们的觉悟，并发动他们和日本人作斗争。在东宁县，延伯真认识了具有爱国心的王蓬一和王书焕两兄弟，通过两兄弟，延伯真认识了一个在东宁县开照相馆的人——姜延平。日本宪兵队经常找姜延平去照相。开始主要是给士兵照相，时间长了，日本人放松了对他的警惕，也让他照阵地工事的平面图、结构和布局等。延伯真和王姓兄弟共同做姜延平的工作，把他争取了过来，他答应窃取日本人的情报。后来姜延平"借机将东宁一带的阵地构造照片图样连人带物等整个地拍摄下来"（摘自《略历》），由延伯真转送到共产国际远东情报局。1945 年 8 月，苏联红军攻克东宁要塞，这些情报起了重要作用。为了姜延平一家的安全，也为了东宁情报站的安全，延伯真动员姜延平全家搬到了苏联。

（三）策动伪军团长阵前起义

一个经常给关东军照相的人失踪了，日军加强了警戒。1937 年，东宁的环境愈来愈恶劣，经情报局负责人同意，延伯真先后转移到绥芬河镇和北安县工作,在北安县伪县署当职员。在北安,延伯真认识了老乡、北安县伪军团长西久贞。在接触中,延伯真感到西久贞是爱国的,具有极强的民族意识,对日本人很反感,于是便试探着争取他,逐渐和他谈较深的政治问题,如"国民党不可靠,救中国的是中国共产党","日本人现在猖狂,但他们侵略、奴役别国人民,必然会遭到坚决持久的反抗从而灭亡"⋯⋯延伯真还告诉西久贞,苏联是帮助中国抗日的。有一次,西久贞问:"要是和苏联发生了战争怎么办?"延伯真果断地告诉他:"阵前起义到苏联去!"延伯真还将他在苏联的关系告诉了西久贞。西久贞决心接受延伯真的劝告,表示要"争取机会,依靠苏联,反满抗日",并托付延伯真照顾他的家眷。

1939 年 5 月,诺门坎战役爆发。伪团长西久贞履行了对延伯真的诺言,杀死了随团的日军,带领全团阵前起义,向苏军投诚。西久贞的义举对苏联红军打击日本挑衅助了一臂之力,也减少了苏联红军的伤亡。西久贞约于 1940年从苏联经西安赴延安,并加入了中国共产党,新中国成立后曾任黑龙江财政厅副厅长、辽宁省商业厅厅长等。他很感谢延伯真给他指了一条光明之路。

(四)逃亡生活

1939 年冬,根据远东情报局的指令,延伯真和贺伯真到哈尔滨着手建立电台的工作,同时搜集有关敌情。1941 年 3 月,由于叛徒出卖,情报站被日本宪兵破获,贺伯真不幸被捕,在日本宪兵队的牢房中受尽酷刑,但他坚贞不屈,始终没有透露一个字,最后被敌人残忍杀害。延伯真侥幸逃脱,此后 4 年四处逃亡,寻找继续革命的机会。

参加中国人民解放军(1945—1969)

1945 年 8 月,苏联红军进驻哈尔滨,当时中共北满省委也随苏联红军到了哈尔滨,但不久苏联红军把城市政权移交给国民党接管,中国共产党撤出了哈尔滨。延伯真到哈尔滨想方设法找党的关系但没有成功。他在邻居的青年中物色对象,认定青年郭庆义是个培养发展对象,在交往中给他讲解马列主义、共产党以及在共产党领导下要建立一个什么样的社会，跟他讲只有共产党才能救中国，希望他学习文化，做一个有文化、有知识的人，并劝他等共产党到了哈尔滨要积极主动参加共产党。郭庆义没有辜负延伯真的启蒙和教导，1946年东北民主联军进驻哈尔滨后，他积极主动找到党组织，成为新中国成立后哈尔滨发展的第一批党员。后来，郭庆义在哈尔滨一个派出所任所长。延伯真在《略历》中说，"我这数年，仅仅做了这一点事"。他是把发展党组织当成自己的事业和任务来完成的。

1946年8月，东北民主联军从四平撤退，其中七师驻防在延伯真家附近。延伯真主动找七师同志交谈，了解情况。谈起来得知有许多人是从山东来的老乡，这些山东老乡对延伯真非常热情，经他们介绍，延伯真见到了师政治部戈部长，戈部长立即批准延伯真参军，自此，延伯真参加了中国人民解放军并于1947年重新入党。

在全国解放战争时期和新中国成立后，延伯真勤勤恳恳、兢兢业业，默默地奉献自己的点滴力量。他先后任东北民主联军七师后勤部鞋厂厂长，东北军区军需部材料局采办处加工、会计股长，东北军区空军后勤部财政科长，航校教员等。为了抗美援朝需要，这期间还负责拉林机场的建设。1952年11月，延伯真转业到地方工作，任中央第一机械工业部沈阳销售办事处行政科长，直到1962年退休。1969年11月17日，延伯真在沈阳病逝，享年73岁，这位中共山东党组织的早期领导人度过了自己传奇的一生。

延伯真一生漂泊，命运坎坷，但对革命的赤诚始终未改。他走到哪里就把革命的火种播撒到哪里，把发展党组织当成自己的事业和任务来完成。即使与党组织长期失去联系，或身逢艰难处境，革命初心丝毫未曾改变，延伯真用一生的足迹诠释了忠诚和信仰。这是中国千千万万为祖国、为人民奋斗过的革命者之一。或许他们的名字无人知晓，但他们的功绩与世长存！

【参考文献】

[1] 中共广饶县委党史研究中心，广饶县地方史志研究中心 . 广饶影存 [M]. 济南：山东画报出版社 ,2021.

[2] 中共广饶县委党史资料征集研究办公室 . 广饶党史资料（第一辑）[M]. 广饶：中共广饶县委党史资料征集研究办公室 ,1983.

[3] 本书编写组 . 中国共产党简史 [M]. 北京：人民出版社，中共党史出版社，2021.

[4] 中共青岛市委党史征委会办公室，青岛市档案馆 . 青岛党史资料（第一辑）[M]. 青岛：青岛市出版局 ,2021.

[5] 丁龙嘉，张业赏 . 邓恩铭 [M]. 石家庄：河北人民出版社 ,1997.

[6] 中共烟台市委党史研究室 . 中共烟台地方史（第一卷）[M]. 北京：中共党史出版社 ,2005.

[7] 平原县党史资料征研委员会办公室 . 平原党史资料（第一辑）[M]. 平原：中共平原县党史资料征研委员会办公室 ,1983.

[8] 济南师范校史编写组 . 济南师范校史（1902—1982）[M]. 济南：山东师范大学附中印刷厂 ,1982.

[9] 王海荣 . 革命伉俪延伯真、刘雨辉 [J]. 山东党史 ,2022(3):59—62.

[10] 中共山东省委党史研究室 . 中国共产党山东历史第一卷（1921—1949）上册 [M]. 济南：山东人民出版社 ,2018.

[11] 铁流，徐锦庚 . 国家记忆———一本《共产党宣言》的中国传奇 [M]. 济南：山东文艺出版社 ,2014.

[12] 徐占江，李茂杰 . 日本关东军要塞 [M]. 哈尔滨：黑龙江人民出版社，2006.

[13] 徐占江，滕建华 . 日本关东军要塞初探 [J]. 东北史地 ,2010(06):53.

马馥塘

◎张丽影

马馥塘，曾用名马天香，1906 年 3 月出生于山东省德州齐河县冢子张庄（齐河安头乡）。少年马馥塘胸怀远大志向，积极探寻救亡图存道路，在求学路上积极参与马克思学说研究会、社会主义青年团的发展，努力向党组织靠拢，于 1922 年加入中国共产党。1925 年，马馥塘考入山东省立第一师范学校，成为济南著名的学生运动领袖。在山东党组织发展时期，为山东邮局系统党组织的建设发挥了重要作用。抗日战争时期，马馥塘积极参与组织泰安县各界抗敌后援会、泰安县民众总动员委员会和泰安县抗敌自卫团。新中国成立后，马馥塘更是鞠躬尽瘁，始终如一。1983 年 4 月 17 日，马馥塘在北京病逝，终年 78 岁。

胸怀志向的读书郎

1906 年 3 月，马馥塘出生于齐河县安头乡冢子张庄的农民家庭，是家里的独生子。当时正处于晚清风雨飘摇的时期，政治黑暗、列强入侵，华夏儿女积极探寻救亡图存的道路。7 岁的马馥塘进入本村初等小学读书，1917 年考入齐河县立高等小学。在县立高等小学读书期间，马馥塘积极参加齐河县响应北京的五四运动而举行的群众集会、游行示威和抵制日货活动。1919 年，13 岁的马馥塘参与了五四运动在齐河的罢课游行，并积极组织"十人团"，抵制日货，响应北京学生的罢课斗争，热衷参与反帝爱国运动。

1920 年春，马馥塘考入济南正谊中学。正谊中学创办于 1913 年，校长是教育家鞠思敏，是当时济南办学成效最为突出的一所私立中学。马馥塘受教于这样的学习环境，思想逐渐趋于成熟。这一年的暑假，马馥塘考入山东省立第一中学，在《忆建党初期山东的党组织》中，马馥塘谈到："当时正是五四运动以后，新文化、新思想广泛传播。一些进步书刊，如《新青年》《曙光》等，在济南的进步青年中流传很广。我入学以后，即被进步书刊所吸引，从中接受了革命思想。"[1]

晚年的马馥塘在接受采访时回忆，在山东省立第一中学，自己结识了校友邓恩铭。因为两人都住在文庙后面的学生宿舍里，邓恩铭常到马馥塘的宿舍去，所以便熟悉了。邓恩铭是五四运动时省立一中的学生领袖，又是一中学生会的负责人，在学生群体中威信很高。马馥塘在学习中遇到疑难问题，就向邓恩铭请教。邓恩铭的见识高，待人又热情，对马馥塘提的问题总像老大哥那样耐心解答，使马馥塘获益匪浅。

投身思想宣传工作

1921 年，王尽美、邓恩铭参加中共一大，回到济南后，于 9 月建立了马克思学说研究会，主要是开展思想宣传工作，研究会内部组织读书活动，开报告会，学习和研究的主要文献就是《共产党宣言》和马克思的《工钱劳动与资本》等书，对一些政治事件发表宣言和印制传单，表明态度。这

---

[1] 马馥塘：《历下火种》，山东人民出版社，2014 年版，第 7 页。

是在中共济南地方组织直接领导下的一个公开学术组织。马馥塘通过同乡贾石亭（又名贾廼甫）介绍，积极加入马克思学说研究会，成为这个组织的主要成员之一。不少会员成了山东最早的共产党员，而此时的马馥塘还不够入党年龄。

马馥塘回忆山东党组织时特意提到：马克思学说研究会会址设在当时的省教育会（贡院墙根街），门口挂着"马克思学说研究会"的牌子。每个会员发一枚圆形瓷质徽章，上面有马克思的像。省立一中、省立一师、育英中学、省商业专科有三四十名学生参加了这个组织。马克思学说研究会的主要负责人有一师的王尽美、一中的邓恩铭、育英中学兼一中国文教员王翔千、商业专门学校的贾石亭等人。济南马克思学说研究会的主要任务是组织会员读书，举行报告会，使更多人知道马克思，了解马克思主义。

有了革命的思想就会产生革命的行动。1922年，为赎回胶济铁路筹款，马馥塘与研究会的成员一同在济南中山公园召开募捐大会，并组织了义演。同时，组织会员深入新城兵工厂、鲁丰纱厂、溥益糖厂等产业工人集中的地方，开展工人运动。

坚定树立革命信念

1922年1月，邓恩铭等以中共代表的身份，出席了共产国际在莫斯科召开的远东共产党及民族革命团体第一次代表大会，并到苏联各地参观访问。回到山东后，他曾送给马馥塘一枚列宁像章，并教他学唱《国际歌》。1922年9月17日，马馥塘在济南由贾廼甫、王用章（王杲）介绍加入中国社会主义青年团。

中国社会主义青年团成立之后，各校有三名团员以上者建立支部。马馥塘与邓恩铭和王复元组成省立一中支部，这时的主要政治任务是组织学习和开展思想工作，积极发展和扩大组织。看到要求进步的学生，马馥塘就设法同他接触，给他看进步书籍，观察其表现。同年，马馥塘转为中国共

产党党员。这位 16 岁的学生党员一边在校学习，一边从事革命工作，1923
年曾给中共中央派来山东工作的特派员吴慧铭做联络工作。

积极发展山东党组织

　　1924 年，马馥塘从省立一中毕业，于第二年考入山东省立第一师范数
理专修科，当时的党团组织已有较大发展。在省立第一师范学习期间，马
馥塘根据党的指示，积极组织开展学生运动，成为济南著名的学生运动领袖。

　　马馥塘进入邮政系统，要从 1926 年说起，当时整个山东省邮政系统都
没有共产党员，不利于开展党的地下工作。于是受党组织选派，正在山东
省立第一师范学习的马馥塘，到省邮局报考邮务佐，被省邮局录取后，被
分配到高密邮局工作，后任中共高密县委监察委员兼高密县城市支部书记。

　　1927 年 12 月，马馥塘从高密邮局调任淄博周村，负责分拣、营业、储汇、
接发、押运等工作，职务是邮务佐。当时的周村是胶济铁路上繁华的手工
业城市，全国各地来往客商很多，工人队伍比较强大，党组织在此开展地
下工作十分有利。马馥塘了解到周村仍未建立党组织，"那时周村没有党员，
我去之后，首先发展组织，先后在邮差里面发展了一个姓刘的，一个姓芦的，
名字我都忘记了。他们的年纪都比我大。这样，我们三人成立了一个支部，
我任书记。这是周村的第一个党支部，这个支部直属省委领导。那时党支
部还兼做团的工作"[1]。马馥塘向中共山东省委报告，建议在周村建立党
组织，提议受到了省委的高度重视。马馥塘肩负起"宣传形势、大力发展
组织、配合合法斗争为主要任务，开展好周村的地下工作"的使命，深入
基层，和工人团结在一起，获得了工人的信任，积极发展党员，建立组织。
经省委批准，周村邮局党支部成立，马馥塘任书记，这是周村地区第一个

---

　　[1] 马馥塘：《山东党史资料》，中共山东省委党史资料征集委员会，1982 年版，第
51 页。

共产党组织。

1928 年，马馥塘被调到诸城县邮局。在诸城期间，马馥塘依然积极发展党组织，发展党员，建立支部。马馥塘支部当时任务是对群众进行反国民党和反军阀的宣传，并主要是根据省委指示做扩大党组织的工作。

与党失联的艰难岁月

1930 年 1 月，马馥塘转送给时任山东省委代理书记傅书堂的信件不幸落入国民党高密县党部手中，国民党据此逮捕了马馥塘。马馥塘在回忆录中提及：“我在诸城被捕。事后我才知道，我的被捕是由于王天生叛变后的出卖。1928 年，王天生和他的弟弟王复元先后叛变，出卖了省委机关及各地组织。当时，王天生名义上是省委总交通，省内的各个联络地点他都知道。那时党的秘密工作经验很差，王天生兄弟的叛变，使山东党组织遭到很大破坏。”①

同样因叛徒出卖，被关押在济南国民党山东省高等法院第一监狱的邓恩铭听说马馥塘入狱后，要求看守让他见马馥塘一面。看守答应让他们在放风时见面。见面后，邓恩铭叮嘱马馥塘两件事：一是监狱里情况很复杂，有两个叛徒，要特别注意，提高警惕；二是说监狱也是个学习的地方，要抓紧时间好好学习。他还问马馥塘有书没有。入狱时，马馥塘只带了一本书。邓恩铭说：“这样吧，我给看守五块钱，托他把一本书送给你。”邓恩铭就送给他一本列宁的《唯物主义和经验批判主义》，以后马馥塘和同狱室狱友就经常阅读这部著作。马馥塘被判刑两年，却被关押近四年之久，在狱中被残酷折磨，多次遭受严刑拷打，但他立场坚定，始终没有屈服。他还在狱中发动狱友绝食斗争，组织阅读进步书刊，以此引导和鼓励狱友坚定信念，坚定必胜信心，走彻底革命的道路。

1933 年 11 月，满身的伤痕并没有动摇马馥塘的革命信念，出狱后的他

---

① 马馥塘：《历下火种》，山东人民出版社，2014 年版，第 10 页。

积极寻找党组织。此时革命的队伍正被反革命势力"围剿"，全国笼罩在白色恐怖之中。以前的同志，有的惨死，有的脱党，有的失联，有的当了叛徒，茫茫黑夜，他看不到一丝光亮。在极端困难的处境中，马馥塘先找到了过去的老同志邹光中、高光宇（均为张店洪沟人）等人。1934年，马馥塘与徐智雨、丁梦荪、丁适存等人在济南共同创办"一线文艺社"，出版刊物《一线》，取一线光明的意思，宣传抗日救亡思想。出版两期后，因期刊内容过于激进而被反动当局查封。

正当马馥塘陷入报国无门的困境中时，同样与党组织失去联系的傅玉真几经辗转找到了他。傅玉真是傅书堂的二妹，高密第一个女共产党员，也是一个富有传奇色彩的革命者。共同的革命理想和同样的人生境遇使他们在革命陷入低潮的时候，结为了革命夫妻。婚后，他们没有考虑舒舒服服地过自己的小日子，而是先后携手在莱阳、济南、禹城、齐河、泰安以教书为掩护，秘密建立革命组织，宣传革命思想。马昕在《我的父亲马馥塘》一文中写道："1933年11月，父亲马馥塘出狱。母亲傅玉真几经辗转与出狱后的父亲取得了联系，在到处寻找党组织未果的极端困难的处境中，母亲傅玉真与父亲马馥塘这对患难战友结为革命夫妻。婚后，他们以开展乡村教育的名义到莱阳一带寻找党组织，因宣传革命思想，受到反对当局的追捕，只好离开莱阳。在此期间，父亲马馥塘在老师和学生中分别组织了'读书会'和'自持会'，传播进步思想，并于1935年春，发展了一批共产党员，建立了禹城高小党支部。他领导老师和学生与反对当局开展了一系列斗争，使禹城高小党支部成为1933年山东党组织遭严重破坏后鲁北地区坚持独立斗争的一面旗帜。"[1]这个时期马馥塘虽孤军奋战，境遇险象环生，生活颠沛流离，却丝毫没有减少革命的热情。

马馥塘考上山东省政府教育厅办的社会教育服务人员训练班，结业后被派到莱阳县乡村教育实验区当主任。不到一年时间，马馥塘在20多个村子里成立了农民武术团，准备搞暴动，却被告密，只好返回济南。在同学

---

[1] 马昕：《检察日报》，2011年6月10日版。

的帮助下，马馥塘又到禹城县城内小学当教导主任。首先组织成立学生自
治会，又成立了一个教员读书会，组织教师学习邹韬奋办的生活书店出版
的进步书刊。

七七事变后，全国人民掀起抗日高潮。尽管没有与上级党组织取得联系，
马馥塘依然不忘使命，坚持革命斗争。1936 年下半年，马馥塘到泰安，以
民众教育馆馆长的身份为掩护，开办了三处民众夜校，继续开展党的工作。
1937 年 10 月，中共山东省委书记黎玉恢复了马馥塘的组织关系，孤军奋战
了四年的马馥塘至此终于找到了党组织。

抗日战争中的马馥塘

抗日战争时期，山东各地群众抗日团体纷纷建立。鲁中、鲁南也先后
建立了抗日群众组织。马馥塘与泰安县共产党员鲁宝琪等人，以及著名进
步人士、教育家范明枢一起，组织了泰安县各界抗敌后援会、泰安县民众
总动员委员会和泰安县抗敌自卫团。

徂徕山起义，是山东全境影响最大的一次抗日武装起义。1937 年 10 月
22 日，省委在泰安县文庙召开紧急会议，分析了山东形势，决定在徂徕山
地区发动抗日武装起义，徂徕山起义也是山东省委直接领导的一次抗日武
装起义。12 月 31 日晚，日军侵占泰安城。

1938 年 1 月 1 日，各地参加起义的 160 余人集合在徂徕山大寺，黎玉
代表省委正式宣布起义，成立八路军山东人民抗日游击第四支队。洪涛任
司令员，黎玉任政治委员，赵杰任副司令员，林浩负责政治工作，马馥塘
任经理部主任。从此，轰轰烈烈的抗日武装斗争在山东全省展开。1938 年
12 月至 1940 年 6 月期间，马馥塘先后任八路军山东纵队供给部长，鲁中行
署副主任、主任兼支前副司令员，鲁中区党委财委副主任兼鲁中区工商管
理局局长。

为筹备军用物资，1939 年 10 月，马馥塘悄悄地潜回齐河，在安头、孙

耿一带秘密活动。一天深夜，他回到久别的老家冢子张村，向父母求助，父母对他的筹粮行动大力支持。他只在家里坐了半个钟头，一碗热水都没有喝完，就匆匆离开了。尽管马馥塘行事谨慎，还是走漏了风声，40分钟后，附近据点的伪军包围了他的家。一切能藏人的地方都找遍了，也没有抓到马馥塘，气急败坏的敌人五花大绑地把父亲马玉甫捆走了。敌人对马玉甫严刑拷打，逼问马馥塘的下落，老人始终没有屈服。40多天后，无计可施的敌人把奄奄一息的马玉甫扔在了附近的乱坟岗子上。有人给马家送信儿，抬回家不久老人便去世了。老人不仅是在保护儿子，也是在保存革命势力，他是为革命而牺牲的。

在抗日战争的艰苦岁月里，马馥塘无条件地服从革命需要，出生入死，披肝沥胆，千方百计克服困难，在根据地的政权建设、经济建设以及后勤供应方面做了大量工作，为开创和发展山东根据地、建立山东抗日武装、加强抗日民族统一战线、夺取抗日战争的胜利做出了重大贡献。

继续投身党和国家发展事业

1945年，马馥塘当选为山东省出席解放区人民代表会议代表。7月10日，鲁中区第一届参议会隆重开幕，鲁中行政联合办事处副主任马馥塘向大会作了《鲁中区抗日民主政权建设七年来的基本总结及今后基本任务》的报告。

解放战争中，马馥塘作为华东支前委员会民力部长，领导动员了几十万民工随军执行战勤任务，组织军粮运输队，开展了大量繁重艰巨的支前工作，有力地支援了我华东野战军粉碎国民党反动派在山东的重点进攻，为攻克济南、夺取淮海战役的胜利，做出了重要贡献。曾经风靡一时的红色经典影片《车轮滚滚》，取材于胶东人民支援淮海战役，就是当时山东民工支前的真实写照。陈毅曾说："淮海战役的胜利，是人民群众用小车推出来的。"如此看来，马馥塘的后勤保障工作，其意义丝毫不比在前线领兵打仗的指挥员逊色。

新中国成立以后，马馥塘以极大的工作热情投入到国家建设中，他历任济南市委常委、鲁中电业局局长、局党组书记，1956年后担任电力部、水电部劳动工资、物资供应部门的领导工作，为我国水利、电力建设事业竭尽了精力。根据马馥塘的资历和在战争年代所建立的功勋，他一直以来的职位并不算高，许多曾经的下属级别都在他之上，有人为他鸣不平，他总是笑着说："工作无贵贱，干什么都是为人民服务，相对于我那些牺牲的战友，我能活着干点事就已经很不错了。"

1983年4月17日，马馥塘在北京病逝，终年78岁。5月11日，马馥塘同志追悼会在八宝山革命公墓礼堂举行。徐向前、江华、王首道等同志送了花圈，谷牧、张劲夫等300多人参加了追悼会。追悼会由时任水电部部长的钱正英主持，水电部副部长李鹏致悼词。

5月13日，《人民日报》刊发了消息报道，称"他是我党久经考验的老党员，在党的历次重大转折关头，他立场坚定，爱憎分明，以大局为重，经受了挫折和冤屈的考验。他在六十多年的革命生涯中，鞠躬尽瘁，始终如一，他的逝世，是党的一大损失"。

作为山东早期的共产党员，马馥塘在党的各个历史时期都为党尽心、为国尽力、为民谋福，走出了一条坎坷而又辉煌的人生之路。

【参考文献】

[1]德州市地方史志编纂委员会.德州人物志（1949—2008）[M].德州：德州市地方史志编纂委员会办公室,2008.

[2]《山东革命斗争回忆录丛书》编委会.历下火种[M].济南：山东人民出版社,2014.

[3]张宜华.德州党史人物传略[M].德州：中共德州市委党史研究室,2011.

[4]中共山东省委党史研究室.中国共产党山东历史[M].济南：山东人

民出版社,2018.

　　[5]马馥塘.我的一段经历[J].山东党史资料,1982年（1）:46—58.

　　[6]马昕.我的父亲马馥塘[N].检察日报,2011-6-10.

　　[7]马馥塘.回忆大革命时期党在高密的活动[J].高密文史资料
（1）:68—71.

　　[8]马馥塘.一九二八年周村邮局的罢工斗争及其他[J].淄博工运史料
汇编（2）:6—12.

　　[9]马馥塘.在诸城建党的一段经过[J].诸城党史资料,1983（4）:24—
25.

　　[10]马馥塘.党成立时期山东地区的一些情况[J].山东党史资料,1983
（2）:131—133.

庄龙甲

◎ 刘雅稚

　　庄龙甲，字鳞森，1903 年 12 月 6 日
出生于山东潍县庄家村一个贫苦农民家庭。
1921 年 9 月，18 岁的庄龙甲考入山东省立
第一师范学校（以下简称省立一师），在学
校结识了王尽美，走上革命道路，成为"王
尽美同志的左右手"。1923 年夏，庄龙甲
经王尽美介绍加入中国共产党。此后，他先
后成为山东省立一师第一任党支部书记、山
东潍县党组织的创始人、山东第一位中共县
委书记，组织创建了山东第一个县级党组
织——中共潍县地执委，领导建立了全省第一个农民协会——南屯农民协
会，参与建成了党在潍坊的第一支革命武装——潍县赤卫队。1928 年 10 月，
庄龙甲英勇就义，年仅 25 岁。

少小立志，救国救民

　　庄龙甲的祖父庄宗海是一个穷困的教书先生，他秉性耿直，不畏权势，
常赋诗作词讽刺当地的地主豪绅，并常以"人穷志不短"的美德教育家里

人。父亲庄鹏云，是个勤劳简朴、忠厚诚实的农民，他识字不多，但精通珠算，尤以性格刚直不阿、好打抱不平、袒护穷人，而深为穷苦弟兄们拥戴。庄龙甲的祖母、母亲都是勤劳善良的劳动妇女，她们处事公道、乐于助人、热情豪爽，在村里一直口碑很好。庄龙甲出生在这样一个家庭里，从小就养成了正直、磊落的品格，幼小的心灵里打上了憎恶地主豪绅、封建势力的思想烙印，少小便立志要做救国救民的大事，做顶天立地的人。

庄龙甲从小聪明好学，他 7 岁起跟随在外村教书的祖父读私塾，10 岁入本村初级小学，14 岁考入潍县二十里堡毓华高级小学。少年时期，庄龙甲学习成绩一直名列前茅，是一个品学兼优的学生，经常受到老师的夸奖。数学方面同学们称他为"神算"；写作方面老师评价他的作文"不是一般的第一"。他好读史书，尤其喜欢读一些英雄人物的故事，特别是那些杀富济贫、拔刀相助的好汉们的故事。从那些好汉们的身上，他看到了什么是正气，悟到了怎样做人、怎样做个好人的道理。他个头不高但身体很壮，重义气，好打抱不平，见到个别富家子弟仗势欺负同学，他总要上前帮助弱势同学。对当时黑暗的旧社会中弱肉强食、贫富不均的现象，庄龙甲更是愤愤不平。因他为人正直、乐于助人，被同学们推选为学生会负责人。

更为可贵的是，庄龙甲自小善于思考，勇于对旧思想提出异议。比如他上高小时，就酷爱读史书，喜欢与同学们谈古论今，并常常对历史书上的内容提出自己独到的见解。当他看到社会中有很多外国人欺负中国人、官家欺压百姓、地主剥削农民、强者欺负弱者的现象，就多次向老师发问：我国是一个大国，为什么受那些小国欺负而不敢反抗？辛勤劳动的穷人，为什么祖祖辈辈受穷？那些洋火、洋布都是外国人造的吗？我们中国人连这么小的东西也造不出来吗？康有为、梁启超他们是什么人？各路军阀哪一支是真正属于老百姓的？……一连串的问号随着年龄的增长越来越多，当然，当时的老师的答案是永远不会令他满意的。随着庄龙甲逐渐长大，国内外局势更加风云激荡，他生活的社会深陷军阀混战、外敌侵略的泥潭，在时代变革的洪流之中，他开始深入思考一些社会问题。

正当庄龙甲对一些问题百思不得其解的时候，轰轰烈烈的五四运动爆发了。1919 年 1 月，英、美、法、日、意等战胜国在巴黎召开对德和会，决定由日本继承德国在中国山东的特权。中国是参加对德宣战的战胜国之一，但北洋政府却准备接受这个决定。这次和会上中国外交的失败，引发了伟大的五四运动。1919 年 5 月，五四运动的热潮在潍县学生中引起强烈反响，他们打出了"外争国权，内惩国贼"的口号，走上街头。此时在毓华高小读书的庄龙甲作为学生会的负责人，也毅然投入运动，和同学们一起积极参加了潍县的爱国游行示威和抵制日货活动。波澜壮阔的爱国热潮使庄龙甲看到了人民群众的力量，看到了中国的光明和希望，他逐渐开始接受民主主义革命的思想，浓浓的救国之情在他的心中激荡，这位伟大革命者的革命初心逐渐形成。

1920 年底，庄龙甲高小毕业，怀揣着教育救国的想法，他在潍县赵家文庄村立初级小学当了一名教员。庄龙甲在学校工作期间，十分认真，从不体罚学生，而且经常把先进思想传授给学生。

为了开阔视野，进一步探索救国救民的真理和道路，他决定走出家门，到济南继续求学，家中为此典卖了三亩好田，为他筹齐了学费。1921 年 9 月，庄龙甲考入山东省立一师，就读预科班，一年后升入本科 17 班。

求学济南，梦想启航

当时的省立一师，是全省爱国学生运动和新文化传播的中心，校园里的进步思想经常汇聚激荡，革命活动十分活跃。《新青年》等进步书刊在学生中广泛传阅，在这里，庄龙甲如饥似渴地阅读革命书刊，逐渐认识到只有革命才是中国人民翻身解放的唯一出路；在这里，他开始接受马列主义。马列主义如黑夜中的一道光，照亮了青年庄龙甲的前进之路。求学济南，使庄龙甲走向了更加广阔的天地，在省立一师，他的革命理想开始扬帆远航。

庄龙甲到省立一师后，由于共同的革命理想与人生追求，很快便与同样就读于该校的中共一大代表、山东党组织的创始人之一王尽美成为挚友。

结识王尽美是庄龙甲人生道路的重要转折点，从此，他开始了短暂而又辉煌的革命生涯。1923年夏，庄龙甲经王尽美介绍加入中国共产党。入党后，庄龙甲一面学习，一面在学生中积极开展党的活动，并显示了非凡的组织能力和宣传能力，很快成为山东党组织的活动骨干，协助王尽美做了大量工作，被大家称为"王尽美同志的左右手"。同年秋，在省立一师党支部建立后，庄龙甲担任了一师第一任党支部书记。

1923年6月，中国共产党第三次全国代表大会在广州举行，山东代表王用章出席大会。会议的中心议题是讨论与国民党合作、建立革命统一战线。会后，根据中共三届一次执委会议精神，王尽美、邓恩铭、王翔千、王用章、贾乃甫、马克先、王复元、王辩、庄龙甲等共产党员和青年团员以个人身份在山东相继加入国民党。

1924年5月，济南各界纪念五四运动五周年，庄龙甲被选为济南学联主席团委员兼秘书股长。当齐鲁大学校方以"教会学校不介入政事"为由，不准学生参加纪念活动时，庄龙甲当即以学联代表身份赴齐鲁大学，向校方提出严厉谴责和抗议，他说："学校是在中国的土地上办的学校，学生是中国人，中国人为什么不能在中国的土地上开纪念会？"他义正词严，令校方理屈词穷，最终被迫同意学生参加大会。

在济南求学期间，庄龙甲将大部分时间和精力都用在党的活动上，甚至连每年寒暑假回乡探亲时，他都采取各种方式向家乡的工人、农民、学生等宣传反帝反封建的革命思想，党组织在潍县的星星之火开始点燃。

披荆斩棘，星火燎原

1925年初，庄龙甲遵照中共山东省地方执行委员会的指示，以国民党（左派）农民特派员的身份回到家乡潍县，开展马列主义宣传和建立党组织的工作。

庄龙甲回家后做的第一件事就是在他家附近不起眼的一个小院里建立

起一个秘密联络点，这是一处当年他爷爷教书时的场地——"东园书舍"，有北屋三间。这里名义上是庄龙甲的书房，实际上是他和同志们秘密活动的地方。小院以北有一个不大的湾，湾边稀稀落落种着几棵柳树，环境幽静清雅，风景宜人，更重要的是，这里地处村边，进出方便。为了让外地来的同志进了庄家村不用问人就能很快找到这里，庄龙甲特意在门上写了一副对联：柳塘岸边是我家，门前两株马尾花。横批是：柳塘别墅。同志们对他这一别出心裁的设计无不佩服叫好。就在这间土屋里，一次次骨干会召开，一份份决议形成，一张张传单、标语印制而成，这里成了潍县党组织活动的核心之处。

经过五四运动的洗礼，庄龙甲知道要在潍县开展党的工作，首先必须要团结一批可靠的同志一道，才能形成一个有战斗力的集体。于是他找到一直与他在革命思想上志同道合的同学庄禄海、田化宽、田智恪，经过一段时间的秘密工作，将 3 人发展入党。

1925 年 2 月，他们在庄家村建立了中共潍县支部，庄龙甲任支部书记。这是中国共产党在潍县的第一个党组织，由中共山东地方执行委员会直接领导。

中共潍县支部成立后，积极开展了一系列革命活动。

在学校，庄龙甲和同志们一起进行宣传活动，并成立了团支部；在文华中学成立了"马列主义读书会"，开展理论研究与学习。为了使党的工作尽快在进步青年中打开局面，庄龙甲积极在学校中奔走。他首先到母校毓华高级小学担任代课教师，利用人际关系优势，白天教书，晚上和课余时间在教职员和学生中开展革命活动，很快培养了一批积极分子。1925 年秋，共产党员王全斌出任毓华学校校长，掌握了学校领导权，使这所学校成为中国共产党在潍县的活动基地。

从 1925 年春天开始，庄龙甲便在文华中学、文美中学积极开展革命宣传工作。这年暑假，他先后介绍文华中学的进步学生王仲曾、郑官升、孙葵书等加入共青团，成立了文华中学团支部。团支部组织进步学生成立了马列主义读书会，指导学生阅读进步书刊，启发青年学生的革命觉悟，使这所教会学校变成了中国共产党在潍县开展革命活动的又一个中心。

在农村，庄龙甲十分注意在农民当中宣传革命思想，开展党的活动，并积极发动建立农民协会，开展农民运动，组织广大农民开展反封建、反压迫的斗争。1925年3月，在庄龙甲的帮助下，潍县南屯村首先成立农民协会——南屯农民协会，由田欣农任会长。这是潍坊地区建立最早的农民协会，也是山东省第一个农民协会，对全省的农民运动起到了很大的推动作用。全村经过发动，参加农会的就有100户以上，占全村总户数的一半还多。农民协会建立后，主要帮助贫苦农民解决生活中的困难，发动农民同地主作坚决的斗争。当时农会的口号是"打倒贪官污吏""打倒地主土豪""反对苛捐杂税""穷人要吃饭"等。当年秋天，南屯农民协会发动贫苦农民，开展了一次抢坡斗争，有力地打击了反动地主的嚣张气焰，在全省影响很大。

1926年3月，庄龙甲先后参加了中共山东地方执行委员会召开的全省农民运动扩大讨论会和国民党山东省党部在长清召开的全省农民运动扩大会。1927年春节前后，庄龙甲和县地执委组织文华、文美中学的团员去农村，向农民介绍南方各省农民运动及俄国十月革命胜利后的农民状况。在县地执委的组织发动下，潍南、潍北的广大农村中普遍建立了农民协会，东庄、南屯、茂子庄、东曹庄、西曹庄等十多个村办起了农民夜校。

在厂矿，庄龙甲特别注意深入到工人中间，宣传革命道理，积极发展党的积极分子。他在乐道院工人中培养革命力量，吸收电工牟光仪入党，又吸收在乐道院医院工作的傅锡泽等人先后加入共青团或共产党，还有在医院打更的老人、给美国牧师做工的工人等都被他发展成了党的积极分子，这些人都积极参加了党的秘密活动。他在胶济铁路潍县站、坊子站的工人中开展工作，发展党员，建立了坊子铁路党支部，将坊子站变为我党来往于济南至青岛之间的秘密交通站，同时成为胶济铁路中段工人运动的基地。经过一年多的活动，至1926年春，全县党员发展到近120人、团员200多人，成立党团支部11个。这些组织的建立与发展，为潍县县委的建立打下了良好基础。

1926年6月，中共潍县第一次党员代表大会在茂子庄村王全斌家秘密召开，到会代表20余人，会议由庄龙甲主持，他向大会代表传达了中共山东地执委关于建立潍县地执委的指示，汇报了潍县党组织的发展情况。会议选举产生了中共潍县地方执行委员会，下辖潍县、昌乐、安丘等县党组织，庄龙甲任书记。中共潍县地执委是山东省内第一个县级地方党组织，由此，庄龙甲成为山东省第一位县委书记。

中共潍县地方执行委员会的诞生是鲁中昌潍平原上一件开天辟地的大事，是潍坊党组织发展史上的一座里程碑。它的诞生，改变了潍县的命运，书写了潍县革命历史的新篇章。由于它是除山东地执委之外，全省最早建立的一个县级党组织，所以它的建立在全省各县党的组织建设中产生了较大的影响，壮大了山东党组织的力量，为全省其他地区党组织的建设提供了宝贵经验和发展方向，推动和促进了全省党的组织建设。当时潍县党的工作范围涉及昌乐、安丘、昌邑、寿光等县，因此对周边数县党的活动都有很大影响，它的诞生推动了鲁中平原革命形势的迅速发展。1927 年底，中共潍县地方执行委员会改称中共潍县县委。

中共潍县地执委成立后，在庄龙甲的带领下，开展了大量的工作：

首先，深入学校，继续开展学生运动。

潍县爱国学生运动的开展，对全县革命形势的发展起了很大的推动作用。潍县地执委建立后，进一步加强了在文华、文美中学的活动。这两个学校是当时潍县的文化中心，学生来自潍县附近安丘、寿光、昌乐、益都及广饶、博兴等十几个县，做好这里的工作，对其他各县都能产生很大的影响。庄龙甲、王全斌先后在两个学校的学生中发展了高炎之、牟秀珍等人为党员，发展了王全武、田蜀生、周怀志、滕怀义、王慧泉、孙肇修、董爱莲、王美德等人为团员，同时还在文华中学进一步扩大了"马列主义读书会"。文华中学团支部还在青年会主办的每周演讲会上安排团员演讲，宣传革命思想。这些最先接受革命思想的知识分子，最先形成了革命的中坚力量。

1927 年 9 月，庄龙甲领导发动了文美中学的反帝爱国罢课斗争，沉重地打击了帝国主义的反动气焰。文美中学是美国传教士开办的教会学校，学校限制学生自由，还以"共党分子破坏校规和反对师长"为由，将董爱莲、张锦愕等学生开除。县委得知这一消息后，迅速做出了"组织罢课，以示抗议"

的决定，并提出向全县各界讲明罢课真相，号召各界支持文美中学反帝罢课的行动。县委的全力支持大大鼓舞了文美学生的斗志，以孙肇修为首的党团干部及进步师生，很快组成了罢课指挥部，提出了"给我自由""李恩惠滚回美国去"的口号，发动学生痛打了反动教师刘克清和美国牧师。美国校长李恩惠迫于学生的压力，只好宣布停办文美中学，自己也返回美国。这次罢课斗争长了中国人民的志气，灭了反动统治阶级的威风，对反动教会势力是一个沉重的打击。

其次，培养干部，开展农民运动。

在领导农民运动的过程中，县地执委十分重视对干部的培养和锻炼。1926年夏，县地执委派胡殿武等去广州农民运动讲习所参加第六期学习；1926年12月，派共产党员宋熙来、李龙池及文华中学学生郑官升、卢云斗、田裕恭、延鑫、刘浩等去武汉国民党中央军事政治学校学习；1927年春，派何凤鸣去莫斯科东方大学学习。被派出去的同志不仅开阔了政治视野，更重要的是系统地学习了马克思主义，提高了思想理论水平。后来，他们都成长为党的骨干力量，为潍坊地方党组织的发展壮大、为人民解放事业做出了不可磨灭的贡献。如去广州学习的胡殿武，在农民运动讲习所亲耳聆听了毛泽东、周恩来、恽代英、肖楚女、李立三等领导人的讲话，在海丰县亲眼看到了蓬勃发展的农民运动，并在学习期间光荣地加入了中国共产党。1926年9月，胡殿武返回家乡，在10月份潍县县委改组中，接替扈梅村担任了组织委员，负责农运工作，领导了东南区东曹庄、西曹庄、郭蒙村、营子、河南头、沟西村、甘里堡、茂子庄、南屯一带的农民运动。

为了更深入地做好农运工作，1927年春节前后，经过县委的组织发动，潍南、潍北不少农村建立了农民协会，在庄家、南屯、茂子庄、辛庄、东曹庄、西曹庄等村，还办起了农民夜校。许多农民在集镇上、村头、路口、石碑上、庙墙上及县政府门口张贴"打倒土豪劣绅""反对苛捐杂税"等标语，把正在开展的农民运动推向了高潮。

最后，开展武装斗争，打击反革命势力。

1927年，以蒋介石为首的国民党反动派发动"四一二"反革命政变，疯狂屠杀共产党员、国民党左派和进步群众。全国多地国民党右派以"清党"为名，搜捕杀害共产党员和革命群众。山东的国共合作虽未马上破裂，但少数国民党右派开始有所行动。中共山东区执行委员会指示各级党组织要努力团结国民党左派，巩固统一战线。在形势恶化的情况下，庄龙甲作为跨党的共产党员，经过多方争取和努力，对国民党潍县县党部进行了重新登记和改组，使共产党人在国民党中不仅在数量上而且在领导成员的构成上占了绝对优势。

面对敌人的白色恐怖，共产党认识到掌握革命武装的极端重要性。潍县县委根据上级指示，决定开展武装斗争。1927 年冬，根据上级党组织指示，潍县县委召开会议，研究迅速建立革命武装问题，决定采取三个办法弄枪：一是花钱买；二是挑选部分党员建立武装小组，从散兵游勇中夺枪；三是派党员打入军阀部队进行策反，拉队伍带出枪支。经过庄龙甲等人多方奔走，潍县第一支革命武装——潍县赤卫队建立。潍县赤卫队建立后，开展了夺敌枪、砸税局、截军粮、抗租抢坡、处决反共分子、大柳树暴动等革命活动，沉重打击了潍县地方反动派的嚣张气焰。

1928 年春，潍县大旱，灾荒严重。在庄龙甲的领导下，潍县县委以赤卫队为主力，同时也发动了部分农民协会会员参加，组织了 50 多人的斧头队，在大柳树村赶集日时砸了税局摊子，进行抗捐、抗税斗争，打击国民党反动派。当天早晨，行动人员每人都带一件武器，如手枪、镰刀、斧头等，分头到达大柳树村，安排好了监视、警戒、善后等工作。中午 11 时，总指挥王兆恭把茶壶摔在地上，作为行动信号，主攻队员趁机砸碎收税摊子，重伤 5 名税役，散发县委印制的《告农民兄弟书》，王兆恭带头高呼"打倒贪官污吏""反对苛捐杂税"等口号。广大群众得知共产党带头砸了税局子，颂扬斧头队是反对军阀、为人民除害的好汉。这一行动大大鼓舞了受压迫的农民群众，使当局在很长一段时间不敢下乡收税。潍县县委还开展了"抗租""抢坡"运动，庄龙甲带病坚持深入到斗争第一线，亲自组织和领导，在田间地头向群众宣传"我们种地我们收"的革命道理。为进一步打击国民党反动派的反革命活动，庄龙甲召开县委会议，决定首先铲除茂子庄的恶霸地主、国民党反动派王全干。由潍县赤卫队队长王兆恭带领队员，将王全干击毙，并缴获短枪一支。此后，庄龙甲抓住有利时机，发动党员和群众在胶济铁路南北，从军阀败兵、地主恶霸手中夺取长短枪 100 多支。经过斗争，潍县赤卫队扩大到 300 多人，革命势力增强壮大起来。面对日益严重的白色恐怖，潍县县委还计划在大柳树村举行武装起义，由县委书记庄龙甲亲自出面，去做土匪韩二虎部的教育改编工作，但由于一些同志出现了急躁情绪，武装起义仓促行事，很快遭到镇压。大柳树暴动虽然失败了，却在广大群众中产生了重大影响。

1928 年 4 月，国民党北伐军打败了旧军阀张宗昌，取代了其在山东的统治。5 月，日本帝国主义借口保护侨民，出兵山东，在济南制造了震惊中外的"五三"惨案，并对胶济铁路沿线实行军事占领。庄龙甲在潍县一带积极带领群众开展反帝斗争，散发传单，张贴标语，抵制日货，号召打倒日本帝国主义。6 月，庄龙甲与高密县委、坊子铁路支部负责人决定联合夺取日军军粮。在潍县赤卫队的掩护下，数百名群众将日军满载军粮的列车一抢而空，狠狠打击了日本侵略者的嚣张气焰。

那些日子，身体状况每况愈下的庄龙甲仍然经常出现在穷人的草棚里、屋檐下、炕头上、坡洼里或场院上，宣传"我们种地我们收""要有饭吃，就要联合起来同地主干"等思想。县委首先以潍县农民革命会的名义发表了《为抢粮食事告穷兄弟们书》，组织党员到各村发动农民、领导农民抢收地主的麦子。地主组织了武装，追捕参加抢收的群众。这不但没有吓住群众，反而更加激发了他们的斗志，继续坚持斗争。这次斗争，扩大了县委的政治影响，提高了党在人民群众中的威信。

坚守信仰，舍生取义

在长期的艰苦革命斗争生涯中，庄龙甲一直想着的是革命工作的开展、革命同志的安危，唯独没有想到自己的身体。生活的困苦，昼夜的工作，使他积劳成疾，得上了肺病，严重时就会咯血，咳嗽得喘不过气来。同志们一再劝他休养，但他总是婉言谢绝。他甚至笑着对劝他休息的同志说："干一天少一天，趁还没有躺下，我就得争取多干一点，等到闭上眼睛，想干也捞不着干了。"

1928 年秋，庄龙甲在参加完抗租抢粮斗争后，肺病迅速加重，被组织送往安丘杞城村共产党员的秘密联络点傅锡泽药铺休养治疗。在养病期间，只要病情稍好，庄龙甲就又拖着病弱的身体，走村串户为革命奔忙。同志们怕他劳累，劝他休息，他就将话头岔开，继续谈工作，对自己的病毫不在意。

1928 年 10 月 10 日，国民党反动派进行大搜捕，在药铺逮捕了庄龙甲，并将他押送到国民党潍县南流区保卫团。敌人对庄龙甲施以惨无人道的刑罚，在敌人的酷刑面前，庄龙甲毫无惧色，他响亮地向审问他的敌人宣告："共产党人不怕死！怕死就不是共产党！"

10 月 12 日，正逢南流大集，国民党反动派妄图利用人多的机会造成震慑，将庄龙甲押赴刑场杀害。在生命的最后时刻，他厉声怒斥刽子手："今天你们杀了我一个，明天会有千百万的人站起来杀你们！你们的日子不会太长久了，人民革命的烈火一定要把你们这些反动派彻底埋葬！"高喊着"共产党万岁"的口号，庄龙甲英勇就义，年仅 25 岁。

庄龙甲牺牲后，潍县县委委员牟洪礼路过南流，听到了这一噩耗，他极力忍住悲愤，赶到庄家村参加秘密会议。会上大家向他打听庄龙甲的情况，他怕同志和家属承受不住，就没有说。会后，牟洪礼留下了一张纸条，上面写了一首藏头诗："老子英雄儿好汉，庄稼不收年年盼。死而复生精神存，在与不在何必言。南北东西人知晓，流芳百世万古传。"

庄家村的同志看到这首诗，发觉每句第一个字连在一起，就是"老庄死在南流"，他们立刻派庄峰云去打探情况。庄峰云连夜赶到南流，得知敌人残忍地将庄龙甲的头颅用铡刀砍下，挂在潍县南门外城墙上示众，而庄龙甲的遗体由南流的同志想方设法取回，悄悄埋了起来。为了方便日后寻找，庄峰云在掩埋处埋上了石头作为记号。后来，庄龙甲的头颅被党的地下工作者取下，秘密掩埋。

庄龙甲的牺牲和中共潍县县委被破坏，给潍县及附近各县党的活动造成很大损失。国民党右派反动势力更加猖獗，革命斗争形势更加恶化，潍县党的活动不得不由半公开转入地下，由潍南转入潍北。

潍县党组织从无到有，党团员数量由少到多，革命活动由点点滴滴发展到轰轰烈烈，庄龙甲功不可没。中共山东省委对庄龙甲的革命工作给予了很高的评价，在1929年的《山东济难工作报告》中提到"潍县工作由他开始"，"劳苦功高之庄龙甲"。

中华人民共和国成立后，党和政府为了缅怀和纪念庄龙甲，曾先后将他的家乡命名为龙甲乡、龙甲营、龙甲公社、龙甲大队、龙甲社区。1963年，庄龙甲的遗骸从牺牲地南流迁到潍坊市革命烈士陵园。

2003年12月6日，在庄家村隆重举行了庄龙甲诞辰100周年纪念活动，王尽美的长子王乃征特意为纪念庄龙甲烈士题字："山东好汉世人夸，抗暴除恶串百家。星火燎原怀烈士，白云红日向阳花。"

【参考文献】

[1]陈景蕃.永不泯灭的记忆——记庄龙甲和他的战友们[M].内部资料，2013.

[2]济南师范学校.光辉的里程——山东省济南师范学校校史（1902—1992）[M].内部资料，1992.

[3]康悦彬."潍坊记忆"山东第一个中共县委书记庄龙甲[J/OL].潍坊融媒.2021-3-31.

[4]李秋毅，张春常.济南师范学校百年史[M].济南：齐鲁书社，2002.

[5]刘佳慧.山东第一位县委书记——庄龙甲[J].春秋，2021（4）:18—23.

[6]山东省委党史研究院（山东省地方史志研究院）宣教处.《庄龙甲：山东第一位中共县委书记[J].山东干部函授大学学报（理论学习），2020

（4）:62—63.

[7]尹飞鹏.怕死就不是共产党——记山东省第一个"县委书记"庄龙甲[J].党员干部之友,2021（4）: 50.

[8]中国中共党史人物研究会.中共党史人物传（第38卷）[M].北京:中国人民大学出版社,2017.

[9]中共奎文区委党史研究室.奎文党史资料[M].内部资料,1999.

[10]中共山东省委党史资料征集研究委员会.山东党史资料[M].内部资料,1982年第4期.

刘之言

◎张清颖

刘之言（1906—1933），原名刘兆（照）巽，又名刘汾，山东郯城县马头镇人，鲁南临、郯、费、峄地区党组织奠基人，中共郯城县委第一任书记，苍山暴动的主要组织者、领导者。1923 年，刘之言考入山东省立第一师范学校，其间深受革命思想的滋养，开始接受和传播马克思主义。1924 年经庄龙甲等人介绍加入中国共产党，后积极参与山东省立第一师范学校地下党支部工作。1927 年春，刘之言返回家乡郯城县马头镇。此后，以教学为掩护大力宣传革命思想，积极发展共产党员，建立党组织，1929 年成立中共鲁南第一党支部，相继创建中共郯城县委、中共临郯县委，为这一时期鲁南党组织建设做出重要贡献。1933 年 7 月，刘之言组织领导鲁南地区著名的苍山暴动，终因敌众我寡，暴动失败，英勇就义，年仅 27 岁。

1840 年鸦片战争爆发，西方列强用坚船利炮打开了中国大门，此后通过一系列不平等条约破坏中国领土、关税、司法等主权，在华陆续得到通商、传教、驻军、开矿、设厂等各种特权，使中国一步步沦为半殖民地半封建社会。

大批传教士深入中国内地传教布道，霸占田产，干涉内政，实行文化侵略。他们网罗教徒，横行乡里，残害百姓。在北洋军阀统治时期，由于各派系军阀相互混战，致使政局动荡，社会混乱，匪患四起，生灵涂炭，人民遭受的压迫剥削进一步加剧。山东郯城的情况亦是如此，1898 年至 1899 年间，因不堪帝国主义、封建统治者的压迫，郯城人民掀起了抵制洋教和反对帝国主义侵略的斗争，较为有名的是"神山教案"。此后，又发生了马头镇"火神抢粮"，薛寨子"大刀会围剿孔团""智杀仇新明"等事件。这些反抗斗争虽然被镇压了，但震慑了各类反动势力，展现了郯城人民坚强不屈的斗争精神。

1919 年五四运动后，革命火种在中华大地迅速传播，也给地处鲁南的郯城人民带来了觉醒的曙光。五四精神大大激发了郯城马头镇青年学生的革命热情，他们纷纷行动起来，走上街头，开展游行，查封日货，抗议"巴黎和会"对山东问题的裁决，声讨北洋军阀卖国行径，要求取消"二十一条"，惩办卖国贼，释放被捕学生。

面对中华民族的内忧外患和家乡的民不聊生，在五四精神感召下，一批有着强烈忧国忧民情怀和责任担当的青年知识分子，怀揣救国救民的理想信念，开始寻求革命真理，探索革命道路，刘之言便是其中的一位。

省立一师求学，接受和传播马克思主义

刘之言出生于郯城马头镇的一个市民家庭，12 岁进入该镇竞进小学读书，初小毕业后在镇上的益丰元商店做学徒。该镇求是小学校长于霭辰见刘之言聪慧好学，便鼓励支持其到竞进小学高级部读书。高小毕业后，在于霭辰校长的资助下，刘之言于 1923 年考入省立一师。

省立一师是全国最早的师范学府之一。五四运动前后，省立一师在校长鞠思敏、王祝晨等领导下，推行了现代教育改革，为"新教育""新文学"的发展创造了良好氛围。五四运动以后，马克思主义在中国的传播成为新

文化运动的主流，许多进步书刊通过各种途径传到省立一师。同时，学校聘请北京大学沈尹默、周作人、梁漱溟等著名学者来校进行学术演讲，这对于活跃学校学术思想、推动新文化运动的发展起到了很大作用。省立一师的爱国学生，将学校作为宣传新文化、新思想的重要阵地，开展革命活动。据《臧克家回忆录》所述："我们一师，革命空气、文艺空气都是浓郁的，算得上济南的一个阵地，同时也是五四新思潮、新文化吸收和传播的一个站口，很多学生参加了革命活动。"

来到省立一师后，刘之言深受五四运动以及新文化、新思潮的熏陶，切身感受到省立一师浓厚的革命氛围。一方面，他刻苦学习各门课程，在学年考试时经常是全班第一名。另一方面，在庄龙甲的帮助下，刘之言阅读了《共产党宣言》等大量进步书刊，受到了马克思主义的启蒙教育。因为刻苦好学，善于思考，刘之言较快地掌握了马克思主义的立场、观点、方法，开始运用马克思主义的显微镜和望远镜，观察当时的中国社会，并认识到：当前国家受到列强侵略，官府压迫鱼肉百姓，老百姓受苦受难，要改变这个不合理的现实，就要反帝、反封建、反军阀，走革命的道路。

1924年，经庄龙甲等人介绍，刘之言加入中国共产党，在校期间他积极参与省立一师地下党支部的工作，组织省立一师的进步学生开展学生运动，联系省立一中、省立女师、正谊中学、育英中学等学校开展革命活动，省立一师成为当时济南学生运动的中心。

刘之言处事较老练，活动能力很强。他积极协助地下党支部办起交流进步书刊的"书报介绍社"，专门代销北京、上海等地新出书籍和杂志，庄龙甲、马守愚、邓广铭、李广田、王幼平、臧克家、孙维善等20多名同学加入其中。通过"书报介绍社"，刘之言组织同学们秘密阅读《共产党宣言》《国家与革命》《大众哲学》《政治经济学》，以及《新青年》《语丝》和高尔基等作家的一些苏联进步作品。同时，又协助庄龙甲等人，向省立一中、省立女师、正谊中学、育英中学等校开展书报介绍，采取出售、出借、出租等方式，向进步学生提供"精神食粮"，给予革命思想的启蒙和滋养，深受济南广大进步青年学生的欢迎。在省立一师地下党支部的帮助以及"书报介绍社"的影响下，按照山东党组织指示，省立一师、省立一中和省立女师的青年学生超过百余人，从 1925 年冬天开始，秘密取道青岛、上海，南下武汉，投入到大革命的洪流中。

刘之言非常注重宣传群众、组织群众。在校期间，他与地下党支部的其他党员一起，经常深入济南的纱厂、铁路大厂、机械厂，利用晚饭后的课余时间，或者利用星期天、节假日，走到工人们中间，了解他们的疾苦，与工人交朋友。办起夜校，教他们识字，深入浅出地向工人们讲解革命道理，宣传马克思主义，提高他们的思想觉悟，组织工人参与革命斗争。

省立一师求学，使刘之言深受革命思想的熏染，经受了革命实践的锤炼，增强了动员能力、组织能力，从而坚定了革命意志。刘之言从一名普通学生逐渐成长为一名具有共产主义思想的知识分子、一名马克思主义的忠实信仰者和传播者，为其今后的革命生涯奠定了坚实的思想基础。

返回家乡，建立发展党组织

1927 年春，白色恐怖笼罩全国，因革命斗争形势需要，根据党组织指示，刘之言中断学业提前一年毕业，返回家乡郯城开展革命活动。

由于反动当局的残酷压迫，郯城县马头镇一带的群众基础非常薄弱，革命工作面临很大困难。刘之言深刻分析了当时的形势，深入群众中间，与贫苦农民交朋友，和大家谈苛捐杂税、谈贫困原因、谈革命方向，以此宣传革命道理。

1928 年 3 月，受于霭辰校长的聘请，刘之言来到求是小学任教，以教学为掩护，秘密开展革命活动。同年 8 月，他组织附近小学教师徐敬村、刘谐和、马叙卿等 10 余人成立"读书会"，向各位成员介绍《呐喊》《热风》《煤油》《唯物史观》等进步书刊，宣传革命思想，揭露阶级矛盾，激发成员们的爱国热情。为团结进步分子，刘之言成立了"小学教员联合会"，还在校外组织"农民协会"。

1929年秋，刘之言通过"小学教员联合会"发动罢课斗争，以"教书先生饿跑了"为由赴县教育局请愿，要求增加教师薪酬。经过坚持不懈的努力，最终为每位教员争取到月薪增加5元的待遇。通过此次罢课，刘之言还在教员中发现培养了一批积极分子，吸收了本校青年教师刘谐和加入地下党。与此同时，通过于霭辰校长的关系，将孙镇国（又名孙善师，革命烈士，经刘之言介绍加入中国共产党）调到马头三小（马头镇求是小学由私立改为郯城县立第三小学，简称马头三小）担任教员。

1929年10月，刘之言在马头三小成立中共党支部，刘之言任书记，刘谐和任副书记，这是中国共产党在临、郯、费、峄地区创建最早的一个支部，被称为中共鲁南第一支部。

中共鲁南第一支部诞生后，刘之言夜以继日地工作，先后发展郯城第三小学校长宋幼准、进步教师马叙卿、自己的胞妹刘念喜、学生王居濯等先进分子加入地下党。

在发展党员、壮大党组织的同时，从1929年10月至1932年5月，马头三小党支部在刘之言的组织带领下，开展了大量工作：一是在马头三小内部成立团支部、少先队和学生会，成立全县学生联合会；二是先后在马头镇的牛市街、黄金店及郯西乡的长城、四哨等地组织农民协会，会员达150余人；三是通过文艺活动宣传革命思想，1929年秋，刘之言将《国际歌》改名为《大同歌》，在学生中公开教唱，这是郯城县第一次响起《国际歌》的声音；四是编写出版刊物，刘之言亲自编写《共产主义浅说》一书，还编写了《农民》《红色鲁南》等刊物，并翻印了《从一个人看新世界》等材料；五是发动贫雇农向地主提出增加工资和增添生活资料的要求，特别是通过开展向地主借粮运动，使马头镇及附近村庄的800多户农民免于饥饿，对激发群众的斗争热情、扩大党的影响起了很大作用；六是发展党员，建立党组织，这是党支部建立以后的主要工作。这项工作在临、郯、费、峄地区很快就取得了显著成绩，其中刘之言在郯城苍山四哨一带相继发展了朱次彭、赵叙五、郭云舫、刘文漪等多人入党；七是"九一八"事变后，为发动群众抗日，刘之言在郯城县小学教职员工中组织了"抗日救国联合会"，刘之言、孙镇国以郯城县委的名义起草《中共郯城县委告全县大众书》，揭露蒋介石的卖国政策，并在集市上散发。1931 年 11 月，为声援平津等地学生赴南京请愿，党支部还发动领导了临沂五中、临沂三乡师、郯城师范讲习所以及郯城一小、三小的师生，分别在临沂城、郯城等地开展罢课请愿斗争。1932 年初，刘之言前往上海，时值日军侵占上海，十九路军奋起抗击，刘之言亲眼目睹了上海军民团结抗击日军的动人场面。从上海回来以后，他在师生中广为宣传，进一步激起了大家的抗战热情。

1932 年 5 月，刘之言与中共苏鲁边徐海蚌特委鲁南特派员唐东华取得联系，在唐东华主持下，组成中共郯城县委，刘之言任书记，孙镇国、马叙卿为委员，县委共辖马头、涝沟、四哨、城关 4 个区委，19 个党支部和党小组。

1932 年 6 月，郯城县委在马头三小召开第一次会议，分析了当时郯马地区的革命形势和任务，决定以四哨为中心组织"郯马暴动"，配合中央苏区，以粉碎国民党的第四次"围剿"。后因情势变化，"郯马暴动"计划未能执行。

1932 年 9 月，随着党组织的发展，"中共郯城县委"已不能适应斗争形势的需要。刘之言、马叙卿、刘谐和召开县委会议，决定将中共郯城县委员会，改称临（沂）郯（城）县委员会，简称临郯县委，决定增补赵叙五、郭云舫为县委领导成员。

1932 年 10 月，唐东华被捕，中共苏鲁边徐海蚌特委对临郯县委的领导基本中断。此后，临郯县委隶属于山东省委领导。县委及所属各级党组织活动范围已发展到郯邳边界以北，北鹤埠、苍山以南，向城以东，临沂以西和费县、峄县、莒县、邳县的个别地区，发展党员 350 余名，下属 4 个区委，31 个支部，110 余个党小组，遍及 100 多个村庄和集镇。

从 1927 年到 1933 年六年间，面对严峻复杂的斗争形势，在缺乏上级党组织及时指导的情况下，刘之言以高度的历史责任感和主动精神，毅然组织带领先进分子，以马头镇为中心，以发展党员、建立党组织为重点，开展了广泛而富有成效的革命斗争，在鲁南广大民众心中播下了革命的火种，为党在鲁南地区的发展壮大做出了重要贡献。

组织武装暴动，为党英勇献身

在刘之言的领导下，鲁南苍山一带的革命斗争风起云涌，令国民党反动当局如坐针毡。为了加强对这一地区的控制，国民党山东省党部常委张苇村决定在临沂、郯城、费县、峄县四县之交界的柞城村，修建一座新县城。1933年春天，新县城开工修建，在附近几个县大肆抓丁派工，增收捐税，致使农民不堪重负，民怨沸腾。

根据中共中央关于"地下党—有武装必须暴动"的方针，刘之言、马叙卿、刘谐和组织召开会议，决定再次举行暴动，建立苏维埃政权。暴动地点选在国民党统治力量比较薄弱的苍山一带。

1933年5月，中共山东临时省委书记张恩堂到临郯县委检查工作，在临沂尚岩小学会见了刘之言，听取了他代表县委所作的农民苦于苛捐劳役的情况汇报，以及利用有利时机在苍山一带举行暴动的新计划，张恩堂同意了暴动计划。

同年6月，中共临郯县委在尚岩小学召开县委扩大会议，临、郯、邳到会代表20余人，会议决定7月10日（农历闰五月十八）举事。

正当暴动进入紧张筹备阶段时，沂武河区赵楼村一党员不慎将计划暴露，负责该地区暴动的凌云志决定提前行动。7月2日晚，凌云志以"联庄会"打土匪的名义，在赵楼村集合150余人，收缴了地主40多支步枪。第二天，率队北上到达刘宅子，同徐腾蛟、李锡林的队伍会合。

7月4日，刘之言得知凌云志先行暴动的消息后，立即召开县委紧急会议，决定暴动日期由7月10日改为7月6日，并连夜在小陵庄赵叙五家召开紧急会议进行部署。

7月6日拂晓，刘之言、刘文漪、王士一、杨冠五等率领西大埠、迷龙汪、苍山一带的暴动武装30余人到达苍山，在山顶鸣枪三响，宣布起义，成立了"中国工农红军鲁南游击总队"，由郭云舫任司令员，刘之言任政委，颜成志任副司令员，刘文漪任军事指挥。宣誓大会后，暴动武装下山，一举攻占了苍山、大圩子、周庄等附近村子，夺了地主的枪，将暴动指挥所设在地主刘七（刘翔臣）家中。

7 月 7 日，刘之言召开群众大会，成立了工农苏维埃政权，由苏维埃政府宣布地主刘三父子的罪状，没收其土地归农民所有。同时宣布党的政策，只要地主不对抗农民武装起义，采取一律给生路政策。随后，开仓放粮，附近农民纷纷前来领取粮食，个个兴高采烈，欢声雷动。

苍山暴动犹如一声惊雷，令反动当局和地主们惊恐万分，想方设法来镇压这场革命。7 月 8 日，联庄会的地主们联合反动民团包围苍山，被英勇的暴动人员多次击退。但就在此时，国民党八十一师展书堂的唐邦植旅换防过境。当地地主勾结唐邦植旅，联合围攻苍山，暴动队伍陷入敌人重重包围之中。10 日，唐旅再次发起进攻，暴动人员毫无惧色，他们提出"革命战士不充孬"的口号，顽强抵抗，拼死拒敌。但由于武器悬殊、敌众我寡，暴动队伍伤亡很大。尽管如此，刘之言与郭云舫依然指挥队伍加强防御，严守阵地。于是敌人就以大炮、机枪的强大火力打开缺口，冲进宅院，队员们与敌人展开了肉搏战。

不幸的是，刘之言被炮弹击伤昏迷在地，郭云舫亦被塌房砸伤。在生死关头，杨冠五果断下令兵分两路向外冲杀，一路救护郭云舫从北门突围，一路由他率部分队员，背起刘之言向西门突围。经过千难万险，冲出大围子村来到杨林，包扎好伤口又奔秦庄。刘之言苏醒后，发现自己被战士张星背着，就坚决要求下来自己走，并对杨冠五说："你还记得列宁不要别人搀扶的故事吗？"大家无奈，只得把他放下，搀扶着行走。才到达秦庄，敌人又追了上来，西北枪声响成一片。刘之言说："西北不行，咱就向南，然后转路去山里。"

天渐渐黑了下来，刘之言伤口疼痛难忍，口渴异常，又昏迷过去，等苏醒后他喘着气对杨冠五说："冠五同志，我是不行了，不要因为我连累同志们，告诉活着的同志，要继续前进，为穷人打天下。告诉我们的党，一定要接受教训！"正说着，突然又响起枪声，一股巡逻的地主武装又追上前来，杨冠五说："一人背一人抬，赶快转移！"刘之言高声说："你们快走，不要管我！"并坚决地说："这是命令！谁要为我贻误军机，就是犯罪！"敌人越来越近了，这时刘之言突然以惊人之毅力快速向东跑去，并大声高喊："共产党在这里！"引开敌人，使同志们脱险，在场的杨冠五、张星等暴动人员心如刀割，悲痛万分，热泪夺眶而出……①

刘之言被俘后，被押解到卞庄敌八十一师驻地，他抱定了牺牲的决心，坚贞不屈，英勇就义，时年27岁。

"苍山暴动"失败后，反动政府与地方封建势力相勾结，进行了残酷的大搜查、大屠杀，相继杀害党员干部和革命群众50余人。

1933年8月，国民党中央代委员长何应钦亲自批复国民党山东省政府主席韩复榘的报告，鉴于苍山"共党"暴动，急电训令于全国中小学校称："各处党员（指国民党员）及各校长，应注意中小学教员之言论行动，以便预防。而各校长尤须注意并负相当责任，以遏乱源。"同时，国民党北平《晨报》等报刊予以刊载镇压"苍山暴动"及杀害刘之言等消息。②

"苍山暴动"正值中国革命陷入低潮和"左"倾路线统治时期，是共产党试图以武装革命反对武装反革命的一次大胆尝试。前期山东境内的暴动多以失败而告终，刘之言等共产党人清醒地认识到苍山暴动成功的可能性很小，但依然视死如归地投身到这场斗争中，不但沉重打击了地主阶级的反动气焰，而且在当地群众中扩大了党的影响，播撒了革命的火种。

刘之言是鲁南大地革命的开拓者，他短暂的一生写下了宏伟的革命篇章，他坚定的共产主义信念和为革命不惜牺牲的大无畏精神永远活在鲁南人民心里，永远值得我们敬仰！

---

① 丁涛：《鲁南大地惊春雷——记省立一师杰出学生、中共临郯县委书记、"苍山暴动"的领导者刘之言同志》，载《济南师范学校光辉的里程——山东省济南师范学校校史 1902—1992》（山东省济南师范学校编），1992年，第116页。
② 郯城县委党史办公室：《鲁南党的先行人——刘之言》，载郯城文史资料第一辑（郯城县政协文史资料委员会编），内部资料，1984年，第95页。

【参考文献】

[1]中共郯城县委党史资料征集委员会.中共郯城地方史第一卷(1923—1949)[M].北京：中共党史出版社,2007.

[2]济南师范学校.光辉的里程——山东省济南师范学校校史（1902—1992）[M].内部资料,1992.

[3]山东省济南师范学校.济南师范学校百年史[M].济南：齐鲁书社,2002.

[4]郯城县政协文史资料委员会.郯城文史资料（第一辑）[M].内部资料,1984.

[5]中共郯城县委党史资料征集委员会.郯城党史资料（第三辑）[M].内部资料,1986.

[6]苍山县政协文史资料研究组.苍山文史资料（第一辑）[M].内部参考,1983.

[7]中国人民政治协商会议临沂市委员会.临沂文史集萃（第一册）[M].济南：山东人民出版社,1997.

[8]中共苍山县委党史室.中共苍山地方史（1919—1949）[M].讨论修改稿,2007.

[9]山东省政协文史资料委员会.山东文史集粹[M].济南：山东人民出版社,1993.

[10]中共临沂市委.沂蒙英烈颂[M].北京：军事谊文出版社,2005.

[11]中共山东省委党史资料征集研究委员会.山东党史人物传(第一集)[M].济南：山东人民出版社,1987.

张玉山

◎张启群

张玉山，原名张振儒，字玉山，现寿光市牛头镇张家庄人。他是寿光党团组织创始人，历任中共寿（光）广（饶）支部书记、中共寿光支部书记、中共寿光地方执行委员会书记（即寿光县委第一任书记）等职。张玉山为在寿光传播马列主义，开展革命活动，创立和发展寿光党的组织做出了卓著贡献。由于他长期忘我工作，积劳成疾，于1927年12月18日病逝，时年29岁。

1924年9月，中共寿（光）广（饶）支部在寿光县张家庄成立。这是山东省建立最早的农村党支部之一，也是全国较早的农村基层党支部。中共寿广支部与一个光辉的名字紧紧联系在一起，他就是中共早期党员、寿光党组织最早的组织者和领导者——张玉山。

济南求学，走向革命

张玉山，1898年2月4日出生在山东省寿光县张家庄一个农民家庭。

张玉山出生的年代，中国已经深陷半殖民地半封建社会的深渊，山东省也成为德国的势力范围。

寿光市（原寿光县），位于山东省中北部，东邻潍坊市寒亭区，西界广饶县，南接青州市和昌乐县，北濒渤海莱州湾。寿光大部分为冲积平原，地势平坦，土地肥沃，适于农耕。北部盛产食盐。19 世纪末 20 世纪初，农业生产仍然是寿光经济的主要形式，生产力仍处于十分低下的水平，封建地主占有大量土地，以高地租、高利贷、雇工等形式，对农民进行残酷的剥削，传统民族手工业也日益衰败，经济日渐萧条，广大人民群众过着半年糠菜、半年粮的生活。从义和团运动到辛亥革命，面对侵略和压迫的寿光人民同帝国主义、封建主义以及后起的北洋政府进行了不屈不挠的斗争。辛亥革命失败后，寿光人民的抗粮、抗捐、抗税斗争连绵不断。同时，新型学校也有了较快发展，新式知识分子不断增多，一批热爱祖国、追求民主的先进知识分子队伍成长起来。

张玉山出生于一个比较富裕的农民家庭，家里经营中药铺，使他有条件得以接受教育。8 岁在本村读私塾，15 岁考入寿光凤台高小，后转入寿光县立高等学堂就读，至 1916 年毕业，随即考入山东省立第一师范学校。他性情豪爽、坚毅刚强，从小目睹农民的苦难，十分怜悯穷人的遭遇，立志解救水火中之同胞。

1919 年 5 月，五四运动爆发后，在山东省立一师读书的张玉山怀着满腔的爱国热忱，参加宣传活动。他与同学们一起走上街头，散发传单，控诉、揭露日本帝国主义的强盗行径，怒斥北洋政府的卖国罪行。受山东省学生联合会的派遣，他同其他寿光籍的同学回到家乡，先后到寿城、王高、稻田、双凤等高等小学，宣传山东学联宗旨，传达山东问题交涉情况，联络各地学生一致行动。不几日，各高等小学先后成立"学生联合会"，组织罢课示威，到处贴标语、发传单、做演讲、稽查日货，在他们的带动下，寿光各地群众积极支持学生运动，农民重操纺车纺线，弥河两岸数十部洋线织机改用手工线织布；经营日货的门店纷纷改营国货。在这场波澜壮阔的爱国主义运动中，张玉山积极地站到了斗争的前列，思想上经受了洗礼，使他萌发了革命思想，逐渐成为新思想、新文化的传播者。

为了探求救国救民的道路，1921 年 5 月，张玉山与本班同学延伯真等 9 人组建进步团体"青年互助社"，以研究新思想、新文化，发展乡村教育为宗旨，探索教育救国的道路。

家乡播火，成立组织

1920 年，张玉山得了肺病，但是他没有因此而停止革命活动和中断学业，仍以顽强的毅力坚持学习，直至 1921 年 5 月，学完了全部课程，未参加毕业考试，因病情加重在济南住院治疗，1922 年五六月出院回到家乡。

张玉山回到家乡后，矢志不忘改革乡村教育。那时寿光的学校有两类：一是县城和较大村镇办起了一些学堂，学习新文化；二是广大的农村还是以私塾为主，尊孔读经，宣扬旧礼教。1923 年，张玉山邀请进步青年王云生到张家庄办学堂，宣传新思想，学习、推广新文化。为了使更多的农家子弟得到求学的机会，张玉山硬是不顾少数人的反对，把张家庄家庙里的几棵大松树卖掉，解决了学校的设备及经费问题。在教学中，他注意启发学生的阶级觉悟，用一些现实生活中的事例，讲解社会上人剥削人的不平等现象。那时学生的学习内容，不少是他与王云生共同选编的，深受学生的欢迎，周围村庄的学生也纷纷报名前往张家庄求学。

张玉山辍学离校时，曾告诉同学延伯真："若有新组革命团体，务必及时告知。"1924 年，张玉山接到延伯真从青岛的来信，信中说："现新组一革命团体，你及真正同志者速来青加入之。"张玉山按捺不住急切的心情，立即带病去青岛，找到邓恩铭、延伯真，提出加入社会主义青年团的申请。4 月，邓恩铭、延伯真介绍张玉山与王云生加入了社会主义青年团。同月，邓恩铭、延伯真来到寿光张家庄，指示张玉山、王云生积极发展先进青年入团，视条件成熟即建立社会主义青年团寿光地方组织。不久，张玉山和王云生介绍褚方珍、王化一、张良儒、张子明、杨兰英、王其圣、隋鸿烈等 10

多人加入社会主义青年团。6月，建立社会主义青年团寿光地方组织，张玉山任秘书（即书记）。他们以张家庄为基地积极开展工作，举办了平民夜校，组织了植树会、抗粮社、互助会；宣传马克思主义，启发群众的阶级觉悟，号召群众团结起来，反对帝国主义和封建势力。在鼓动宣传中，张玉山常常以生动的语言揭示反动统治阶级对劳动人民的剥削和压迫，他常说："穷人的白首，富人的白银；穷人的黄脸，富人的黄金。"他还经常向群众揭露反动统治阶级的腐败无能，指斥帝国主义疯狂侵略中国的罪行。他告诉群众，我国必须走俄国革命的道路，无产阶级必须当家做主，人民群众才能过上好日子。

1924年8月，经邓恩铭、延伯真介绍，张玉山、王云生转入中国共产党。在延伯真的主持下，他们与广饶县的延安吉组成中共寿广小组，张玉山任组长，受中共济南地执委领导。从此，张玉山在党的培养教育下，从一个积极参加民主革命的热血青年，成长为一个自觉地为共产主义事业而奋斗的革命战士。中共寿广小组成立后，张玉山、王云生先后介绍李铁梅、褚方珍、王化一、张用之、马保三等人加入中国共产党。9月，经中共济南地方执行委员会批准，中共寿广支部干事会（即寿广支部）成立，统一领导寿光、广饶两县的党团工作和指导两县的革命斗争。张玉山任支部书记，王云生、延安吉任委员。寿广支部是潍坊地区第一个党支部，也是山东省最早的农村党支部之一。

寿广支部成立后，张玉山为发展党的组织，壮大革命力量，常常带病奔波于两县之间，宣传革命思想，联络革命同志。为了在寿、广两县广泛地传播马列主义，尽快点燃革命烈火，他从北京、上海订购了《向导》和《中国青年》等大量革命刊物，组织党团员在寿光、广饶两县代销，使寿、广两县偏僻的农村敞开了与外界联系的大门，使革命思想的火种，在这片穷乡僻壤普遍燃烧起来。

驱逐区董，抗粮抗捐

张玉山在大力传播马列主义的同时，积极带领群众开展革命斗争。1924年，奉系军阀张宗昌为山东督办，直、奉之间战事不断，老百姓遭了殃，田赋税预征达八年之久，一年督催粮税达十几次之多；另外还有建设附捐、教育附捐、治河附捐、货物特税等，名目繁多。各地方上的贪官污吏乘催粮税之际敲诈勒索，鱼肉百姓。那年，寿光县巨淀区遭了水灾，庄稼收成无几，瘟疫流行，百姓简直是苦不堪言。巨淀区区董侯乃萱置穷苦百姓的死活于不顾，利用为官府督催粮税的时机任意加码，从中贪污肥己。广大群众对这个地头蛇无不切齿痛恨，但敢怒而不敢言。是年冬，张玉山了解到群众对侯乃萱的愤恨情绪，与正在张家庄教学的王云生等同志进行研究，制定出斗争策略。首先在巨淀区联络了隋以文、郑云芳、王耿堂、刘尊五等知识界人士，然后分头调查了解侯乃萱贪污肥己的罪恶事实。张玉山不顾家庭的阻拦，带病奔走各村了解情况，发动群众，活动了十几天，联络各阶层群众 100 多人。腊月初，他看到时机成熟，提出在距离区公所十多里的彭家道口村召开群众大会，会场设在彭家道口学校里，与会群众近 200人。会上张玉山首先发言，他用大量事实深刻地揭露反动军阀政府的残暴统治，以深入浅出的道理宣传军阀统治必然垮台的历史规律，同时历述侯乃萱的贪污事实。他号召大家团结起来，不缴粮，不纳税，赶侯乃萱下台。张玉山的讲话慷慨激昂，受到与会群众的热烈鼓掌。随后，各村群众代表纷纷控诉深受侯乃萱的压迫剥削之苦。这次大会开得很成功，大家一致表示：侯乃萱不下台，一粒粮一文钱也不缴。这次会上还散发了张玉山的手抄传单，"张宗昌必将垮台""中国必将统一""赶侯乃萱下台"的呼声传遍巨淀湖畔。这次会后，巨淀区的群众在共产党的领导下开始觉醒了。

侯乃萱得知群众在彭家道口集会的消息恼羞成怒，跑到县政府，企图勾结官府镇压群众。反动的县政府深知群众齐了心，也不敢轻举妄动。侯乃萱看风头不对被迫下台。

这次斗争的胜利使广大群众认识到：只有在共产党的领导下，广大群众团结起来，才能取得革命斗争的胜利；只有跟着共产党，才能翻身得解放。从此，巨淀区的群众在党的领导下团结得更紧密了。

张玉山还处处注意群众疾苦，关心乡亲们的生活，使党的影响深入人心。当时在张家庄等地的地痞流氓，常依仗恶霸地主的势力，以看坡为名，无论庄稼丰收与否，都向农民索取巨额的"看坡捐"。这种野蛮勒索的行为，激起了张玉山的愤怒，他对这些人提出了严厉的谴责，迫使他们停止了这种无理的捐税。当城里派兵来地方剿匪时，土豪劣绅常以农民打头阵，因而群众死于非命者甚多，张玉山同志见到这种情形无限愤慨，便出面阻拦，力逼劣绅在县城官兵来剿匪时，不准再让徒手百姓打头阵、无故断送生命。麦秋季节，穷人们因吃不上饭常到坡里拾庄稼。张玉山每遇此种情形，都将自己的庄稼送给他们，让他们满载而归。遇上衣不遮体的穷人，就将自己的旧衣服送给他们。

扩大宣传，壮大组织

1925 年 3 月，根据斗争形势发展的需要，经中共山东地执委批准，寿光、广饶两县分别建立党支部。中共寿光支部在张家庄小学建立，张玉山任书记，王云生、李铁梅任委员。寿光党支部建立后，党、团组织开始进入新的发展时期。

为加强党、团工作的集中统一领导，张玉山、王云生、王化一等人以教员身份为掩护，李铁梅以行医为名，先后在王高、崔家庄、南台头、北台头、南河、孙家庄、张家庄等村建立党小组或党、团合一的小组，统一开展活动。1925 年 5 月 29 日，发生青岛惨案。5 月 30 日，上海发生震惊中外的"五卅惨案"。6 月，中共山东地执委在益都圣水村召开青州地区党、团负责人会议，传达山东地执委关于发动农民群众声援青、沪工人运动的指示，张玉山就发展壮大党团组织、发动农民和学生开展运动发了言。会后，寿光党、团组织在各地高等小学成立声援青、沪工人运动宣传队和募捐队，开展了声援五卅运动的活动。声援工人运动的开展，使广大农民认识到自己的命运与工人息息相关，从而进一步推动了革命活动的开展。

6月，张玉山被崔家庄双凤小学校长李植庭聘请，任该校教员。张玉山不取分文，甘尽义务。他运用辩证唯物主义观点分析课文，批评时弊，每次上课教室里总是座无虚席。在此期间，他进行了大量的革命宣传，使整个学校的政治面貌发生了很大的变化。他还经常利用课余时间教唱《国际歌》等革命歌曲，讲述俄国十月革命、彭湃烧地契等内容。他常常给教职员工们讲："地主的所有财产是从农民那里剥削来的，将来总有一天没收过来分给农民。别看穷人说话臭如美孚油，富人言语香似花露水，这种不平等的社会现象总有一天是要变的。"

张玉山在学生中开展工作，得到校长李植庭和教员李文、李灼亭等的支持，在师生中形成了宣传共产主义思想、阅读马克思著作和鲁迅文集等进步书籍的浓厚气氛。6月，张玉山介绍李文、李灼亭等人入党。11月，张玉山、李灼亭介绍张文通、李文轩、郝群峰等一批学生加入共青团，教师和学生分别成立了党、团小组。同年年底，随着一批学生毕业，党、团组织向寿光北部各村发展，并由弥河西岸扩展到弥河以东地区。

1926年5月，张玉山作为寿光的团员代表，参加了共青团济南地方执行委员会在济南召开的团员代表大会，他在会上作了关于寿光从速扩大童子团、成立乡村教员联合会、发展青农同志、成立特别干事会、在农村学校中发展国民党组织等内容的工作情况汇报。大会通过了《寿光支部报告决议案》，并报告中央。

至1926年上半年，寿光党、团员已经发展到300多人，建立了若干个分支部和党小组。寿光党、团组织的迅速扩大受到中共山东地执委的重视。中共山东地执委负责人称赞说："寿光党支部是很有战斗力的党组织。"8月，宋伯行受地执委派遣来到寿光。他巡视寿光工作时指出，寿光党、团工作发展快，战斗力强，可单独成立党的地方组织，他的意见得到寿光党员骨干的赞同。在他的主持下，中国共产党寿光地方执行委员会在张家庄正式成立，张玉山任书记，褚方珍、李铁梅、马保三、陈章甫任委员。此后，相继建立了张家庄、北台头、南台头、崔家庄、王高前、王高后、南河、双凤小学、牛头镇、范家庄、寇家坞、杨疃、田柳、北洋头、孙家庄、邢姚、陈家马庄、罗庄、张家屯等20余个党的支部或分支部。10月，经中共中央批准，中共山东区执行委员会在历城县龙洞成立。按照中共山东区委决定，中共寿光地方执行委员会隶属中共山东区委直接领导。1927年4月，中共青州地方执行委员会建立，宋伯行任书记，杜华梓任组织部长、田裕旸任宣传部长，商勤学任总务兼交通，寿光党、团组织改属中共青州地方执行委员会领导。

4月，共青团山东区执行委员会负责人袁果到寿光，经与张玉山等共同研究，在崔家庄双凤高等小学成立中国共产主义青年团寿光地方执行委员会，赵一萍任书记，张文通任副书记，张子明、杨化村、褚方塘、李金符、孙聿修、孟赤心为委员。从此，寿光的党、团组织开始分头活动。

1927年6月13日，中共中央常委会决定成立中共山东省委员会。8月，中共寿光地方执行委员会改称中共寿光县委，张玉山任书记，李铁梅、褚方珍、马保三、陈章甫任委员。中共寿光县委的成立，标志着寿光党组织开始进入新的发展阶段。县委成立后，与省委的联系更加紧密，县委成员有了明确分工，对基层党支部、分支部和单线联系的党员进一步加强了领导，党的活动空前活跃。这在全省基层党组织中是少有的。张玉山和县委其他同志一起，以更加顽强的斗志，夜以继日地忘我工作，不断开创革命斗争的新局面。

搞好统战，领导斗争

张玉山不仅重视党的建设，而且对统一战线工作也非常重视。1925年，中共寿光支部根据上级指示做出了共产党员加入国民党的决定。当时，寿光县国民党的力量很小，为了帮助发展国民党左派力量，张玉山带头加入国民党。有的同志想不通，他就用俄国"二月革命"作例子，耐心地进行思想教育。到1926年，寿光县国民党的组织有了较大发展。在中共寿光县委建立后，为适应统战工作的需要，张玉山建议成立国民党寿光临时县党部，张玉山、孟雪园（时为国民党左派）等为临时县党部负责人，在很多重大问题上与中共寿光县委进行密切合作。

1927年，张玉山的病情越来越严重，但是他仍以奋斗不息的顽强精神工作着。他带病先后去济南、益都等地参加过多次会议。后来，实在不能外出参加会议了，就让其他同志代替出席。对有些不便在家研究的机密事情，他就让同志们搀扶着到场院里，躺在柴禾堆上听汇报，研究贯彻意见，拟定行动措施。在北伐胜利发展的大好形势下，张玉山拖着病重的身子，积极做了迎接北伐的准备工作，曾多次主持召开寿光县国、共两党的联席会议，共商团结一致迎接北伐的大事。他抱病主持举办了数次党团骨干训练班，亲自为大家讲授共产主义理论，讲解加强统一战线的重要性和必要性，大大提高了广大党团员的政治觉悟和理论政策水平。

1927年春夏，因连年灾荒，人民生活极端困难，山东军阀张宗昌及寿光县政府却更加残酷地压榨人民，苛捐杂税压得人民喘不过气来，为了狠狠打击反动军阀政府，使人民群众渡过难关，张玉山和县委的同志们，领导全县人民胜利地进行了空前规模的抗粮、抗捐斗争，迫使反动当局在较长一段时间里不敢下乡催粮逼捐。

同年，正当北伐节节胜利、革命形势迅猛向前发展之时，蒋介石、汪精卫先后背叛革命，大肆屠杀共产党人和革命群众，大革命失败了，统一战线彻底破裂。这时，张玉山根据寿光的革命斗争形势，分析了统一战线的形势和前途，认为此时在寿光继续搞好国共合作，仍然存在一定基础和有利条件。他凭着两党负责人的身份，在党内外继续强调搞好统一战线工作，争取时间发展党的组织，壮大党的力量，开创革命的新局面。由于张玉山实事求是地分析了寿光的具体情况，采取了正确而得力的措施，在国共统一战线彻底破裂后，使寿光的国共合作局面又维持了一年半之久，为寿光的革命形势发展赢得了时间。

生命不息，奋斗不止

　　繁重的革命工作、艰苦的斗争环境，使张玉山的病情不断恶化。党组织和同志们劝他好好休息，但他把自己的生死置之度外，仍以炽热的革命精神坚持斗争，直到生命的最后一息。1927 年 12 月 18 日，这位忠于党、忠于人民、为寿光党组织的创建和革命斗争做出重大贡献的革命先驱与世长辞，年仅 29 岁。

　　张玉山逝世后，寿光党组织为他举行了隆重的追悼会，从各地来了很多人，上级党组织也派人参加并送了花圈，挽联上写着"张玉山同志精神不死""张玉山烈士永垂不朽"。

　　解放后，中共寿光县委为张玉山建立了纪念碑，以表彰这位为了党、为了人民、为了共产主义事业而献身的革命先烈。他光辉的革命业绩就像纪念碑一样，永远屹立在人民心中。

【参考文献】

[1] 中共山东省委党史研究室. 中国共产党山东历史 [M]. 济南：山东人民出版社,2018.

[2] 中共山东省委党史资料征集研究委员会. 山东党史人物传（第一集）[M]. 济南：山东人民出版社,1987.

[3] 中共寿光史编纂委员会. 中共寿光史简编 [M]. 北京：人民日报出版社,1997.

[4] 寿光市民政局. 寿光市著名烈士传 [M]. 潍坊：潍坊市新闻出版局,1999.

[5]山东省济南师范学校.济南师范学校百年史[M].济南:齐鲁书社,2002.

[6]国乃全,范友春.马保三传[M].北京线装书局,2014.

[7]王红军,杨国生.张玉山:山东最早的农村党支部书记[N].大众日报,2011-7-26.

朱道南

◎高衍玉

朱道南（1902—1985），原名朱本邵，1902 年 8 月 31 日出生在现山东省枣庄市薛城区张范乡北于村。1924 年考入山东省立第一师范学校。1925 年在山东省立一师加入中国共产主义青年团①。1927 年南下投身大革命，同年 3 月，在长沙黄埔三分校加入中国共产党。亲历马日事变、广州起义。1930 年因病回到家乡，与党失去联系后仍独立开展革命活动，传播进步思想，开展统战工作，领导邹坞暴动，组建运河支队，为峄县建党、建军、建政奠定了基础。1985 年 3 月病逝于上海，终年 83 岁。

朱道南父亲朱玉煊是一位塾师，在朱道南 4 岁时去世。朱道南有同父异母兄弟四人，前母留下三个哥哥，他是老四，亲母生他和一个姐姐。家里虽有 20 余亩土地，但封建家族尔虞我诈，孤儿寡母度日相当艰难。

枣庄地处鲁南，是历史悠久的鲁南煤城。东北部为崇山峻岭连绵的抱

---

① 1925 年 1 月，中国社会主义青年团三大一致通过，将"中国社会主义青年团"改名为"中国共产主义青年团"。

犊崮山区，西濒微山湖，南临运河，依山面水，地处苏、鲁、豫、皖交界地带，历来多战事。特别是近百年来，面对严重的民族危机，仁人志士为了救亡图存，推翻帝国主义、封建地主、军阀的反动统治，带领人民在枣庄地区创造了无数可歌可泣的英雄事迹。

枣庄市的建置基础是峄县。解放前，峄县的大部分土地都集中在崔、宋、黄、梁、孙、褚、王、鲍这"八大家"的手里。这些地主有的是父荫子袭、辈辈相沿的官僚地主，有的是"土财主"。不论是官僚地主还是"土财主"，对农民的压榨剥削都极其残酷毒辣。

当时中国的锦绣河山被大大小小的军阀割据着，他们在各帝国主义的利用和驱使下，连年混战，搞得中国支离破碎、民不聊生。朱道南小时候生长的峄县被奉系军阀张宗昌统治。穷山恶水的地理环境，加上军阀战争的浩劫、地主的剥削、土匪的横行，使人民生活在水深火热之中。

走投无路，赴济求学

朱道南自小上过 10 年私塾。16 岁进了初等国民小学，由于家庭经济困难，在其舅父和小学教师张捷三等人的帮助下，才勉强读完小学。在这期间，朱道南看过不少旧小说，像《响马传》《七侠五义》《水浒传》……看完后，总是同情书中那些穷困潦倒的人们，憎恨那些为富不仁的贪官污吏，更钦佩那些杀富济贫的英雄好汉。

面对黑暗的社会现实，朱道南终日愁眉苦脸，心头郁闷的时候，就和几个要好的朋友畅谈一番，来宣泄胸中的不平。他有两个非常要好的穷同学，一个叫谢拙民，一个叫杨荣林，三人形影不离，十分投机。

1922 年，即将结束小学学业的朱道南因为伸张正义，得罪了无恶不作、横行霸道的大地主家的儿子黄僖棠，招惹了与大地主勾结的土匪。在走投无路的情况下，朱道南、杨荣林、谢拙民商定一起去济南读师范。安置好朱道南的母亲后，三人连夜出发，并做好了"以后千万不能忘了穷人"的约定。

　　朱道南自幼饱尝受欺压的痛苦，目睹穷人劳苦一生却"食不果腹、衣不遮体"的悲惨遭遇。他曾不止一次地思考这些不幸从何而来，但一直没有找到答案。带着这个疑问，他来到了济南。

一师求学，抉择信仰

　　1922 年，济南的革命运动继续发展。党的二大后，山东加快了各地的建党建团工作。1922 年 7 月底，在陈为人的指导下，中共济南支部成立，王尽美为书记。中共济南支部成立后积极开展建团工作。9 月 16 日，在陈为人的主持下，在大明湖畔的李公祠（今辛弃疾纪念祠）召开大会，中国社会主义青年团济南地方团正式建立。济南党、团组织的建立，使济南、山东的革命运动进入了一个新阶段。

　　朱道南三人到济南后，看到一个青年在街上讲演。这位青年大胆地痛骂军阀张宗昌，痛骂帝国主义。当几个警察吹着警笛抓他时，青年撒出一叠传单后，迅速钻进了人群。杨荣林偷偷地接了张传单，只见上面写的是：打倒万恶的军阀张宗昌，坚决反对帝国主义，工农商学兵携起手来，拥护 CP、CY[①]。

　　当时他们不懂什么叫 CP、CY（连这几个字母也不识），根据传单的意思猜测，估计这是为穷人讲话的"抗暴"组织。他们从此就用心打听这个"抗暴"组织。

　　1922 年，他们考进了济南师范讲习所。1924 年，又一起考进了山东省立第一师范学校。在省立一师，他们见到了那位大街上讲演的青年，他叫田慕翰，是省立一师附设农村师范的学生。田慕翰 1923 年考入山东省立一师，在校期间积极参加中共地下党组织活动，并加入中国共产党。从此，在田慕翰的帮助下，他们的思想认识得到很快提高。

　　1925 年 6 月初的一个夜晚，田慕翰给了谢拙民两包传单，让他和朱道南带到第二天在省议会门前举行的反帝爱国游行示威大会上。当时，五卅

①CP 指共产党，CY 指共青团。

运动正在全国各地轰轰烈烈地开展，济南的工人、学生、商人都纷纷罢工、罢课、罢市，游行示威，连给日本人做饭的厨师、看大门的门房也参加到斗争的行列。这是朱道南和谢拙民第一次参加共青团的活动。

第二天，当朱道南、谢拙民来到省议会时，门前已经集合了数千人。大会还没有开始，省议会大楼就被张宗昌派来的军警包围了。为了避免跟军警正面冲突，田慕翰宣布会议暂停。因为田慕翰等人的大义凛然，军警并没有敢对集会群众实施暴力。

那时，朱道南对军阀的本质还认识不清，就询问田慕翰，田慕翰告诉他张宗昌和其他军阀一样，也是帝国主义的走狗，尤其同日本帝国主义有历史的渊源关系。他详细地把帝国主义和军阀、土豪劣绅等勾结在一起统治压迫中国人民的情形，讲给朱道南听。朱道南受到了很大的启发，终于找到了造成人民命运苦难的根源。

此后，田慕翰经常给朱道南、谢拙民讲革命的道理，介绍革命书籍和进步刊物，还带他们去听秘密讲演。朱道南、谢拙民将听来的道理讲给杨荣林听。在两人的影响下，杨荣林也一起参加了共青团的活动。

朱道南在省立一师结识了进步青年，接受了进步思想，初步树立起共产主义信仰，这为他走向革命道路打下了基础。1925 年秋，朱道南在山东省立一师经田慕翰介绍，加入了中国共产主义青年团。

在共青团领导的活动中，朱道南认识了公今寿，他是正谊中学的学生。还认识了刘辉，她是山东省立第一中学的学生，只有 16 岁，她家里一直空着的那间小屋，成了青年们进行革命活动的场所。

1926 年初冬，济南又掀起了一次巨大的学生运动。这是因为张宗昌请了个前清状元王寿彭做教育厅厅长，他到任不久就把各学校里主张新文化运动的教员大都辞退了，换上了前清的老举人、老秀才，专门讲"三纲五常""君君臣臣、父父子子"等这一套。凡有标点符号的书，都不准读，说《红楼梦》《水浒传》《西厢记》也是赤化书，谁看了就是过激党（张宗昌称共产党为过激党），就要叫谁的脑袋搬家。学生们受不了这种压制，纷纷起来罢课，表示抗议。残酷成性的张宗昌根本不管三七二十一，逮捕了许多学生。

党准备组织全市学生举行大罢课，以粉碎张宗昌的愚民统治。为了筹备这次大罢课，许多青年到齐鲁大学开会。不知怎的走漏了消息，幸亏朱道南他们知道得早，军警未到，就全跑了。但是，张宗昌已掌握了各校进步学生的名单，准备在当天晚上一网打尽。共青团把这个消息及时通知了进步学生，所以学生都纷纷藏了起来。朱道南、谢拙民、公今寿、杨荣林等人跟随报信的同学，躲到了刘辉家里。

田慕翰来告诉他们不要在济南待下去了，有两条路可选：一是回家，在家乡开展斗争；二是到武汉去，北伐军已拿下武汉，可以到武汉中央军事政治学校去学习，参加革命。朱道南他们不约而同地表示坚决参加革命。党组织发给他们每人30块大洋做路费，由济南乘夜班火车先去青岛，再绕道上海赴武汉。

南下南下，投身大革命

1924年至1927年，中国的大地上爆发了一场席卷全国的革命运动。人们通常把它称为中国的"大革命"。这场革命的宗旨是"打倒列强，除军阀"。打倒列强，就是打倒帝国主义。中国的军阀，当时是以北洋军阀为主。因此，以推翻帝国主义和北洋军阀在中国的统治为目标的大革命是一场民族民主的大革命。

反帝反封建的民主革命纲领是在中国共产党的二大上被明确提出来的。党的三大决定与孙中山领导的国民党合作，建立革命统一战线。大革命的开展是中国共产党同中国国民党实行政治合作的结果。

（一）考入武汉军事政治学校

到武汉后，朱道南他们接上了组织关系，被介绍到武昌师范大学住宿（凡是由党组织介绍来的大都住在这里）。在这里住的青年来自全国各地，其中有不少是山东省立一师的学生[1]。青年人碰在一起由于见解不一，常常

---

[1] 1925年冬至1927年春，济南进步青年学生分三批离开济南秘密南下武汉，投身大革命。其中山东省立一师学生有80多名，除朱道南等4人生还外，绝大部分学生献出了自己的生命。

争吵起来，围绕的焦点总是：国民党好，还是共产党好？三民主义好，还是共产主义好？

武汉军事政治学校设在武昌两湖书院，这是为继续北伐①专门培养干部的学校，学生有5000多名。挂名校长虽是蒋介石，但实际负责人却是恽代英，因而学校是在共产党的直接领导之下。

1927年初，军事政治学校组织招考了好几次。第一次，朱道南他们几个都没有被录取。杨荣林因为第一次没有考上，感觉很丢人，执意去参加北伐宣传队，并把自己的名字改成了"杨的"。第二次考试朱道南、谢拙民、公今寿、刘辉都被录取了。2月初，他们四人都进入了武汉军事政治学校。

朱道南他们的革命热情高涨，对革命的要求很高，希望一切都符合自己的心愿，缺乏实事求是的正确态度，缺乏实践锻炼，并且还有着一定程度的青年学生的狂热性。这是他们在这一时期的思想特点。

当朱道南、谢拙民、公今寿得知，武汉军事政治学校长沙分校要在武汉招收200名新生的消息时，都想去长沙，因为他们听说长沙很"红"，有"小莫斯科"之称，但那里的名誉校长还是蒋介石。

他们三人向学校领导提出了去长沙分校的想法，领导同意了他们的请求，并严肃地要求他们在长沙分校发挥作用，不能有自由主义想法。他们口头上同意了，可思想上并没有真正接受。

（二）加入中国共产党

长沙分校在小吴门外，校门上挂着一块匾，上面写着四个黑字"尽量左倾"。两旁贴着长幅标语，左边是："西方的无产阶级和东方的弱小民族，联合起来！"右面是："打倒国外一切帝国主义，消灭国内新旧军阀！"其实这只是表面现象。这所学校，跟武汉的总校正好相反，是被国民党右派控制的，教官军阀习气严重，学生中土豪劣绅的子弟很多，他们时常向进步学生寻衅。

---

① 1926年至1928年由广东国民政府发动的反对北洋军阀的革命战争。因战场由南向北推进，故常简称为"北伐"或"北伐战争"。

赵柔坚当时是党支部书记，和朱道南编在一个班里，因为长沙分校的情况比武汉军事政治学校复杂，他的身份并不公开，但进步学生都知道他是党支部书记。1927 年 3 月，朱道南在长沙"黄埔第三分校"加入了中国共产党。

（三）长沙分校的斗争

蒋介石在上海制造了"四·一二"反革命事件，长沙分校的拥蒋分子转而自称是汪精卫的信徒，是国民党"左派"。学校里比较进步的领导成员公开对反动分子提出警告。蔡和森、夏曦等领导同志先后在学校做了几次报告。学生越来越倾向于共产党。

5 月 18 日晚上，朱道南和公今寿、谢拙民有事到校外去，见大街上贴着很多标语，上面写着"打倒新军阀汪精卫""打倒武汉政府，建立苏维埃""把许克祥的枪缴下来，武装工农"等。每条标语下面的落款都是工会农会。8 点多钟回到学校，学校里也出现了标语，标语的落款都是"红色活动小组"。

5 月 19 日中午休息时，大队长带着十几个反动分子进入宿舍，诬陷说标语是赵柔坚贴的、朱道南写的。赵柔坚机智地化解了反动分子的阴谋。而朱道南则陷入了圈套，不知如何辩解，出乎意料的是，炊事员老张说出了实情，从而使朱道南脱离险境。

（四）亲历马日事变

"马日事变"[①]在 5 月 21 日晚上突然发生。这时候，蒋介石已公开叛变了革命，在南京成立了政府。只有汪精卫的"左派"假面具还没有揭开，所以全国人民将北伐的希望都寄托在武汉革命政府。其实汪精卫已经暗中和蒋介石勾结反共，在他们取得一致步调后，就选在群众革命热情最高涨的长沙，制造了"马日事变"。

5 月 21 日晚上 10 点钟，朱道南清楚地听到西南方响起两下枪声，接着全城都响起了枪声。马日事变开始了。1000 多名荷枪实弹的叛军在许克祥

---

①马日事变，1927 年 5 月，反动军官许克祥在湖南长沙发动的反革命政变。因当天电报代日韵目为"马"字，故称马日事变。

的指挥下，分途向长沙城内各革命机关进行突然袭击，他们攻击的主要目标是省总工会、省农民协会和国民党湖南省党校，还有朱道南他们所在的武汉军事政治学校第三分校。赵柔坚在事变中英勇牺牲，朱道南、谢拙民、公今寿奋勇抵抗，炊事房的老张为了协助他们三人脱离虎口被打死，只留下了一份没有寄出去的家书。长沙全部被许克祥等人控制，革命团体和机关全部被捣毁解散，他们只能又回到武昌。

（五）重返武汉军事政治学校

到武昌后，他们很想回到武汉军事政治学校，但觉得既然从那里出来了，再回去脸上不大光彩。在商量未定时，他们参加了向汪精卫国民政府请愿的请愿队，寄希望国民政府继续拥护三大政策，打倒反动派。几次请愿汪精卫都置之不理。后来在回旅馆的路上，遇到了杨的，四人又在一起革命了。

在赵柔坚的妻子陈桂珠的带领下，朱道南他们见到了恽代英。恽代英严厉地批评了他们，指出了他们在思想上存在的动摇性和自由主义倾向，并教导他们，无产阶级的革命事业，只有靠共产党，靠真正的马克思主义者的领导，靠广大工农群众的团结奋斗，才能取得成功。同时，又鼓励他们，一个真正的革命战士，除了要有一颗对无产阶级事业的初心外，还要有高度的组织观念和群众观念。只要这样，就能克服重重困难，使事业迅速往前发展。他们终于又回到了武汉军事政治学校。

朱道南经过马日事变，彻底看清了国民党反动派的真实面目。同时在恽代英的教导下，也深刻意识到自身存在的缺点和不足，知道了如何才能成为一个真正的马克思主义者、真正的革命者。

（六）从武昌到广州

7月15日，汪精卫召开国民党中央常务委员会扩大会议，正式同共产党决裂，第一次国共合作终于全面破裂，持续了三年多的中国大革命失败了。

国民党反动派早就想消灭武汉军事政治学校的学生军。7月15日，国民党军唐生智的三十五军何健部、三十六军刘兴部将学生军骗到武汉野外，包围在洪山一带，准备一网打尽。在紧要关头，时任国民党第二方面军总参谋长兼第四军参谋长的叶剑英向第二方面军总司令张发奎建议，将学生军接收过来。张发奎同意后与唐生智谈判，唐生智才将包围部队撤走。朱道南同军校学生一起被编入第二方面军军官教导团。此后，朱道南等学生军跟随叶剑英从武汉整装出发，路经九江、南昌等地，辗转两千多华里，历时三个多月到达广州。在这期间，叶剑英又一次挽救了这支学生军，为广州起义保存了主要的武装力量。

朱道南在跟随叶剑英由武汉到广州的三个多月时间内，多次受到叶剑英的直接帮助和教育，思想觉悟有了很大提高。

浴血奋战，亲历广州起义

11 月中下旬，张发奎同李济深、黄绍竑部为了争夺对广东的控制权爆发了战争。张发奎部主力调往肇庆、梧州一带作战，广州市内兵力空虚。驻守在广州市内的张发奎部队中，战斗力最强的教导团和警卫团一部，则为共产党所掌握。教导团等革命力量已引起敌人的怀疑，如不迅速采取行动就有被解散或消灭的危险。中共广东省委根据中共中央的指示，决定在 12 月 11 日发动广州起义。

（一）起义开始

广州起义在 12 月 11 日的深夜开始。

朱道南是伙食委员。12 月 11 日天刚蒙蒙亮，朱道南就起了床，出去买菜。走出宿舍，发现外面墙壁上贴着几十张反共标语。这是在教导团从未有过的。朱道南买完菜回来吃了饭，又上街买东西，顺便到医院里看望一个同乡。天转黑时，急忙往回赶，回到宿舍就睡着了。

朱道南在睡梦中，被三声又短又急又尖的哨声惊醒。看到宿舍里躺着三四个死尸，听到院子里有人在高喊"共产主义万岁！""我是三大政策的拥护者！""我坚决拥护共产党！"等。在喊声中还夹杂着《国际歌》和《少年先锋队队歌》的歌声。

朱道南后来终于知道是发动起义了，起义的普通口令是"暴动"，特别口令是"夺取政权"。

（二）奋勇作战

起义是在张太雷、叶挺、叶剑英等人的领导下进行的，主要组织者和指挥者是张太雷，他是广东省委书记。参加起义的主力，除教导团3000多人外，还有警卫团500多人和广州工人赤卫队。事先都做了统一布置，在规定时间行动。

12日早晨，经过一夜苦战，市里顽抗的敌人已大都被歼灭了。反动派的公安局已成为苏维埃政权的所在地。张太雷是苏维埃代理主席，恽代英是秘书长。司令部也设在公安局。

13日，司令部命令所有的同志跑步到观音山。观音山在广州城西，和白云山相连，是广州的咽喉。敌人的大部兵力都在韶关一带，守住观音山就能挡住敌人，如果失掉观音山，敌人即可长驱直入，就会直接威胁到广州的安全。

不到12点，敌人的大批部队满山遍野地向观音山冲来。敌人在大炮、机枪的掩护下，向观音山连续进行了多次冲锋，都被打下去了。敌人伤亡很大，革命队伍牺牲也很重。到下午4点钟，朱道南已打坏6支步枪，放了近千发子弹。这时，阵地上只剩下五六十人，别的同志都已牺牲。手榴弹已打完了，子弹也不多了，只有十几发迫击炮弹，因为炮架已被敌人的炮火打断，没有用上。当敌人又发起进攻时，公今寿突然抱起迫击炮筒，架在自己的肩头。用肩头做炮架，人要被震坏，甚至会被震死。朱道南打算制止他，而公今寿焦急严厉地喊道："消灭敌人，保卫苏维埃，赶快发炮！"朱道南含着泪把炮弹投进炮筒。朱道南每放一炮，就看一下炮身下的公今寿。公今寿低着头，跪在地上，前胸紧靠在一块山岩上，双手抱着炮筒。每发一炮，他的身子就向上跳动一下。敌人被打退了，朱道南移开公今寿抱住炮筒的手，搬掉烫手的炮筒，抱起公今寿，看到公今寿被震得鼻孔出血，已昏迷过去。[①]

不知道是夜里几点钟，朱道南被人踢醒，公今寿也醒了。来人是三连

---

① 朱道南，于炳坤：《在大革命的洪流中》，上海人民出版社，1977年版，第162—163页。

的同学，来传达新任务。他生长在广州，对这里的地形很熟悉。在他的带领下，仅剩下的 7 个人沿着一条山坳小路下了山。

（三）起义失败

他们 7 个人下山后，绕过敌人的警戒线到了市区。城内一片混乱景象。但在这时，朱道南还不知道韶关等地的敌人已经进了广州市。

在一个弄口，朱道南突然看到了刘辉的尸体。她身上有十几处伤口，右手小指上套着一个带线的小铜环，在她的四周躺着五六个已死的敌人。显然，她是在快要被敌人俘虏时，拉响了手榴弹，最终和敌人同归于尽。他想到了刘辉托他交给家里的遗书：

> 亲爱的爸爸妈妈，请你们不要悲伤，当革命开出鲜艳的花朵后，你们可以骄傲地说："我的小辉儿也用鲜血灌溉了这株鲜花。"

自从见了刘辉的尸体，朱道南一直昏昏沉沉。

后来，朱道南听三连的同学说张太雷已于 12 日牺牲，敌人已经进入广州，起义失败了，顿时站不住脚，倒在地上，再也站不起来，昏睡过去，直到被谢拙民用枪托打醒。

朱道南觉得起义失败了，很多同志光荣牺牲了，活着也没有意思，就想与敌人拼命，结果被谢拙民狠狠地批评了一顿。朱道南又燃起了革命的希望，决定跟随队伍去东江找彭湃，继续革命。

（四）红四师奔向海陆丰

广州起义失败之后第三天，教导团被编为"中国工农红军第四师"，朱道南被编在四师十团。1928 年春，四师打下了惠来，与彭湃领导的"海陆丰起义"的武装会师，在海丰召开了联欢大会，朱道南作为代表参加了大会主席团。会后不久，反动派大举围剿，终因寡不敌众，红四师不得不分散打游击。朱道南因浑身浮肿，又患痢疾，再加上吐血，只得与伤病员一起在山洞里休养。不久，由于国民党军队和地方民团不断搜山，伤病员也被冲散了。从此，朱道南与党组织失去了联系，过起了野人般的生活。

　　有一天，朱道南从甘蔗地里出来，不幸被当地的民团发现而遭逮捕，被关押进监狱，受尽严刑逼供和人身摧残。朱道南一口咬定自己是张发奎部的落伍散兵，从没供认自己的共产党员身份。后来在他的一位武汉军校同学的主动帮助下，得以保释。朱道南在被释放之后，因找不到自己所在的部队和党组织，只好于1930年夏回到了山东老家。

回到鲁南，继续革命

（一）齐村执教

　　在鲁南地区，枣庄系革命的发源地。1930年时，表面上虽看不出党活动的迹象，但是已经有了地下党员和党组织。1926年，纪子瑞受中共山东省执委会的派遣，来枣庄中兴煤矿公司发展党组织，成立了枣庄第一个党支部。1927年，成立了劳工会，与中兴煤矿资本家、把头、工贼展开针锋相对的斗争。1930年，朱道南、张捷三在峄县创办南华书店，推销进步书籍，宣传马列主义。1932年，中共徐州特委派郭子化以行医为名，来枣庄开展地下工作。[①] 但当时朱道南已经失去与党之间的联系，并不知情。

　　朱道南回到家不久，差不多全县都知道了。峄县上黄埔军校的学生比较多，大概有二三十人。但同是黄埔军校培养出来的学生，选择的道路却不尽相同，有的加入了国民党，有的一心一意跟着中国共产党去求真正解放。朱道南就属于后者。

　　在峄县国民党县党部里，许多人是朱道南的同学和朋友，要不就是沾点亲戚。朱道南回到家不久，就被县里安排到齐村去教书。上课的时候，他有意无意地给学生灌输点革命道理；闲扯的时候，或隐或现地给学生们讲点"广州起义"的故事。

---

　　① 枣庄市地方史志编纂委员会编：《枣庄史志》，中华书局，1993年版，第26—29页。

（二）利用合法地位独立工作

1932 年秋，朱道南被调到峄县教育局担任教育委员，实际也做督学的工作。朱道南和教育局局长、同事很合得来。1931 年"九一八"事变之后，他们都对国民党当局放弃东三省的不抵抗政策不满。国民党县党部不敢公开地报复，就利用民众教育馆的几个很能干的国民党员联名辞职威胁教育局。朱道南他们商议后决定将计就计，辞退了这几个国民党员，把民教馆都换上了自己人。民众教育馆便成为了革命的阵地。

朱道南在对全县学校巡回督导时，注意团结知识分子，尤其是出身比较贫苦的小学教员，赢得了全县小学教师的好印象和威信。

1933 年夏，县长为了标榜其任人唯贤，实行考乡长。朱道南他们就抓住这个机会，安排自己的朋友参加考试，结果全考上了，都获得了当乡长的资格，掌握了几个乡政权。这些人一上台，就站到了群众一边，得到了群众的拥护。北于朱绍良（朱道南大哥）所在的乡，就成为了后来朱道南发动成立联庄会和发动邹坞暴动的基地。

1935 年，峄县 6 个区都办起了"乡农学校"。"乡农学校"凌驾于乡政权之上，相当于区。它包揽县级的一切大权，无恶不作，无法无天。它们之所以为所欲为是因为有后台，后台就是邹平的"乡村建设研究院"，老板就是山东主席、野心家韩复榘。

乡农学校里有个王效卿，做事从来就肆无忌惮，什么缺德的事都干得出来。1936 年春，朱道南到济宁告王效卿，管乡农学校的教务主任叫杨再道，有正义感，对王效卿的行为进行了查实。不久，把王效卿撤职。

（三）组建联庄会

1937 年七七事变前，联庄会犹如雨后春笋，各村都纷纷成立，开始是为了地方治安。七七事变后，联庄会又冠上了"抗日"二字，成为"抗日联庄会"。朱道南打算就此建立起一支人民自己的武装力量。于是他们大办"联庄会"。

朱道南安排搞"联庄会"的首要人物是刘景镇和朱玉相。刘景镇是朱道南的远亲，朱玉相是朱道南的"仁兄弟"。经过朱道南的精心安排，"联庄会"办起来了。这是枣庄地区人民武装的"先河"。

（四）邹坞暴动

王效卿被撤职后，又去蒙阴干上了"乡农学校"的校长。朱道南发动蒙阴的同学，揭露王效卿的所作所为，没过多久王效卿又被免职。王效卿又通融了官府，去邹坞乡农学校当校长，1937年秋上任。

那时恰逢邹平"乡建派"的实验失败已成定局，各地的乡农学校也将"寿终正寝"，加上七七事变后，大局不稳。朱道南认为时机成熟，打算在邹坞"乡农学校"举行一次小型暴动，目标就锁定铲除王效卿。

在王效卿准备坐火车逃离邹坞时，朱道南他们伏击了王效卿。把王效卿的尸体扔到了磨石塘里，把王效卿的两个打手扔在了小屯的山洞里。

"邹坞暴动"为当地受压迫的群众除了一大害，人们喜笑颜开，无不拍手称快。朱道南他们发动的暴动，如同在国民党统治阶层的心窝上捅了一刀，一些反动势力撺掇县长抓捕朱道南他们。而朱道南巧妙地运用"宣传战"，把这股邪风压了下去。

（五）接上党组织关系

为了对付国民党反动派、抗击日寇，朱道南他们把各村的"联庄会"集合起来，由朱玉相和刘景镇做领导人，驻守地点在邹坞。

队伍拉起来后首先碰上的是"吃"的问题。那时阎锡山的旧部杨士元回到家乡滕县，利用阎锡山的势力在鲁南地区建立了一支"鲁南民众抗日自卫军"。杨士元就想"招编"朱道南这支队伍。正当朱道南不知何去何从时，正好与枣庄地下党组织取得了联系。

1937年10月底的一天，朱道南来到枣庄中西医药合作社邱焕文的小楼上，向鲁南中心县委书记何一萍、宋子成等详细汇报了他的革命经历，何一萍又到徐州向边区特委书记郭子化专门作了汇报。苏鲁豫皖边区特委认真进行了讨论研究，多数同志认为可以恢复他的党组织关系。特委根据这种情况决定批准他重新入党，无候补期。朱道南再次回到了党组织的怀抱。

1937年冬，在"人无分老幼、地无分南北、守土抗战、人人有责"的口号下，党的活动日渐公开。关于"招编"，党组织对朱道南的指示是可以暂时有条件地接收编制。这样，这支队伍接受了编制，随即把队伍从邹坞迁到枣庄。

1938 年 3 月，日本侵略军进犯鲁南。党领导的抗日武装，积极配合国民党川军在邹（县）滕（县）边区对日作战。杨士元在逃往徐州前，企图把党的武装编入国民党四十军庞炳勋部。中心县委发觉后，派朱道南连夜调部队回枣庄。

3 月 17 日，滕县、临城被日军占领。朱道南等率部掩护中心县委机关和枣庄居民向山区转移。18 日枣庄失陷。19 日，途经闫庄时，朱道南参加了鲁南中心县委在此召开的县委扩大会议。根据会议决定，朱道南等率抗日武装向滕峄边集结，到墓山一带会师。

（六）墓山会师

为指导鲁南的武装斗争，中共苏鲁豫皖边区特委从当时的驻地徐州，一度来到墓山，召集新建部队到墓山会师。

在特委的领导下，于"台儿庄大战"期间，队伍在这里进行了一次必要的整编。整编后的番号确定为"第五战区人民抗日义勇总队"。朱道南队伍被编在第三大队，特委委托朱道南和纪华同志兼管。

历时半月的台儿庄大战胜利结束了。在这次大战中我国军队消灭日本帝国主义侵略军一万余人，我军虽然也付出了极大的代价，但大挫了日本鬼子的锐气。大战后日军不得不调回它的残余部队，经枣庄西返。于是，朱道南他们打鬼子的机会就来了！

由于军队初建，没有作战经验，所以，打起仗来也只是凭热情。从 1938 年 4 月 6 日起连打了四天鬼子。第一次打鬼子，起到了振奋人心的作用，也积累了打仗的经验，闯开了游击队打鬼子的路子。在鲁南，朱道南他们是第一个建军，第一个打鬼子。

滕县、费县、峄县的顽固地主势力较为强大，他们联合起来不打鬼子，专门与朱道南队伍作对。由于敌我势力相差较大，特委领导决定放弃抱犊崮以西（原来活动的地区），撤向抱犊崮以东的大炉一带，会同万春圃开辟根据地。

到了大炉，1938 年 9 月上旬，朱道南部队接受了张里元的编制。张里元是国民党山东省政府的第三专员公署的专员，跟朱道南合作，提供供给，保证朱道南队伍独立自主地活动。从那以后，"义勇队"改为"国民政府第三专员公署保安司令部直辖四团"，张光中任团长。

1939年夏季，日军集结了相当雄厚的兵力，对沂蒙山区进行"扫荡"。朱道南带着600多人，朱玉相带着700多人，进行突围，迂回南下，在孙祖村与日军发生了"遭遇"战。战斗中，朱道南的腰虽被摔伤了，但终于杀出了重围，最后到达涧头集以南的黄邱山套。至此，朱道南队伍便正式脱离了张里元。

（七）组建运河支队

1939年3月初，根据毛泽东"派兵去山东"的指示，陈光、罗荣桓率领八路军挺进山东，先头部队和师特务团等直属部队于同年八九月分别东进到抱犊崮山区，创建了鲁南抗日根据地。从此，鲁南抗日形势出现新局面。

上级把朱道南和部队从涧头调回南塘，接着把义勇队改编，下属三个营，朱道南是第三营。

罗荣桓政委在听取了各方面汇报后，认为巩固与发展峄南抗日根据地，可与新四军苏北根据地联起来，这样有利于从华中经华北到延安的交通联络。为此，鲁南三地委根据罗荣桓政委的指示，派朱道南进一步了解情况，以便把几股倾向于我党的武装力量统一起来，整编为八路军，以加强对敌斗争，巩固峄南抗日根据地。

1939年11月初，在朱道南的积极联络下，各抗日武装队伍负责人同意改编为八路军。朱道南12月初到大炉向罗荣桓进行了汇报。1940年1月1日，运河支队在峄县周营正式成立，孙伯龙任支队长，朱道南为政治委员，邵剑秋任副支队长。

运河支队的正式成立，鼓舞了峄县地区的军民士气。当时百姓无不奔走相告："这下可好了，有了真正的抗日八路军，这回要给鬼子汉奸一点颜色看看了。"由于有了八路军的正确领导，再加上老百姓的拥护支持，运河支队成立不到几个月就一连打了几个胜仗，队伍也由原来的四五百人，扩大到1500余人。

运河支队壮大后，给予鲁南地区的日寇沉重打击。他们采用多种战术，先后毙伤日军近千人，伪军 4000 余人，罗荣桓称之为"敢在鬼子的头上跳舞"的一支队伍。

（八）峄县抗日民主政权的成立

1939 年 11 月，全峄县的选举大会召开。朱道南和潘振武的选票一样多，潘振武为县长，朱道南为民政科长。潘振武随即就任"峄县抗日民主政权"的首任县长。县府暂住地是峄县北边的王家湾。

1940 年秋，日军连续扫荡峄南抗日根据地，造成抗日军队几次战斗失利。在敌伪的蚕食下，根据地和部队能够活动的地区逐渐缩小，为避免损失，鲁南军区命令运支大部撤进抱犊崮山区休整，留下朱道南和邵剑秋等领导小部队坚持斗争，在险恶的环境中打游击。

1940 年 11 月 8 日，朱道南等转移到邵剑秋的家弯槐树村。当时朱道南身体不好，不想动，邵剑秋决定唱"空城计"，没想到被内奸出卖。黎明前朱道南百余人的武装被敌军千余人包围，朱道南率队浴血奋战，打退了敌军的十余次冲锋。敌军两次释放毒瓦斯，我方虽无防毒面具，但以土法解毒，一直坚持战斗到月亮升起，敌人用牛车拉着百余具尸体撤退了。朱道南以百余人的兵力粉碎了敌军千余人的进攻，但运河大队参谋邵泽连等 30 多名同志光荣牺牲。

弯槐树村战斗后，朱道南与邵剑秋率运支一中队与运北其他几个区的党政机关撤到抱犊崮山区，留下少数同志坚持地下斗争。1940 年年底，运北地区全部伪化。

峄县县委、县政府及运河支队进山后，罗荣桓多次找朱道南一起分析运河地区丧失的原因。朱道南从敌人的新战术、峄县抗日工作的不扎实、峄县原有的行政区划滞后以及某些领导"左"的政策等方面进行了分析。罗荣桓对朱道南的分析十分重视。不久，鲁南区党委和专署根据罗政委的指示，充实并调整了峄县和运河支队的领导，朱道南接任了峄县第二任县长。

11 月中旬，峄县县委、县政府进驻抱犊崮山区的青石岭、南泉一带。朱道南在这里领导县政府和县委一起进行了整顿学习，总结经验教训。在极端艰苦的情况下，保护了从鲁南、华中经南泉一带到天宝山与抱犊崮的地下交通线。

朱道南这个县长连床被子都没有，棉裤也穿不上。每天只能吃三两含着沙子的"花生饼"，或一斤左右鲜地瓜。吃不饱肚子，再加上终日被敌人骚扰得不得安生，困难是不言而喻的。如此程度的困难为什么还要死守南泉呢？因为这儿地处鲁南到天宝山这一走廊的中间，是同志们来来往往的必由之路。假如被敌人伪化，再走这条路就十分困难了。朱道南他们在极端困难的条件下咬着牙坚持了下来，保护了这条交通线，适应了抗日需要。

1942年秋，区党委调朱道南去分局党校学习。1943年又回到鲁南在行署工作，一直到1947年北撤到渤海。1948年下半年，鲁南与鲁中合并为鲁中南，朱道南仍在鲁中南行署工作，直到新中国成立后到山东省政府办公厅工作时，才离开鲁南大地。

1950年9月，朱道南调往上海，历任华东军政委员会办公厅副主任、华东行政委员会机关事务管理局副局长等职。1955年4月，调上海市房地产管理局工作，先后任党组书记、党委书记兼副局长等职。"文化大革命"中，朱道南被强加上种种莫须有的罪名。粉碎"四人帮"后，上海市委推翻了强加给他的一切诬陷不实之词，彻底平反。1977年，朱道南当选为上海市政协第五届常务委员，1984年，经中央组织部批准"按上海市副市长级待遇"离休。

革命回忆，再现峥嵘

朱道南不仅是一位信仰坚定、矢志不渝的革命老同志，还是一位全国知名的详细描述中共党史上重大历史事件的作家。1959年，他的第一篇著作《回忆广州起义》在《上海文艺》发表后，引起了全国的强烈反响。接着他又相继发表了《湘江逆流——马日事变追记》《从武昌到广州》《火山烈焰》《红四师奔向海陆丰》《走向革命》等。

1961 年，他将上述作品汇编成《在大革命的洪流中》出版后，在全国进一步引起了轰动。1963 年，在中央领导同志的关注和社会各界的鼓励支持下，他又将《在大革命的洪流中》改编创作为电影文学剧本《大浪淘沙》，1965 年，由珠江电影制片厂进行摄制。在摄制过程中，经国家领导人审看样片，又广泛征求了革命老前辈的意见，作了反复修改，终于在 1966 年摄制完成。不料影片在全国刚刚放映，"文革"就开始了，影片遭到停播。直到粉碎"四人帮"以后才得以在全国重新放映。影片重新上映后，引起全国轰动。

朱道南自青年时期投身革命和建设 60 多年，始终保持了对党忠诚、艰苦奋斗、无私奉献的革命精神，直到晚年因膀胱癌长期住院，依然以极强的毅力与病魔做斗争。1985 年 3 月 1 日，朱道南因病与世长辞，终年 83 岁。

【参考文献】

[1] 中共中央党史研究室 . 中国共产党历史 [M]. 北京：人民出版社,1991.

[2] 中共中央党史研究室 . 中国共产党的七十年 [M]. 北京：中共党史出版社,1991.

[3] 中共中央党史研究室 . 中国共产党的九十年（上、中、下）[M]. 北京：中共党史出版社,2016.

[4] 中共山东省委党史研究室 . 中共山东地方史（第一卷）[M]. 济南：山东人民出版社,1998.

[5] 济南师范学校 . 济南师范学校百年史 [M]. 济南：齐鲁书社,2002.

[6] 中共枣庄市委党史办公室 . 大浪淘沙见真金——缅怀朱道南同志 [M]. 北京：中共党史出版社,1994.

[7] 朱道南,于炳坤 . 在大革命的洪流中 [M]. 上海：上海人民出版社,1977.

[8] 枣庄市地方史志编纂委员会 . 枣庄市志 [M]. 北京：中华书局,1993.

杨一辰

◎孙克旺

杨一辰，原名杨翼宸，字德为，山东省金乡县鸡黍镇杨瓦屋村人，1905 年 1 月 28 日出生在一个书香门第。杨一辰是原济南师范校友中革命前辈和高级干部的典型代表，20 世纪 20 年代毕业于山东省立第一师范学校，后加入中国共产党，长期战斗在城市秘密战线。抗日战争、解放战争中在山东和豫皖苏地区从事党的城市工作和支前工作。全国解放初期在华中、华南等地任重要职务，后奉调国务院，曾任农产品采购部部长、城市服务部部长、商业部部长等职。

　　杨一辰的祖父杨锡敏是金乡地方上著名的文士和私塾教师，曾经是晚清贡生，虽然受过旧式教育，但他的思想并不保守。在当时全国上下学习欧日、开办学堂的潮流中，杨锡敏的三个儿子在他力主之下进入新式学堂读书，先后毕业于山东优级师范学堂（山东省立第一师范学校前身）。杨氏一门两代四人从教，是名副其实的"教育世家"。

　　生长在这种家庭环境中的杨一辰，自幼就受到良好的教育和熏陶，勤奋好学，刚直不阿，怀有"读书救国"的大志。1910 年，年仅 5 岁的杨一辰就跟随祖父杨锡敏攻读"四书"，1917 年跟随在济南任教的叔父进入山东省立第一师范学校附小就读，1920 年从山东省立一师附小毕业，考入山东省立一师。

青年学子，立志救国

1919 年，五四运动在北京爆发后，山东省立一师等济南大、中学校广大青年学生，义愤填膺，一致奋起，在石愚山、王尽美等学生领袖带领下，举行总罢课和示威游行，主张"外争国权，内惩国贼"、收回青岛、反对"二十一条"，并联络商界，举行济南全城大罢市。

反帝爱国运动的深入开展产生了重大社会影响，各行业、各阶层、各年龄段的大量民众广泛参与各种相关活动。山东省立一师附小的学生也受到感召，组织起来，汇入时代的洪流。杨一辰被推选为省立一师附小的学生代表，并担任济南学生外交后援会的评议员，与省立一师的大哥哥们共同罢课，高唱反帝爱国歌曲，开展宣传活动。虽然年纪尚幼，但杨一辰在五四运动中表现出强烈的社会责任感，做出了一定贡献，受到了思想上的洗礼，得到了初步的实践锻炼。

在山东省立一师，杨一辰结识了比他高两级的同学、后来的中共一大代表、中共山东党组织创始人之一王尽美，常去王尽美等人发起组织的马克思学说研究会听演讲，并从中受到启发，开始深入思索一些社会问题。

1925 年夏，杨一辰在山东省立一师第十五班毕业，为了继续深造，他考入北京大学预科。五四运动以后，全国的政治形势有了很大变化，各地反对帝国主义和北洋军阀的爱国运动继续深入，新文化、新思潮宣传活动蓬勃开展。在全国学生运动中心北京求学的杨一辰身居前列，积极参加反帝爱国斗争。

1925 年 10 月，杨一辰参加了北京学生与工人联合举行的要求关税自主的示威游行。1926 年 3 月，为反对日本帝国主义"炮击我中国国民事件"，北京 5000 多名青年学生在李大钊等领导下举行请愿、示威（段祺瑞执政府武力镇压，造成死伤 200 余人的"三一八"惨案），杨一辰也积极参加了这场斗争。

经过这些革命斗争的实践，杨一辰清醒地认识到：整个国家民族都被操控在帝国主义和北洋军阀手中，专心读书不能拯救国家，"读书救国"的道路是行不通的，只有把读书和革命结合起来，才能真正实现救国救民的远大抱负。

坚定抉择，开启征途

1926 年夏，杨一辰的父亲病故，家里无力再供他读书，他只好中断在北京大学的学业，返回济南，经叔辈介绍，在山东省立一师附小当了教师。

当时国共两党正在合作发起国民革命，南方的革命形势发展很快。在军阀张宗昌统治下的济南，国民党也在大力活动。杨一辰经张洛书（曾就读于山东省立一师，结识王尽美，并由王尽美介绍加入中国共产主义青年团，根据党团组织指示加入了国民党）介绍，首先参加了国民党，但经过一段时间后，杨一辰觉察到：一部分国民党员思想陈腐，孙中山的学说也不足以解决中国的革命问题。

1927 年"四一二"反革命政变后，国民党反动派的狰狞面目已大白于天下，蒋介石的屠刀使杨一辰更加清醒地认识到：跟随国民党绝不能解决中国革命问题，只有中国共产党才能救中国；要想摆脱帝国主义压迫、欺凌，要使工农大众当家做主人，国富民强，只有中国共产党才能完成这一历史使命。这一时期，杨一辰阅读了大批马列专著和革命书刊，思想觉悟和政治理论有了空前的提高和发展。

1927 年 5 月，杨一辰经中共山东省组织领导人之一丁君羊介绍，加入了中国共产党，正如他在《杨一辰自传》中所说，"思想发展是有一个过程的，早期即受马克思主义影响，虽然有一段时间只注意求学，未参加革命活动，但是当求学道路受阻后就又转到革命的道路上来了"，"特别是我先接触马克思主义，后看三民主义，更觉得三民主义不能解决问题，同学中的共产党员一般比国民党员优秀"，"看了《新青年》《向导》《上海大学社会科学讲义》《共产主义ABC》《反戴季陶国民革命观》等革命进步书刊后，就更坚定地接受了共产主义的思想"。

大浪淘沙，洪流滚滚。时代的江河不断冲走污泥浊物，也不断洗刷着真金。年轻的杨一辰接受严峻的考验，加入中国共产党，开启了漫长而又艰辛的革命征途。

入党后，杨一辰担任中共山东省立一师支部书记（根据党的指示，并在国民党左派山东省党部内担任青年干事）。"宁汉合流"后，杨一辰退出国民党，全力投入我党地下斗争。在大革命失败、白色恐怖笼罩全国的艰难岁月，杨一辰做出这样的抉择，体现了坚定的理想、卓越的理智、过人的勇气，尤其难能可贵。

在教育界，杨一辰以老校友的身份支持省立一师的"驱李学潮"。山东军阀张宗昌起用清末状元王寿彭为教育厅厅长，大搞尊孔崇儒、读经复古，辞退各学校倡导新文化的教师，换上一批清末的举人、秀才，宣传三纲五常等封建伦理。省立一师思想开明的王祝晨校长被撤职，封建顽固的李鉴绅继任，李鉴绅把一些行将就木的老翰林聘来给学生讲经。这些反动行径和愚民政策，激起省立一师学生的无比愤慨。进步与腐朽、民主与专制展开激烈斗争，终于在 1927 年 8 月，省立一师爆发了"驱李学潮"。20 多名学生代表与李鉴绅进行谈判，因李鉴绅专横无理，被激怒的学生砸烂了校长室玻璃，实行全校总罢课。山东教育当局以"滋事生端、扰乱治安"为借口，开除邓广铭、邓广镇、王幼平等 10 余名学生，杨一辰也因涉嫌参加风潮而被解职，离开了省立一师附小。

1928 年春，杨一辰经考试，被胶济铁路坊子东站铁路小学录用为教师，以职业作为掩护，负责党的鲁东交通站工作。是年 5 月 3 日，济南发生"五三惨案"，中共山东省委特派宋琦来到坊子东站组织铁路工人罢工（目的是阻止日军利用胶济路向济南运兵）。结果罢工未成，宋琦被捕，杨一辰的身份也暴露了，国民党潍县党部派人去坊子小学逮捕杨一辰。经学校教职工的帮助、掩护，杨一辰脱险，返回济南，在山东省委机关担任秘书工作，兼任赤色救济会党团书记。虽然工作受到挫折，但通过复杂的革命斗争实践，杨一辰得到了锻炼。他逐渐能够准确分析敌情，掌握政策，学会本领，增长才干，成为一名日益干练的地下工作者。

"四一二"反革命政变后，国民党反动政府大肆迫害、逮捕共产党人，革命转入低潮。1928年底，中共山东支部成员之一王复元投敌叛变，其兄王天生亦投降国民党，在"二王"的出卖下，山东的党组织遭受严重破坏。1929年1月19日，杨一辰与山东省委的几位同志不幸被"捕共队"逮捕，关押在省警察厅看守所内。济南党组织正在研究如何营救，杨一辰等人也在狱中酝酿如何越狱。4月19日，机会来了，犯人中有一名土匪忽然趁夜越狱，杨一辰立即决定借机逃出牢房。他翻过看守所后墙，辗转跑到山东老教育家鞠思敏先生家中暂避。鞠老先生此前系省立一师校长，也是杨一辰父辈的挚友。鞠老先生协助杨一辰更换衣服，并赠给他路费，送他出了济南城关。

东北密战，险中建功

杨一辰经过月余跋涉，颠沛流离，风尘仆仆到达东北沈阳，又几经波折，终于在1929年5月找到了已在东北的张洛书（1927年蒋介石叛变革命后，张洛书退出国民党，经丁君羊介绍，加入中国共产党，当时在东北从事地下工作），经他介绍与中共满州省委接上关系，杨一辰又投身于东北地下工作。

当时的中共满州省委书记是刘少奇。1929年6月，杨一辰任满洲省委组织干事。7月，他以省委巡视员身份，去抚顺巡视工作，8月又回到省委任组织干事。杨一辰有较高的文化水平和深厚的理论基础，工作干练稳重，平易近人。身材高大、面色较黑的他，操着一口山东话，外表看上去活像一名工人，工友们都称他"大个杨""山东杨"。

在东北秘密战线工作期间，杨一辰亲自参加了几次重大政治活动和斗争，做出了多方面的贡献。

第一，是指导、帮助进步刊物《冰花》，扩大革命宣传。

《冰花》是1929年六七月由东北大学附中几位学生创办的进步刊物，主要创办人是郭维城（后来加入中国共产党，走上革命道路，1955年被授予少将军衔,曾任铁道部部长）。《冰花》杂志发行几期后，受到满洲省委书记刘少奇的注意，他问杨一辰："这个刊物很进步，我们同他们有联系吗？"杨一辰回答："没有联系，是自发搞的。"刘少奇随即指示曾任教师的杨一辰设法与《冰花》取得联系，指导、帮助《冰花》的编辑工作。

杨一辰几经周折，联络上了郭维城，并和当时的满洲团省委书记饶漱石一起，来到东北大学附中，面见了郭维城，称赞《冰花》办得好，明确提出愿意提供帮助。杨一辰还向郭维城推荐了《唯物辩证法》《反杜林论》等马克思主义著作，让郭维城组织《冰花》的编者们学习。此后，杨一辰几乎每周都到东北大学附中去找郭维城面谈，使郭维城在政治和文艺思想上都受到很大启发。杨一辰甚至帮助郭维城具体分析《冰花》刊出的每一篇作品，肯定成绩，指出不足。

在党组织的领导和杨一辰的具体帮助下，《冰花》的政治方向更加鲜明，思想理论水平不断提高，很快成为党领导下的宣传革命思想的文学刊物，受到越来越多进步读者的欢迎。同时,满洲省委也要求组织青年团员阅读《冰花》。虽然在 1930 年被奉天宪兵司令部勒令停刊，但《冰花》宣传了革命、进步的理论，促进了沈阳地区进步青年思想政治觉悟的提高，许多人就是受到《冰花》的影响，走上党指引的革命道路。

第二，营救刘少奇。

刘少奇 1929 年 7 月到任中共满洲省委书记后，十分重视奉天的工运工作，先派省委组织部部长孟坚、组织干事杨一辰到奉天纱厂和厂地下党组织联系。8 月 22 日下午，刘少奇亲自和孟坚一起来到奉天纱厂北门外小树林里，等待与厂地下党支部书记常宝玉接头。过了一会儿，下班的汽笛响了，厂门却紧闭着，不见有下班的工人从里面走出来。厂门口有几个厂警转来转去，似乎在搜寻着什么。刘少奇凭着长期地下工作的丰富经验，觉察到情况有变，马上决定转移，但是已经来不及了。一队厂警发现了刘少奇等人的行踪，持枪冲上来将他们团团围住。原来，工人党员崔凤翥叛变，向厂方告了密，常宝玉已在两天前被捕。

厂警将刘少奇、孟坚当作煽动工潮的嫌疑分子审问。审讯中，刘少奇只承认自己是武汉来的排字工人，叫"成秉真"，到奉天来找工作，对于煽动工潮的事情一无所知。厂警见问不出什么名堂，大失所望，又把常宝玉押来对质。所幸常宝玉之前没有见过刘少奇，说："不认识这个人。"

厂方没有抓住刘少奇等人的把柄，第二天将他们押解到奉天警察局商埠三分局，关押在临时看守所。8 月 26 日，警察局又将刘少奇、孟坚、常宝玉三人一起押解到奉天第一监狱。

刘少奇、孟坚失踪后，中共满洲省委在中央特派员陈潭秋帮助下，于 8 月 29 日确定以丁君羊、任国桢、饶漱石为临时常委，主持省委工作。杨一辰按照丁君羊的指示，负责寻觅刘少奇的下落。杨一辰找到奉天纱厂的团支部书记，从他那里知道刘少奇与孟坚一起被纱厂的警察抓捕了，关押在什么地方仍然不得而知。

当时恰巧有一名叫周世昌的共产党员正被关在奉天第一监狱，此时他的刑期快满了，监狱对他的看管比较松，还让他在监狱门口卖监狱自产的酱油。杨一辰利用这个机会，装着买酱油的样子，把瓶子递进去，顺便递进一张纸条，上面写着："设法弄清有没有新近被捕的党员，叫什么名字。"周世昌看了纸条，低声说："现在酱油只剩下底子了，不好，隔两三天再来吧！"杨一辰明白其中的含义，点点头就回去了。按照约定的时间，杨一辰又来买酱油，周世昌把装满的酱油瓶子递给杨一辰，顺手传给杨一辰一张纸条。杨一辰走到无人处，打开纸条，上面的文字内容大意是：通过河南老张（即杨靖宇，当时正在奉天第一监狱服刑，化名是张贯一）搞到确切情报，刘少奇刚关进来，化名是"成秉真"。

杨一辰连忙向满洲省委汇报。省委一面向中央报告，一面设法营救，并派杨一辰去奉天第一监狱探监。

不久，杨一辰提着一些水果、点心来到了监狱，在监狱的接见处等着与"成秉真"见面。一会儿，人被带来了，果然就是刘少奇。

这个与犯人见面的场所中间有个铁栏杆，彼此隔着一段距离，可望而不可即，要握个手都不行。两边都有狱卒看着，老是不停地催促："快点，快点，时间到了，不能谈了。"在这样的场合，当然不能详谈什么。

杨一辰问刘少奇："怎么样？"

"不要紧，估计过几天就可以出去了，请不用惦念。"刘少奇答。

杨一辰知道情况并不严重，便转而问："还需要什么东西？"

刘少奇说："用不着，只要存上点钱。"

杨一辰又说："我可以找个铺保做保人。"

刘少奇点点头，没有说话。

告别出来，杨一辰在狱警那儿存了240元的奉票，相当于20大洋，供刘少奇出狱打点时开销，并找到一个店铺做保人。

一个星期后，法院开庭审讯了。主审法官是刚从日本留学回来的洋学生，穿着法官大礼服，派头十足地坐在审判桌前，问刘少奇："你叫什么名字？"

"成秉真。"刘少奇沉着地答道。

法官又问了几个问题，刘少奇的回答同前两次不差分毫。

又过了几天，奉天高等法院对这一"煽动工潮"案的判决书下来了。对刘少奇、孟坚的判决结果是："证据不足，不予起诉，取保释放。"由于事先安排好了保人，刘少奇由法警带到一个叫"宝兴店"的小旅店后就被释放了。

满洲省委的同志见刘少奇安全脱险，十分高兴，立即把这一情况报告了中央。随后，中央回电，由刘少奇继续任中共满洲省委书记。

杨一辰为营救刘少奇出狱，日夜奔波，多方努力，做了很多工作。

第三，在沈阳开办"静远学馆"，发展党组织。

沈阳兵工厂是奉系军阀最大的军械生产基地，也是当时国内最大的兵工厂，有3万多名工人。刘少奇就任中共满洲省委书记后，把推动沈阳兵工厂的工运作为工作重点。1929年11月10日，在刘少奇主持下，中共满洲省委会议通过一项决议，即"兵工厂工作除找到旧有线索外，应在附近开办一所学校，以便接近工人群众，领导工人进行反帝斗争"。

杨一辰随即遵照中共满州省委的指示，化名杨静远，在兵工厂工人居住区的"东三家子"租赁两间民房，开办了"静远学馆"，自任教员。对于来"静远学馆"就读的学生，每人每月仅收学费八角。东三家子一带是贫苦工人的居住区，这样低廉的学费吸引了附近不少工人子弟来馆就读。杨一辰白天教工人子弟读书，晚上则免费办夜校，教工人们识字，借机宣传共产党的反帝主张和政策。

此前，刘少奇曾交代杨一辰："当年我在武汉工作时，认识了一个外号叫'刘扁头'的工人，还有一个姓舒的，他们都是汉阳兵工厂的党员。大革命失败后，他们来到奉天兵工厂当工人，你们一定要设法找到这两位党员，通过他们开展工作，壮大党的力量。""静远学馆"开学后不久，杨一辰就通过来学馆听课的工人联系到了刘少奇说的共产党员刘振东（即"刘扁头"）和老舒。他们听说杨一辰是刘少奇派来的，都十分高兴。

就这样，通过"静远学馆"这个公开渠道，杨一辰与沈阳兵工厂党团组织建立了联系，重建和改组了兵工厂地下党支部和赤色工会等组织，培养和锻炼了一批党员和工运骨干力量。

第四，组织领导北宁铁路的年关争"花红"斗争。

北宁铁路历年来有年终发放"花红"（奖金）的惯例，贫苦工人依靠"花红"勉强度过春节。1929年底，北宁铁路当局借口财政困难，宣布取消"花红"，引起广大工人的不满。杨一辰根据党的指示，深入大虎山、沟帮子、彰武、营口、锦州等主要火车站段调查研究，最终选择了党组织比较坚强的沟帮子站（锦州东）作为开展斗争的突破口。

为了开展工作，杨一辰搬到沟帮子党支部书记欧阳强家里住，详细传达了刘少奇的指示。在杨一辰指导帮助下，欧阳强多次召开支部会议，认真讨论了中共满洲省委的指示，确定了争"花红"斗争的策略。经过广泛宣传发动，工人们踊跃参加集会抗议，给路局施加了强大压力。在工人们据理力争和双方反复较量后，路局被迫按旧例给每名职工增发一个半月的工资，斗争取得了完全胜利。杨一辰勤奋干练，工作出色，受到了同志们的赞扬和好评。

两陷囹圄，威武不屈

杨一辰从济南越狱到达东北，到 1933 年 6 月，前后从事地下工作共达 5 年之久，先后任中共抚顺特支书记、中共抚顺县委书记、中共满州临时省委组织部长和满洲总行动委员会组织部长、中共沈阳市委书记、中共哈尔滨反日会党团书记和工会党团书记、东满代表团书记、中共奉天特委书记等重要职务。

因革命形势发展很快，工作职务和地点经常变动，对此，杨一辰不讲条件，不畏困难，坚决听从党的安排。特别是 1931 年"九一八"事变之后，东北三省沦亡在日寇的铁蹄之下，情况更加复杂，任务更加艰巨，在极其艰险困难的环境中，杨一辰怀着对党和革命事业的无限忠诚，努力工作，备尝艰苦，做出了重要贡献。

在东北地下斗争中，杨一辰先后被捕两次，遭受敌人的百般折磨和各种酷刑的考验，始终铁骨铮铮，威武不屈，表现了一名共产党员的高贵气节。

1930 年 11 月 9 日，满洲总行动委员会成员张浩受组织派遣，来到抚顺巡视工作，指导工人运动。10 日晚，张浩参加抚顺县委扩大会议，时任县委书记的杨一辰汇报了抚顺工人运动的发展情况，但这次会议被隐藏在党内的叛徒、特务范青向日本警察署告了密。11 日晚，张浩、杨一辰先后被逮捕入狱。由于敌人残酷用刑，杨一辰的左臂与右手都被吊挂致残，但任凭敌人百般折磨，杨一辰只字不吐，敌人毫无所得，最后只好以"莫须有"的罪名判处他一年徒刑。

身陷囹圄的杨一辰直到 1932 年 2 月才刑满出狱，这时东北已经沦亡，白山黑水间的 3000 万同胞饱受奴役与蹂躏，东北的党组织遭到日寇破坏，环境十分险恶。1932 年初，中共满洲省委从奉天迁到哈尔滨。杨一辰受命于危难之际，遵照中共满州省委指示，北去哈尔滨市担任哈尔滨反日会党团书记、哈尔滨总工会党团书记、满州省委巡视员、哈尔滨市委书记等职务，恢复与发展党的地下组织，进行抗日宣传活动，开展学运、工运，组织领导广大群众与日伪宪特展开各种形式的斗争。

杨一辰第二次被捕是在 1933 年。当年 4 月，熟悉奉天情况的杨一辰奉中共满洲省委之命离开哈尔滨，重返南满，担任中共奉天特委书记。当时奉天市特委领导的地区南至大连，西至山海关，东至安东（今丹东）。日伪为了加强反动统治，大肆搜捕、杀害共产党人和革命群众。奉天城内阴云密布，敌特横行，警笛四起，一片白色恐怖。杨一辰到奉天后不久，很快将奉天、本溪、清源等地的党团组织恢复了，特别是奉天市的党团组织工作开展得很活跃。但由于敌人撒网式监视，一个月后，中共奉天市团特委和本溪市党组织相继再遭破坏。

6 月 23 日，杨一辰带着党的文件，按照约定时间来到沈阳火车站，与先前"失掉联系"又要求"继续革命"的地下党员李芳五（此人已经叛变）接头，突遭预先设伏的敌人逮捕。敌人怕杨一辰逃跑，竟残忍地把他的双手钉在大车后板上，大车跑得飞快，而杨一辰不顾剧烈的疼痛，不停地高喊"打倒日本帝国主义""共产党万岁"等口号。

抓住了中共奉天市特委书记，伪警厅如获至宝，企图从杨一辰的嘴里得到重要情报，把奉天的共产党人一网打尽。他们先是对杨一辰拉拢利诱，见不奏效，恼羞成怒，又施以酷刑，反复逼问他："党徒有多少？都在哪里？"杨一辰理直气壮地回答："党员有成千上万，到处都有，在哪里我不知道。"见杨一辰宁死不屈，敌人于是另施诡计。

敌人的目的和诡计，杨一辰非常清楚。他想的不是个人安危，而是如何使同志们知道自己被捕，提高警惕，防止更大的损失，在那种情形下，他只好将计就计。当敌人问他的住址时，他随即回答住在铁西工业区，敌人为急于搜出文件、逮捕别人，立即派出一辆带车斗的大摩托车，派一个特务押解他，一个司机开车，向铁西方向开去。当摩托车行至大西门里东北浴池时，身躯高大有力的杨一辰，突然站起身来，用戴手铐的双手抓住特务的头，连同开车的司机，一并按在车把上，借机大声高呼："我是共产党负责人杨一辰，被日本人逮捕了！"被这突如其来的举动惊呆的敌人将杨一辰按倒狠打，但他仍高喊："打倒日本帝国主义！中国共产党万岁！"虽然时间极短，但杨一辰被捕的消息立即在沈阳传开。

接着，敌人用汽车把杨一辰押回警察厅，他又说自己住在北市场，敌人用汽车将他押至北市场时，他再次借机大声通报姓名，疾呼口号。虽遭敌特毒打，鲜血直流，但他凛然不惧，而且心生一计，对敌人说："来！过来！我小声告诉你谁是共产党。"愚蠢的敌人以为他忍不住了，要招供，忙把耳朵贴近杨一辰嘴边。不料，杨一辰朝敌人的耳朵狠狠咬去。敌人一看又上当了，怕他继续喊，赶忙又把他押回了警厅。

杨一辰的英勇行为引起狱中部分看守的崇敬和同情，有看守偷偷把新出的《盛京日报》给他看，上面刊登了他自己被捕的消息。直到这时，他才放下心来。

大智大勇，顽强斗争

杨一辰虽然身陷囹圄，但他大智大勇，采取各种手段与敌人展开针锋相对、不屈不挠的较量，留下了可歌可泣的英雄故事。

在敌人的法庭上，杨一辰凛然不屈，揭露日寇的侵略罪行，痛斥末代皇帝溥仪等汉奸的无耻卖国行径。他还想办法制造假象，迷惑敌人，造成敌人内部混乱。有一次，他乘敌不备，用竹筷子捅破耳腔，流血不止，敌人非常惊慌，以为他"七窍出血"，停止了对他的预定审讯。他在敌人面前嬉笑怒骂，常常弄得敌人十分尴尬。还有一次，一名汉奸翻译掏出手枪威吓他说："我毙了你！"杨一辰哈哈大笑说："把手枪给我，我敢枪毙你，你却不敢枪毙我！"致使这个盛气凌人的家伙只好讪讪地收起手枪。在审讯中，敌人提着大水壶恐吓要给杨一辰灌凉水，他说："用水管子我都不在乎，拿水壶灌，算得了什么？"杨一辰故意咬破腮部，吐出血来，敌人怕把他灌死，只好停止行刑。

在警察厅特高课，敌人加紧拷打审问杨一辰，使用灌辣椒水、悬空、高吊等残酷手段，肆意蹂躏折磨，杨一辰仍然意志如钢，毫不屈服。此后，敌人又采用不让杨一辰睡眠的办法，妄图在他神智不清时套出口供。杨一辰识破了敌人的诡计，以绝食反抗，假装昏迷，一言不发，弄得敌人毫无办法，辱骂他是共产主义的"亡命徒"。杨一辰就是这样以非凡的毅力、坚贞不屈的精神，忍受身心极大的痛苦，与敌人斗智斗勇，巧妙周旋。

1933 年 8 月，杨一辰案件转到伪满奉天高等法院。在这个法庭上，杨一辰再次揭露与控诉伪满反动统治的傀儡面目。经过审讯，杨一辰最终被判处 12 年徒刑，于 1934 年春被押送奉天第一监狱，强迫服劳役。

杨一辰在奉天第一监狱服刑期间，被分到监狱工厂最脏、最累的翻砂（即铸造）车间。那里的人都知道杨一辰是共产党的书记，很英勇，有骨气。杨一辰平易近人，很快便和工友们打成了一片。他口才好，讲起国家大事头头是道，工友们都愿意接近他。

其中有一位铸造技师叫王宏久，和杨一辰是山东老乡，他对杨一辰被捕后的表现和处境从同情发展到敬重。天长日久，二人成了无话不谈的朋友。王宏久有时受杨一辰之托买书、买报，有时帮他送信。家里做了好吃的，像饺子、包子等，王宏久从不忘给杨一辰带一份，让他悄悄地在车间僻静处吃了补充营养。

杨一辰虽然身在牢狱，但时刻挂念党组织和与之共事的同志们。在王宏久的帮助下，杨一辰和后任奉天特支书记张适、夏尚志等人保持了联系，及时向中共满洲省委报告了沈阳、本溪一些被捕党团员的表现以及尚未被破坏的党的基层组织的情况。中共满洲省委根据杨一辰报告的情况，得以重新任命党组织的领导人，尽快恢复了与各基层党组织的联系。

奉天监狱里没有正式的党组织，但是有一个"狱支"，由较早入狱的共产党员赵毅敏（被捕时任满洲省委宣传部长）负责，杨一辰入狱后，就由他负责了。杨一辰带领大家学习革命理论，传阅革命书刊，讲革命故事，唱国际歌，团结同志和狱中难友，感化影响狱警，营救同志，大家都尊敬地称他为"大哥"。"狱支"在杨一辰领导下，还发展了桑升堂、温建平两名党员（桑升堂是监狱医务所的看守，温建平是因政治嫌疑入狱的中学生）。

杨一辰还曾写诗言志，给狱友们传看，鼓舞斗志：

统治阶级，设此监牢。

囚吾志士，肆彼横暴。

但吾志士，忠贞在抱。

心非石兮不可转，汤可赴兮火可蹈。

善摄生兮保此身，持其志兮气勿躁。

奋斗，奋斗，红日五洲普照！

同监室的一位同志问杨一辰为什么有那样的斗争勇气，杨一辰说，千古最难唯一死，只要有坚强的共产主义信念和必死的决心，就什么也不怕了。他还在另一首诗中写道：

生为革命生，死为革命死。

不愿苟且生，但愿壮烈死。

大节有微亏，志士所深耻。

布尔塞维克，顽抗与坚持。

坚决复坚决，勉哉我同志。

1936 年春夏之交的一天，日本宪兵队为"追查余党"，又把杨一辰押到宪兵队进行刑讯。一连七天七夜，敌人轮班刑讯，所有刑罚全用上了——灌辣椒水、钉扦子、上大挂、坐老虎凳、硫酸水烧、烙铁烙，把杨一辰摧残得遍体鳞伤，但仍一无所获，只好又把他送回监狱，并说过几天还要提他去辨认"同党"。

杨一辰回到翻砂车间后，立即请求王宏久给党组织的同志送去一张字条，字条上写道："我在狱中患传染病，请勿探望，病愈之后，定可回家。"这是杨一辰为了保护党组织免受破坏，主动同狱外党组织割断联系。当时外面风声也很紧，党组织屡遭破坏。从此，杨一辰同奉天特委断绝了联系。

杨一辰知道敌人不会善罢甘休，还会继续逼问他、折磨他，让他出去指认同志。于是，他和王宏久暗中商量对策，弄了点废硫酸，倒在自己脸上，脸和眼睛被强烈灼伤，使敌人无法再让他出去对证、认人、抓人。王宏久还因此向监狱打了报告，杨一辰被批准到医务科治疗。病情稍有好转的杨一辰又被迫回翻砂车间劳动，王宏久借口杨一辰身体不好，让他当了计数夫（杂役）。

为了早日从监狱里出去，继续为抗日工作，杨一辰和王宏久商量了一个万不得已的办法，用大量白灰涂在眼睛上，造成病情非常严重的假象。王宏久把杨一辰送到医务所，医务所的狱医王常泰是王宏久的朋友，长期受杨一辰等感化影响，同情革命者，他将杨一辰诊断为丹毒症，称随时有生命危险，需入病监治疗。

杨一辰先前曾经赵毅敏介绍，认识了几个对革命抱有同情心的狱警，对他们做了许多争取教育工作，他们也愿意帮助杨一辰早日出狱。

经多方帮助，杨一辰获得 3 年减刑，于 1940 年 12 月 23 日被"保释就医"，终于出狱。从 1933 年 6 月被捕入狱，至 1940 年 12 月被释放出狱，杨一辰这一次坐牢时间前后 7 年半。

出狱后，杨一辰无处安身，王宏久就偷偷地让杨一辰住在自己家，又出钱找大夫给杨一辰医治眼睛。眼睛渐好后，杨一辰就白天出去找党的关系，夜里回王宏久家。当时，奉天党的地下组织全部被敌人破坏了，关系始终接不上，杨一辰决定回自己的家乡。仍然是王宏久在经济极其紧张的情况下，勉强给杨一辰凑足了火车费，送杨一辰离开了奉天。

转战关内，继续革命

杨一辰离开了奉天，离开了工作了 11 年的东北大地，回到自己的家乡山东省金乡县湖西抗日根据地。家乡的面貌变了，他的叔父杨汉章、杨经元、杨赞元及堂弟杨希文等均已参加了中国共产党领导下的抗日工作。

1941 年 1 月，杨一辰到中共湖西地委报到，受到地委书记潘复生、组织部长陈璞如等人的热烈欢迎。在等待上级指示之前，湖西地委暂时安排杨一辰去湖西中学教书。在湖西中学，他以渊博的知识、丰富的经历、满腔的热情，勤奋教学，受到广大师生的敬仰和称赞。1942 年 2 月，杨一辰离开湖西中学到中共山东分局机关工作。

机缘巧合的是，为了参加中共七大准备工作，刘少奇于 1942 年 3 月从苏北阜宁单家港出发，转经山东，前往延安，8 月初来到金乡县鸡黍镇，见到了湖西地委书记潘复生等同志。到达金乡的第三天晚上，湖西地委的同志问刘少奇是否认识杨一辰，刘少奇连说："认识，认识，我们一起在奉天工作过。"湖西地委的同志向刘少奇汇报了杨一辰组织关系丢失的情况。刘少奇急切地说："快找他来。"第四天晚上，杨一辰赶来，大步走上前，紧紧握住刘少奇的手，激动地说："想不到，在我的老家有幸见到您。"杨一辰接着汇报了刘少奇离开东北后自己的工作和狱中斗争的情况，刘少奇当即为杨一辰证明了组织关系。经过党中央的审查和刘少奇、赵毅敏等同志证明，杨一辰 1939 年前的历史被查清，恢复了组织关系。

此后，杨一辰历任中共山东分局组织科长、城市工作部长，并短期担任中共青岛工委书记、中共济南市委书记等重要职务。当时，抗日战争正处在战略相持阶段，日寇在他们控制的城市施行残酷的法西斯统治，导致汉奸、特务横行，人民陷于水火之中，组织、开展城市地下工作十分困难。另一方面，山东的党组织在十年内战中连遭破坏，抗战前夕虽有所恢复，但大部分党员离开城市，投入抗日武装斗争，因此山东的城市地下工作基础薄弱，难度很大。

在这样困难的情况下，杨一辰秉承中共山东分局指示，运用他多年地下斗争的经验，贯彻"隐蔽精干，积蓄力量，长期埋伏，以待时机"的战略方针，在济南、青岛、徐州等城市和交通要道，派干部打入敌营内部，开展工作，建立党的市委或工委，发展、壮大党的组织，开展抗日救国宣传，奠定了良好的工作基础，对以后解放城市、接管城市发挥了重大作用。

解放战争时期，为对付国民党军队大举进犯山东解放区，1947年春，山东成立了支前委员会，杨一辰担任省支前委副主任兼人力动员部长和华东野战军兵站部政委，广泛动员人力、物力，支援人民军队保卫解放区，做了大量艰苦细致的工作。

1947年秋，杨一辰带领山东支前队伍随陈、粟大军进军豫皖苏，并策应刘、邓大军挺进大别山。当时的解放区元气未复，又遭受国民党军队摧残破坏，在十分艰难的环境下，杨一辰与大家研究情况，总结经验，依靠群众，保证了前方作战的需要。淮海战役后期，为保证在肖县、永城一带追击敌人，解放军急需粮秣。杨一辰当机立断，亲自率领2000名老区民工在新区筹粮，仅仅4天就筹粮300万斤，有力地支援了前线。他运筹得法，办事敏捷，被公认为杰出的后勤领导人。

1948年，杨一辰遵照党的指示，出任中共豫皖苏分局委员兼行署领导职务。河南全境解放后，杨一辰又改任中共河南省委组织部长和省委第二副书记。

中华人民共和国成立后，杨一辰担任中共河南省委副书记兼城工部部长。1951年，杨一辰被推选为中国共产党组织工作者代表团成员赴苏联访问，在莫斯科出席十月革命节观礼，并受到斯大林的接见。1952年初，杨一辰又奉命南下广州，任中共广州市委第二书记，中共中央华南分局常委、部长和第一副书记。在中南地区，他认真贯彻党的方针政策，带领群众恢复、发展生产，休养生息，进行各项社会建设，不辞劳苦，努力工作，建树颇多。

1955年冬，为了加强农副产品的收购、加工和储运工作，国务院决定，把原由商业部和外贸部分别经管的大宗农产品收购业务统一整合，增设农产品采购部，杨一辰奉调来到北京，担任农产品采购部部长。此后，杨一辰又曾担任国务院城市服务部长、第二商业部长、商业部长等重要职务，并被选为八届中央候补委员。1958年冬，杨一辰因对"大跃进"搞浮夸有不同意见，被贬到青海省工作，降为商业厅厅长。1961年3月，又调任河北省常务副省长。

杨一辰虽然有数十年革命工作实践锻炼和丰富的领导经验，具有多方面的才干与能力，但在国务院及地方省区工作中，他仍然虚怀若谷，一丝不苟，认真学习新知。农产品采购、城市服务、商业等对他来说是生疏的工作领域，为了胜任新工作，他先当学生，后当先生，下苦功夫，费大力气，依靠马列主义和毛泽东思想，认真学习，潜心研究，熟悉业务，掌握规律，依靠群众，尊重科学，开创了工作的新局面。在青海工作期间，为大兴深入钻研之风，他亲自在黄河流域研究大枣种植，撰写《提倡大种枣树》的论文，还曾亲自调查研究青海湖资源利用，写成了综合开发青海湖的规划与建议，送交党中央、国务院有关方面参考。

十年"文革"，高节磊落

1966 年 5 月，"文革"开始，杨一辰遭受到空前的迫害。1967 年 5 月，身为中共河北省委常委、常务副省长的杨一辰被当作"刘少奇被捕时的重要知情人"逮捕关押。

杨一辰对刘少奇 1929 年在沈阳被捕确实知情，但经调查核实，刘少奇并无"叛徒"行为，此事早有结论。在"文革"的特殊状况下，所谓的"刘少奇专案组"秉承"林彪、江青反革命集团"的意旨，非要把刘少奇打成"叛徒"不可。为达到这一罪恶的目的，"专案组"指鹿为马，倒行逆施，对杨一辰严刑逼供，生活上进行百般折磨、虐待，精神上予以恐吓、利诱。但是，即使被打断一根肋骨，打掉三颗牙齿，杨一辰始终坚持共产党员的党性原则，立场坚定，是非分明，坚决抵制"林彪、江青反革命集团"的淫威，拒绝诬陷刘少奇。他始终只有一句话："你们就是用枪毙了我，我也不能说假话，不能做违心的事情！"

1975 年 5 月，"专案组"强行给杨一辰扣上"叛徒"的帽子，宣布开除他的党籍，并将他押送天津塘沽农场劳动改造。此时，杨一辰年已 70 岁。同年 9 月，杨一辰因身体虚弱多病，获准回保定家中养病，至此，他已被"林彪、江青反革命集团"非法关押、监禁共达 8 年之久。

老骥伏枥，工作终生

1979 年 1 月，中共中央组织部接杨一辰到北京治病。1980 年 1 月，中共中央给蒙冤多年的杨一辰彻底平反，恢复名誉。杨一辰虽经无端迫害和折磨，但始终毫无怨言，从未动摇过对党的忠诚和信心。

平反后，杨一辰先后在河北、河南任职。对于那些已经失去的被剥夺工作权力的时间，杨一辰深感惋惜，因此他不顾年事已高，仍要在有生之年努力为党和国家多做些工作。1980 年 10 月 15 日，因劳累过度，杨一辰在河南省人大常委会副主任岗位上突发脑溢血，不幸病故，享年 75 岁。

杨一辰的一生历尽各种危难和艰险，4 次坐牢，出生入死，前后共达 17 年之久，身心遭受极大的摧残和痛苦，但他忠心赤胆，坚贞不屈，极其典范地表现了共产党人的高尚气节和斗争精神。他早年追求真理，矢志救亡，在党的旗帜下开启革命征途，先是长期战斗在秘密战线，新中国成立后走上省部级领导岗位，"文革"中又蒙冤多年。晚年昭雪，老骥伏枥，尚有廉颇之志，可惜天不假年。这样的人生不可谓不传奇，而这样的革命前辈，何止成百上千？正是因为有了他们的斗争实践和精神传统，才有了党和国家建设的辉煌成就，才有了中华民族伟大复兴的光明前景。斯人已逝，风范永存，百代不朽，万古流芳！

【参考文献】

[1] 王立中，王寒松 . 白色恐怖下的生死情——原奉天特支书记杨一辰与我家的交往 [J]. 党史纵横，2006（9）:52—54.

[2] 赵东阜 . 北国《冰花》迎春开 [J]. 文秘之友，1998（6）:32—33.

[3]张广恩.北宁路工人争"花红"斗争[J].社会科学辑刊，1982（4）:107—109.

[4]李景瑞.给中央领导送样茶的特殊经历[J].世纪，2013（2）:36—37.

[5]郭梅.郭维城与《冰花》杂志[J].百年潮，2018（10）:69—71.

[6]黎清.寒夜苦斗——中共满洲省委历届更迭概述[J].党史纵横，1997（10）:4—7.

[7]焦阳.火种——纪念中共满洲省委建立65周年[J].党史纵横，1992（5）:46—47.

[8]吴限.奉天兵工厂党支部——利用工人夜校发展党员壮大组织[N]辽宁日报，2021-5-7（8）.

[9]刘明钢.刘少奇奉天入狱历险[J].党史纵横，2009（7）:22—23.

[10]吕凌飞.刘少奇在金乡14天[J].春秋，2012（1）:4—8.

[11]杨坚白.威武不屈的共产主义战士杨一辰[J].社会科学辑刊，1984（2）:119—121.

[12]贾玉彬.为了这片黑土地——张浩在满洲省委[J].龙江党史，1998（4）:39—42.

张静源

◎满维鸿

张静源，原名张守安，化名舒实夫。滨州博兴高渡村人。1917年考入山东省立第一师范学校，1921年毕业，先后在滨州博兴、青岛崂山、城阳、沧口及烟台海阳、牟平等地多所小学执教。1928年加入中国共产党，曾任宋哥庄小学党支部书记、沧口区委委员，1932年因暴露被党组织转移到莱阳，重建中共莱阳县委，成立中共胶东特委和中共莱阳中心县委，担任书记职务，为胶东党组织早期奠基人之一。1933年10月被叛徒暗杀，时年32岁。

新民主主义革命时期，山东半岛在党的领导下创造出别具特色的胶东红色文化，无数共产党人用生命谱写出爱党报国的壮丽篇章。张静源，中共胶东特委的第一任书记，就是这些英勇的胶东儿女代表之一。

作为胶东地区党组织建设的早期奠基人，这位意志坚定的革命者身上，有很多的"第一"为人津津乐道：他是滨州博兴历史上第一位共产党员，致力于传播马克思主义，在他的帮助下，滨州第一个农村党支部——高渡村党支部得以建立，为该地区革命工作的开展做出重要贡献。[①] 他是知行合一、学以致用的教育先行者，是无私忘我、以身许党的革命引路人，从滨州到青岛，再到胶东半岛，他走到哪里，革命的火种就播种到哪里，他曾经深情说道："我要为党的事业奋斗到底！如果我死了，能立块二尺长的小碑，写上'社会主义者张静源'，表达我对党的忠诚，也就心满意足了。"[②] 他从加入党组织那一刻直到生命的终点，始终如一地践行誓言，初心如磐，忠诚无悔。

张静源身材消瘦，眼神明亮，面容清癯，因门牙稍长，被战友和群众亲切地称为"大牙"。

革命缘起：锦秋启蒙

1901 年 10 月，张静源出生于山东博兴县阎坊乡高渡村的一个普通的农民小康家庭。博兴自古重教，民风向学，张静源 7 岁被送入本村私塾，开始接受儒家传统文化教育。1905 年，清朝废除科举制，全国各地陆续兴办新学。1910 年，天资聪颖、好学上进的张静源顺利通过选拔考试，进入博兴官立锦秋高等小学堂（即原"锦秋书院"），开始接触新式教育。[③]

"锦秋书院"是历史记载中博兴县最早的官办教育机构，康熙年间建立，几经变迁，由官学改为义学，费用由县里募捐。学校一直重视学生德行文化的培养，"诸生朝夕于斯，相与讲其德行，习其文艺，以优游乎仁义之途。其遇也，鼓吹休明，备国家任使之用；其未遇者，亦敦诗说礼，使乡党之中皆熏其德而善良焉"，是一所人才辈出的百年名校。光绪三十二年（1906）

①博兴县党史办公室：《博兴文史资料第 1 辑：博兴县最早的党支部——中共高渡支部简介》，滨州地方新闻出版局，1984 年版，第 30 页。
②刘同钧：《胶东之光（1930—1937）：第一任中共胶东特委书记——张静源传略》，山东省新闻出版局，1990 年版，第 61 页。
③黄悦新：《博兴文史资料第 5 辑：清朝末年的的博兴教育》，滨州地方新闻出版局，1990 年版，第 68—71 页。

改为官立高等小学堂后，学校开始进行新式的教学改革，教授国学之外的科目，先后培养了张静源、赵炎周、刘顺元、马千里、张福林、王绍堂、王苇塘、宋永韬等多位博兴籍早期的革命家，为博兴县马克思主义思想的传播、早期革命组织的建立奠定了重要基础。[①]追溯这些革命家的人生历程，会发现其爱国思想的初期萌芽应当与锦秋学堂所进行的新式教育、爱国教育密不可分，或者可以说，这是博兴早期革命家们革命思想共同的发祥地。

革命起点：求学济南

乡村教师如同普罗米修斯将革命的火种传播到广大乡村，向农民宣传了革命思想，并组织他们起来反抗压迫和剥削，参与革命，由此中国共产党实现了重大转变。研究者进一步指出，1920 到 1930 年，中国大多数的乡村教师都接受过各种现代教育，他们中有将近一半接受过师范教育。师范教育在民族国家的形成和社会转型中承担了重要的社会和政治角色。[②]

这些乡村教师之所以被赋予这样的历史使命，缘于民国初期国家大力发展师范教育，各类师范学校里聚集着大量受过现代高等教育的知识精英，他们向学生传播改良、革命的思想观念，许多师范学校因此成为改革者和革命者的培训基地，而这些未来的乡村教师则是在这里接受了最初革命思想的洗礼。[③]

山东省立第一师范学校正是这类师范学校中的一个典型代表。1914 年，山东根据国家统一部署，撤销国立山东高等师范学校，改为山东省立第一师范学校，将原济南、泰安和武定等三个地方的省立初级师范学校并入，

---

① 黄悦新：《博兴文史资料第 2 辑：民国前期（1912—1936）的博兴教育》，滨州地方新闻出版局，1985 年版，第 87—95 页。

② 刘昶：《革命的普罗米修斯：民国时期的乡村教师》，中国乡村研究 2008（00），第 42—44 页。

③ 丁留宝：《乡村教师：乡村革命的播火者——以安徽农村党组织建设为例（1921—1931）》，上海师范大学硕士论文 2007 年，第 80—81 页。

校长仍由原山东高等师范学校校长、山东著名教育家鞠思敏担任。1916 年，东渡日本取得早稻田大学硕士学位的于明信返回山东，继任校长一职。鞠思敏、于明信以及后来继任的王祝晨都是山东同盟会早期会员，是山东独立运动的重要参与者，也是山东省立第一师范学校前身——山东师范学堂的毕业生，师范教育是他们接受新思想的启蒙之路。他们认为唯有广办教育，培养人才，方能实现国家强盛。于是，这几位校长都在任内大力推广新文化运动，推进新式教育改革，聘请名师名家执教，宣传民主科学思想。[①]

在他们的共同努力下，山东省立一师学术氛围浓厚，学风校风积极向上，一方面促进了山东革命运动的兴起和思想的传播，另一方面，也为学生参与、推进革命工作创造了条件，培养了众多思想进步的学生。在当时省内一众学校中，山东省立一师享有较高的社会声誉。这一切吸引了大量优秀学子前来就读，也吸引了爱国少年张静源，他在博兴锦秋高等小学堂就读时已接受到新式思想启蒙，希望通过教育可以改造和复兴衰败的国家，于是 1917 年，高小毕业后，品学兼优的张静源考入山东省立第一师范学校。

在省立一师读书期间，张静源除了认真学习校方规定的专业知识，还广泛接触校内外各界进步人士，跟随他们的指引，大量阅读文史类、社科类的进步书刊，积极接触各种进步社会思潮。20 世纪 20 年代是中国各种思潮迅猛发展的时期，三民主义、马克思主义、国家主义、自由主义、民族主义、文化保守主义等，各种文化政治思潮引起广泛热烈的社会影响。张静源在这种环境里，深入思考国家、民族的前途命运，试图寻求救亡图存之道，对社会现实的认识从感性迅速上升成为革命的意识。应该是在这个阶段，张静源开始接受孙中山"三民主义"思想和马克思主义思想的熏陶和影响。

1919 年，五四爱国运动爆发，山东省立一师成为传播革命思想、组织抗议活动的中心，张静源和一师的师生们一起走向街头，宣传爱国进步思想，散发传单，发表演讲，组织民众抗议政府的内政外交举措。在这些实践活

[①] 张春常，李秋毅：《济南师范学校百年史》，齐鲁书社，2002 年版，第 26 页。

动中，张静源得到了锻炼并迅速成长，对他后来传播马克思主义、组织党建工作等起到重要作用。

革命奋进：博兴执教

1921 年，张静源自省立一师毕业后，回到家乡滨州。他首先被安排到博兴史口村（现东营垦利区）任小学教师[①]，他学识广博，授课认真，深受师生和家长广泛好评，由于成绩突出，1923 年，应博兴县教育局之邀，被博兴县教育局聘为"视学"[②]。

"视学"又称"督学"，源于晚清的教育改革"官督"制度，自"废科举、兴学堂"后，清政府为保证改革推进，保障教育质量，在全国范围内建立的视导制度，民国初延续了这一制度并进行推广和改进。一般来说，县"视学"人选应具备"选本籍绅衿年三十以外，品行端方，曾经出洋游历或曾习师范者"，规定必须常驻县城，"以时巡察各乡村市镇学堂，指导劝诱，力求进步"以保证视察、督导的效果。[③]此时的张静源年仅 22 岁，从事教育工作仅一年时间，被赋予这一重要职务，可以视为社会各界对其教学能力、管理能力的普遍认可，评价不可谓不高。但张静源在现实工作中发现，所谓的"视导"实际"效能之未见显著"，甚至"考其成效，多不足观"，"视学"一职可能给他带来高官厚禄、远大前程，却不能真正帮助社会底层人民，施展其教育报国的理想。1924 年，受友人邀约，张静源辞去世人眼中的优渥公职，离开故乡博兴，前往青岛崂山九水，担任李家庄小学教员，重启待遇微薄、事务繁重的乡村教师生涯。

―――――――――

① 博兴县党史办公室：《博兴文史资料第 1 辑：博兴第一个共产党员——张静源烈士（1901—1933）》，滨州地方新闻出版局，1984 年版，第 26 页。
② 山东省地方史志办公室：山东省省情资料库·博兴县地情资料库·人物传略·张静源.2022 年。
③ 聂宏凯，贾小壮：《民国时期中国教育督导制度探析》，长白学刊 2008（02），第 140—141 页。

革命蜕变：青岛治校

张静源在李家庄小学任教时条件颇为艰苦，乡村小学教师待遇低，生活普遍窘迫，但张静源安于清苦，乐在其中。他关心学生，教学认真，友爱同仁。曾经有一次洪水暴发导致校舍倒塌，他不顾个人安危冲入废墟，接连救出李红玉等 6 名师生。救援中，只顾救人的张静源左手不慎被玻璃划破，伤口很深，失血过多，当时乡下医疗条件简陋，没有得到及时的医治，以致张静源终生左臂残废。这一次受伤还导致他患上恶性贫血症，对身体的损害很大，但年轻的张静源不以为意，依旧积极主动做好教学管理各项工作，事为人先，关爱同事，工作之余热心帮助乡邻做些简单农活，备受校内外的尊重和认可。

自 1924 年起，张静源先后在崂山区九水李家庄、城阳区赵哥庄等小学任教。1927 年，在青岛礼贤中学（现青岛九中）附属小学任副校长时期，张静源加入了国民党。同年，因德才兼备，学识深湛，张静源被沧口区宋哥庄小学（现徐家小学）聘为校长。这时的宋哥庄小学在校生仅有百余人，四个初级班，校舍简陋，办学条件很差。更重要的是，因学校容纳量有限，仅可以提供寥寥有限的座位，无法满足周围许多贫苦农民孩子上学的需求。看到这一切的张静源忧心如焚，他知道，想要招收更多农家子弟入学，唯有扩建学校，加强基础设施建设。于是他四处奔走，说服村民们将刘姓、徐姓的祠堂腾空，简单修整作为教室；和爱人李淑德[①]省吃俭用，捐献出两个人的大部分工资用于办学，同时向社会知名人士募捐，动员家长、师生捐款等，想方设法募集经费，来购置教学设施，改善办学条件，以招收更多的学生。为了传播革命思想，张静源还在村子里建立"广益图书馆"，自费购买图

---

① 李淑德，张静源妻子。字润吾，又名李浮萍，同为宋哥庄小学教师，潍坊安丘景芝镇人。

书进步书籍，如《十月革命》《莫斯科印象记》《马列主义浅说》《呐喊》《彷徨》《野草》《华盖集》《中国小说史略》等，供进步青年学习研究，这里成了张静源传播革命思想、团结工农群众的阵地，很多人都在这里接受革命的启蒙教育，走上革命道路。

张静源在宋哥庄小学积极推行教育改革，设立初级班和高级班，免费招收贫民子弟入学，提倡男女兼收。教学之外，他还组织在校学生成立读书会、军乐队、体育队、文娱队等，丰富学生学习生活，提高学生综合素质。就这样，仅仅三年时间，1930年前后，宋哥庄小学从4个班猛增到12个班，在校生增加到了400余人，学校发展迅速，社会反响很大。时至今日，李沧的老党员徐守保提起老校长张静源仍记忆犹新，"他把学生当成自己的孩子，一心一意为百姓，帮穷人、办学校、打土豪，我们这一片的老人们都知道张静源"[①]。

在宋哥庄小学工作的这段时间里，张静源的思想也发生了重大转变，1927年"四一二"反革命政变的发生，原本笃信"三民主义"的张静源看到蒋介石背叛革命，大肆抓捕杀害共产党员，他愤然脱离国民党。张静源渐渐认识到，只有马克思主义和中国共产党才能拯救中国。

这个时期国民党实施白色恐怖统治，大量优秀的共产党员被捕甚至牺牲，有些不坚定的共产党员开始自动退党，甚而自首揭发他人，一时间党组织损失惨重。此时26岁的张静源已担任一校之长，且治校有方，在青岛教育界已经享有一定声望。他和爱人李淑德同心同德，互相支持，本可以在教育领域成就一番事业，度过相对安逸平稳的一生，但坚定了信念的张静源逆行而上，毅然在这个时候做出了笃信一生的选择，经共产党员张子健介绍，1928年，张静源加入中国共产党。

根据中共青岛市委的指示，1928年11月，宋哥庄小学成立党支部，张静源任支部书记[②]，以学校为基地，领导大枣庄、仙家寨、南渠、赵哥庄、

---

① 网易青岛：《探寻李沧党史——星火耀胶东，浩气贯长虹，胶东革命"播种人"张静源在李沧的热血岁月》，2021年3月29日。

② 中共青岛市委党史资料征委办公室：《中共青岛党史大事记（1921—1949）》，中共党史出版社，1990年版，第58页。

李村等地下党组织的工作。从此，张静源一边尽心尽责从事教育工作，通过学校传播进步思想，培养人才；一边在学校的掩护下，积极从事宣传马克思主义、扩大党组织的工作。他的工作卓有成效，宋哥庄小学蒸蒸日上的同时，党组织的工作也迅速壮大，仅在宋哥庄小学，就发展了10余名党员。

1929年，青岛日商各厂工人联合大罢工进入高潮，白色恐怖加剧，中共中央发出指示，青岛纱厂工人的斗争是党目前的主要工作，应用全力来领导，并进一步提出动员各支部深入到群众中做宣传鼓动工作，建立群众组织，支援罢工工人，训练工人骨干等具体9条措施[①]。根据这一指示，是年底，张静源创办了"平民夜校班"，他发动宋哥庄周边在日本富士纱厂（后青岛国棉七厂）工作的50多名工人参加学习，并亲自给学员上政治课。除了传授文化知识，他深刻剖析地主、资本家剥削的本质，阐明工农阶级受剥削、受压迫的根源，说明如何消灭这个不合理的制度，指明工人农民斗争的方向，发动学员们组织起来为争取自身权利进行反抗。

"平民夜校"的规模日渐壮大，其中一些学员在富士、钟渊、宝来等纱厂工作，张静源就在其中培养一些骨干成员，发展为党员，通过他们把工人群众组织起来，领导工人斗争，扩大斗争声势。1930年6月，钟渊纱厂首先开始组织驱赶工贼的活动，张静源一直在一线指导，亲自刻印传单，起草行动口号。在中共青岛市委的领导下，宝来、富士、隆兴、大康、内外棉等各个纱厂纷纷响应，提出增加工资、缩短工时、改善生活等要求，这场罢工持续了几十天，社会反响很大。

1931年春天，中共青岛市委被敌人破坏，除了张静源领导的宋哥庄小学党支部得以保持，其他党支部都已经无法正常开展工作，党在青岛的工作暂时陷入僵局。1932年初，山东省委派李春亭到青岛整顿党组织，开展工人运动。在张静源的协助下，李春亭通过宋哥庄党支部与沧口区各大工

---

① 中共青岛市委党史资料征委办公室：《中共青岛党史大事记（1921—1949）》，中共党史出版社，1990年版，第66页。

厂取得联系，领导了大康、富士等纱厂工人一系列罢工，参与工人上千人，虽然这些罢工活动最终被国民党军警镇压，但也有力打击和抑制了日本资本家们。

除了积极组织工人运动，为推动社会进步和妇女解放，张静源还开办了"妇女夜校班"，先后有 30 多名中青年妇女报名参加学习，这引起了封建势力的公开反对。张静源没有与之直接发生冲突，而是发动师生，巧妙地教训了反动者的带头人——村长刘作澍，刘作澍表面上暂时让步，实际并不甘心。1930 年春天，刘作澍伙同其表兄、地主陈金三一纸诉状递至李村法院，诬告张静源绑架殴打。法院公开审理之日，张静源侃侃而谈，称妇女学文化本是好事，刘某身为村长，应当支持，却污蔑这种行为"大逆不道、有伤风化"，自然要引起公愤，这是咎由自取。此事获得了百姓的普遍支持，刘作澍、陈金三难以继续刁难，法官也只好宣告结案，不了了之。[1] 张静源的有勇有谋由此可略见一斑，对待反对势力，他并没有针锋相对，而是机智巧妙略施小惩，借此廓清蒙昧，启发民智，推动民众学习文化，使民众从封建陈旧思想束缚中解放出来，为革命思想的传播创造条件。

长期高强度的革命工作，加之四处奔波，原本就有旧病的张静源病痛缠身，有时候胃病发作呕血不止，但他并没有因为身体原因停止，反而更投入地开展工作。由于张静源频繁地组织各类社会活动，党内外开始有越来越多的人关注到他。1932 年清明前后，日本特务通过青岛纱厂罢工成员确定了张静源的身份，限令国民党"逮捕共产党人张静源"。当青岛市总警察局到宋哥庄小学进行抓捕时，张静源已经提前获得密报，在教职工的掩护下脱离险境。国民党发布了通告到处通缉抓捕张静源，当晚，张静源和几个党员在泊村西高地烧毁了党组织的机密文件，研究制定了后续的斗争策略，安排好这一切，经山东省委批准，张静源转移到莱阳继续开展革命工作。

---

① 谢明钦：《烟台党史通讯第 1 辑：深切怀念张静源同志》，中共烟台市委党史资料征集研究委员会，1985 年版，第 41 页。

革命星火：助力博兴

接受过共产主义思想洗礼的张静源并没有忘记家乡，每当放假返乡探亲，他便抓住各种机会宣传革命思想。1929 年春节期间，回乡的张静源发现村里贫民子弟求学无门，于是带领村民将村里的"真武庙"改建成小学，他带头推倒庙里的神像，添置学习用具，专门吸收因贫苦失学的农村儿童入学。不仅关心孩子的成长，他还在村里建起两处夜校，开办"平民识字班"，亲自在夜校讲课，教农民学习简单的文化知识，传播革命思想，参加的青年农民有四五十人之多，很多人从这里第一次听说马克思主义。据记载，有一次，张静源在黑板上画了一个坟墓，坟墓的下面是受苦的百姓，上面是一顶乌纱帽，他告诉学生，中国封建社会几千年来就是贪官污吏、封建地主们欺压百姓，"只要大家齐心协力起来斗争，这种不应有的情况是可以颠倒起来的"[①]。

面对地主们的残酷压榨，张静源组织村里的贫农、雇农成立"雇工会"和"短工会"予以反抗。他们一同抢收地主的庄稼，抗交地主债务，这些活动遭到了李士安为首的大地主们的联合压制，于是张静源号召农民们罢工三天，争取合法权益。经过一番激烈较量，地主们最终只得同意农民的要求，有的给长工增加了工钱，有的给长工做了新的单裤单褂。斗争取得了胜利，村民们增强了参与革命的信心，更加信服共产党的领导。

此外，张静源受到王博昌[②]等人的邀请，常到博兴县立师范讲习所、博兴县立第一小学等学校讲授革命理论，传播马列主义。张静源曾以《帝国主义是怎样侵略中国的》为专题进行演讲，慷慨激昂，旁征博引，列举百年

---

① 博兴县党史办公室：《博兴文史资料第 1 辑：博兴县最早的党支部——中共高渡支部简介》，滨州地方新闻出版局，1984 年版，第 30 页。

② 王博昌，博兴早期共产党员，中共博兴县委博城党支部书记，博兴县立师范讲习所所长，1938 年牺牲。

来帝国主义侵略罪行，分析国民政府的卖国行径、贪腐无能，宣传了共产党救亡图存的革命主张，激发了师生的爱国热情，给听众留下了深刻印象。[①]

1930年秋天，张静源以讲学名义到史口、神堂、田庄、王岗一带开展活动，凭借小学校长的身份进行革命宣传，反响很大。先后发展了小学教师李天佑、青年农民李旭林（张国钦）等人入党，这就是博兴县历史上第一批共产党员。在此基础上，1932年2月，滨州第一个农村党支部——高渡村党支部成立了，高渡村成了博兴的"红色革命堡垒村"。1932年3月，中共博兴县委成立时，总共52名党员中，高渡村有17名，张静源所起到的影响作用不可谓不重要。[②]

在这些年轻党员的策划组织下，1932年8月4日，兴福镇和高渡村爆发"博兴农民暴动"，起义军人和暴动农民一起组成了"鲁东工农革命军第一支队"，收缴联庄会的武器，烧毁地主的地契，把粮食分给农民，有力地反抗了国民党的压迫。虽然这次活动最后以失败告终，但作为山东党组织发动的一场以革命武装推翻国民党反动统治的伟大尝试，其意义和影响是深远的。暴动失败后，县委军事部长马千里等人被通缉，转移到胶东，张静源帮助他们隐蔽身份，安排到小学教书或打短工，得以成功躲避抓捕，为革命保存了有生力量。

革命绝唱：转战胶东

早在担任宋哥庄党支部书记的时候，张静源就关心莱阳党组织的发展，他曾经委派宋哥庄小学教导主任、莱阳籍党员宋继先回莱阳发展党员。接到这个信息，莱阳的谢明钦（谢纯照）等人推选战倬云（周方）做代表到青岛了解情况，

---

① 博兴县党史办公室：《博兴文史资料第1辑：博兴学生运动》，滨州地方新闻出版局，1984年版，第47页。

② 博兴县党史办公室：《博兴文史资料第1辑：博兴县最早的党支部——中共高渡支部简介》，滨州地方新闻出版局，1984年版，第30页。

并与张静源取得联系，双方往来密切，张静源得以了解莱阳的党组织发展情况。这个时期，党在莱阳的工作一直陷入低潮，自 1928 年莱阳县第一任书记李伯颜、莱阳县委宣传委员孙跃臣先后被害，当地党组织与上级失去了联系，革命工作陷入停滞，这种僵局直到 1932 年张静源的到来才开始有所打破。

面对近乎瘫痪的局面，张静源认为首要的工作就是尽快恢复和发展党组织，他通过宋继先联系上宋化鹏等人，组成骨干队伍，着手恢复重建莱阳的党组织。通过已经被其介绍入党的战倬云，张静源很快联系上了谢明钦等人，在褚家疃小学发展了谢明钦、孙夷平（孙世平）、战立山、徐元义等人入党，并以"能保守党的秘密，服从党的纪律，执行党的决议，按时交纳党费"为标准[①]，鼓励大家积极开展宣传工作，发展党员，壮大队伍，争取在国民党划分的莱阳十个区里面都要建立党的区委。

张静源对大家进行了工作指导和安排，他自己则以教员的身份为掩护，先后前往万第小学、水口小学、灵湖小学等地，深入莱阳、海阳周边农村，建立和恢复党组织。他特别重视青年学生的作用，在莱阳乡村师范学校（山东省立第二乡村师范学校）、莱阳县立初级中学（莱阳中学）等几所学校里积极开展宣传发动，先后发展了刘松山（于寿康）、王之凤、战士恕（李忠林）[②]等人入党。仅仅一个多月的时间，这支十几人的队伍就发展了 100 多名党员，为后续党组织的恢复和建立工作奠定了基础。

1932 年 7 月底，山东省委交通员马巨涛送来了省委关于重新建立莱阳县委的指示[③]，于是，在海阳县新庄头村新进党员、莱阳乡师学生刘松山的家里，瘫痪四年之久的中共莱阳县委终于重建了[④]，张静源任书记，宋化鹏、

---

① 谢明钦：《烟台党史通讯第 1 辑：四十余载忆当年——党在莱阳的早期活动片段》，内部刊物，1985 年版，第 12 页。

② 刘松山（于寿康）、王之凤为莱阳乡师的学生，战士恕（李忠林）为莱阳中学的学生。

③ 中共烟台市党史研究院（烟台市地方史志党史办公室研究院）：《党史研究：烟台党史大事记 中共烟台大事记第一卷：党组织的创建记载大革命时期、土地革命战争时期（1919.5—1937.7）》，2016 年 12 月 22 日。

④ 中共青岛市委党史资料征委办公室：《中共青岛党史大事记（1921—1949）》，中共党史出版社，1990 年版，第 91 页。

宋云甲、宋玉桂任委员，谢明钦任秘书，战士恕（李仲林）负责共青团的工作①。此时莱阳县委所辐射的工作范围已经不仅限于莱阳全境，还扩大到了海阳西部以及招远、掖县南部边区的部分村庄，沉寂已久的党组织再次焕发了勃勃生机。

面对当时的革命形势，根据上级党委指示，张静源提出莱阳县委当下重要的工作是"发展组织，建立武装，推翻国民党政府、军阀及大地主的统治"②。围绕这一目标，张静源将工作重心放在继续发展扩大党的组织建设上。为了进一步开拓海阳莱阳边区的工作，8月底，经刘松山、王之凤、王谦三的邀请，张静源前往海阳县石马滩头村的香山小学担任国文教员。

香山小学人员复杂，互相倾轧，张静源很注意工作的方式方法，他策略地团结各方面力量，尽量争取对革命有利的人员。他常常告诫其他党员："斗争要讲策略，地下活动要隐蔽、巧妙，不可突显、暴露，香山小学是刚刚开辟的革命基地，我们不能失掉这块阵地。"为了吸引、团结更多青年学生，他节衣缩食资助学生，购买《铁流》《母亲》《生死场》《中流》《作家》《国家与革命》等进步书刊，宣传革命思想，鼓励学生积极参与革命。③

就这样，以香山小学为中心，张静源一方面继续从事教育工作，一方面积极扩大党组织。在刘松山、王之凤等人的协助下，张静源先后在学校周边发展徐育航、李亚亭、臧重瑞（臧季玉）、徐相泰等20余名学生入党，又在校外发展了张显河、王本善、李桂岩、于侃之、刘仲益等数十名党员。

此外，张静源继续把莱阳乡师、莱阳中学等进步青年集中的地方作为组织建设的重点。他通过谢明钦等人在莱阳乡师继续发展了黄日宾、黄保忱、包腾秀、刘学美、慕显松（慕湘）、姜宗泰（林月樵）、姜文瀛等进步青

---

① 刘永禄，王守志：《烟台党史通讯第1辑：莱阳党组织的创建时期》，内部刊物，1985年版，第27页。

② 博兴县党史办公室：《博兴文史资料第1辑：博兴第一个共产党员——张静源烈士（1901—1933）》，滨州地方新闻出版局，1984年版，第28页。

③ 烟台市牟平区组织部：《胶东抗战故事员——张静源在香山小学》，2017年12月25日。

年入党。[①] 1932 年的秋天，莱阳乡村师范学校已经发展了 20 余名党员，按照莱阳县委的指示成立了中共莱阳乡师支部委员会，姜宗泰任书记，刘松山、王之凤任委员。同时，他指导战士恕在莱阳中学开展工作，主动接触那些寻求真理、渴望变革的进步学生。到 1932 年底，已经先后发展李研吾（李书田）、苏继光（苏继善）、胡岩（胡乃家）、吴青光（吴保宗）等十几人入党。[②] 为了进一步扩大组织，成立了莱阳中学党的核心领导小组，由战士恕、李研吾、苏继光组成，进一步开展工作。

这时距离张静源来到莱阳仅仅半年时间，海阳、莱阳地区的党组织已经迅速壮大，基本联网成片，原有的近百名党员很快发展到了四五百人，成立了四个区委和莱阳乡师、莱阳中学两个党支部。为满足发展需要，11 月，海（阳）莱（阳）特别支部（简称海莱特支）在海阳县大黄家村（现属于莱阳市）正式成立，由张静源担任书记，刘松山、宋化鹏、孙世平任委员，统一领导海阳、莱阳地区党组织的活动。海莱特支的建立，为创建胶东地区特别委员会奠定了重要基础。

事实上，从 1923 年胶东半岛开始出现共产党的组织，到 1933 年 2 月，烟台各个地区的党组织都有了蓬勃发展，中共山东省委直属领导的就有烟台特支、龙口特支、海莱特支、莱阳县委、牟海县委等十几个党组织。这些组织多是分兵作战，各自为政，缺乏统一领导，不可避免会存在矛盾，影响工作成效。因此，早在 1931 年 2 月 15 日，中共山东省委就提出"加紧烟台工作上的指示，整顿所属各县工作，准备成立胶东特委"[③]。1933 年旧历正月，张静源借口返乡省亲，到济南向山东省委汇报了海莱地区党组织的发展及工作开展情况。山东省委遵照中共中央"三倍扩大党的组织"决议精神，指示张静源前往牟平，兼顾莱阳、海阳等地，在莱阳党组织发展的基础上，

---

① 慕湘：《烟台党史通讯第 1 辑：我在莱阳乡师入党后的情况》，内部刊物，1985 年版，第 21 页。

② 姜平义：《烟台党史通讯第 1 辑：莱阳中学党的早期活动》，内部刊物，1985 年版，第 39 页。

③ 中共乳山县委党史征委会：《胶东之光（1930—1937）：中共胶东特委筹建始末》，山东省新闻出版局，1990 年版，第 13 页。

以莱阳为中心，将党组织向胶东各县发展，待时机合适即建立中共胶东地区特别委员会，来统领党的工作。[①] 于是同年 2 月，张静源与烟台牟平共产党员宋绍九（宋健华）[②] 取得联系，以教书为名，带着已怀孕的爱人李淑德一同到牟平县刘伶庄（今属乳山市冯家镇），他将爱妻托付给宋绍九家人，全身心投入到胶东地区党的工作中。

　　为加强与各支部的联系，同时也为了掩护党的工作，张静源在牟平、海阳交界的霄龙寺（现乳山市白沙滩镇小侯家村苍龙岭）建立了联络站。张静源等人租赁了霄龙寺的西院，在偏殿饲养鸡、兔、蜜蜂等，对外宣称是"霄龙寺鸡鸭公司"，任命刘经三担任鸡鸭公司经理、侯岳西等人为职员。实际上将霄龙寺作为党的秘密机关，在此秘密开展地下工作，印制和传达一些传单和文件，密藏、转运枪支弹药等，将这里作为中转站，与胶东各地的党组织进行联络。[③]

　　1933 年的 3 月，张静源和刘经三、刘松山等人在牟平北河崖小学（现属山东乳山市冯家镇）建立了第一届中共胶东特别委员会（简称胶东特委），张静源任书记，兼任中共莱阳县委书记，刘经三、刘松山为委员。胶东特委下辖 8 个县，西起莱阳，东到荣成，分别是海阳、莱阳、栖霞、牟平、黄县、掖县、文登、荣成。胶东特委的成立具有划时代意义，从此，胶东地区的数十个各级县党组织有了党的统一领导机构，胶东革命史开始书写新的篇章。

　　成立胶东特委之后的工作愈发繁重，张静源四处奔波，从西部的海阳、莱阳、招远，到东部的文登、荣成、威海，他忙于到各地党支部巡视工作进展，进行现场指导，部署党的工作，发展党组织成员，培养骨干力量。此时张静源的爱妻李淑德怀孕即将临产，他也无暇照顾，经常两三个月才能短暂探望家人。长期奔波在外，工作生活条件艰苦，有时顿顿都吃地瓜

　　[①] 中共烟台市委党史研究室：《中共胶东特委史》，山东人民出版社，2018 年版，第 67—68 页。

　　[②] 共产党员。在村里威望很高，曾任牟平九区区委书记，牟平县委宣传委员、县委书记等职。

　　[③] 刘同钧：《胶东之光（1930—1937）：胶东特委的秘密联络机关——霄龙寺鸡鸭公司》，山东省新闻出版局，1990 年版，第 14 页。

粗粮，有时就只吃几颗花生，导致他常年不愈的胃病时时复发，病痛难忍，但他全然不顾，一心投入工作。

1933 年春，山东省委遭到国民党严重打击，胶东特委和上级失去联系。6 月份，张静源辗转北上，在天津与中共中央北方代表取得联系，根据中共中央北方局代表指示，在莱阳县万第镇的水口村成立了莱阳中心县委（简称中心县委），负责领导共产党在莱阳、海阳、文登、牟平、荣成、福山、蓬莱、招远等县的工作，张静源任中心县委书记，刘松山任组织委员，宋化鹏任宣传委员，宋云甲任武装委员，李忠林任青年委员，谢明钦任秘书。在张静源的领导下，中心县委积极开展党的工作，他们拟定了一系列任务计划，如发动雇工、短工向雇主开展增加工资的斗争，组织农民抗租抗债，建立党的武装，开展武装斗争，等等。

中心县委成立后发展很快，近一个月左右，莱阳、海阳两个县已经发展党员 1000 余名，建立了 100 多个党支部。为加强管控，中心县委先后开办 3 期党员训练班，培养了 60 多名优秀党员干部。在这个基础上，在莱阳建立了 3 个区委，分别是西北部、西南部和东部地区。①

同时，为了开辟莱阳、招远边区党的工作，建立招莱边区革命根据地，张静源委派王之凤前往莱阳北部河崖村一带，和刘兰芳一起在南马庄、北马庄、大水岔、小水岔、马连庄和招远城子村等地发展党员。1933 年 8 月，在莱阳中心县委的指导下，招远莱阳边区特别支部（简称招莱特支）成立了，李厚生任书记，臧商彝、董瑞生、王德安、刘兰芳、刘坦、马章誉任委员，下设莱阳区委和招远区委。在这个基础上，1933 年下半年到 1934 年春天，招远建立起党支部 13 个；在掖县东部发展党员 80 多名，建立党支部 3 个；在莱阳西北部发展党员 50 多名，建立党支部 9 个。②这样，东到毕郭、孙家庄（栖霞县西边村庄），西到道头西的"三涧"，南到莱阳北部的马连庄，北到招远

---

① 宋竹庭，于寿康：《胶东风云录：海莱地区党的早期活动》，山东人民出版社，1981 年版，第 16 页。

② 孙淑云：《烟台党史通讯第 1 辑：招远党组织的建立和发展》，内部刊物，1985 年版，第 36 页。

东北部的牟疃，当时方圆 500 多平方公里范围内，100 多个村庄有了自己的共产党组织，这一带被人们称为"小苏区"，在山东乃至全国党组织发展中表现突出，独树一帜。[①] 应当说，这亦得益于莱阳中心县委早期的奠基工作。

在斗争实践中，张静源也越来越意识到革命武装的重要作用，开始逐步建立、壮大武装力量。他动员各方力量搜集、募捐和购买枪支，规定党的领导人要配备短枪，注重军事学习。派出骨干力量到外地学习游击战争的经验，并指定刘经三兼管军事工作，训练游击队员。通过党员宋景周打入莱阳三区的鲍村联庄会（于汝舟所办），建立党组织，掌握武装力量。他还亲自带队到海阳小纪区联庄会（纪受之操控）收集枪支。1933 年 7 月，张静源选出 40 多名反应快、素质好的党员，成立了一支地下武装游击队，由姜宗泰（姜忠太）任队长，下辖莱阳、海阳两支分队。这支队伍活跃在海阳、莱阳、栖霞、招远一带，"忽分忽合，忽东忽西，忽打忽走，忽民忽兵"，帮助穷苦百姓反抗恶霸和地主，清除革命队伍中的内奸叛徒，保障党组织的发展。曾经夜袭金口（今属即墨）盐务局，消灭了 5 名盐警，缴获长短枪 60 多支，[②] 打击了敌人的嚣张气焰，充实了武器装备，壮大了党的武装力量。在张静源的领导下，胶东党组织各项工作愈发活跃，成为当时全国根据地建设发展情况最好的地区之一。

1933 年夏天，根据工作需要，上级安排张静源到烟台筹建联络站。8 月 20 日，张静源和爱人李淑德带着刚刚满月的孩子到了烟台，租住在北大街一所临街的破旧房子，准备让李淑德以缝纫为掩护，建立党的秘密机关来开展工作。是月底，水口村共产党员宋化鹏找到张静源反映莱阳党组织出现重要问题，莱阳的徐元义未经组织同意，私自成立莱阳县委与莱阳中心县委相对抗，希望张静源返回莱阳处理此事。

徐元义是莱阳县小徐格庄人，1932 年混入党组织后，拉帮结派，争权

---

① 中共烟台市党史研究院（烟台市地方史志党史办公室研究院）：《党史研究：党史荟萃 9　第二节　党组织的发展和中共胶东特委的建立》，2016 年 12 月 22 日。

② 中共山东省委党史研究室：《中共胶东地方史》，中共党史出版社，2005 年版，第 84 页。

夺利，不遵守组织纪律，以"拉夫式"的手段发展党员。张静源曾对他进行了严肃批评，徐元义对此怀恨在心。1933 年 6 月，他通过其弟徐元沛联系青岛临时市委，另行成立中共莱阳县委，自任书记，与莱阳中心县委公开对抗。一时之间，莱阳同时存在了两个县委，党的工作陷入混乱。张静源听后感到忧心忡忡，担心不及时纠正会影响党的工作，当下就想返回莱阳。考虑到此行太危险，李淑德劝他观望一下局势再做打算，然而张静源毫不犹豫地说道："为了党的组织和挽救同志，就算是虎穴我也要闯！"[1] 不顾妻子的一再阻拦，刚到烟台四五天，张静源又赶回了莱阳，8 月底，与宋化鹏、宋玉桂等人在水口村召开改组海莱特支的会议，并决定解决徐元义另立县委的问题。

9 月，青岛市委派李林（李忠翔）到莱阳处理两个县委合并工作，李林经过调查了解情况，发现徐元义另立县委的错误问题，于是在徐元义家里召集了由张静源、徐元义、宋化鹏等人参加的会议，达成了合并县委的协议。由于组织上要求李林速返回青岛，他无暇和大家共同研究关于合并两个县委和组建新县委的具体细节，临行前李林提出两点建议：第一，由张静源负责组建新县委；第二，合并后一个月内，由徐元义去青岛汇报合并情况。[2]

李林的意见让徐元义知道自己的如意算盘落空了，但是他不甘心让权，于是决定杀害张静源取而代之。10 月 11 日（农历八月二十二），为了维护党的团结和统一，张静源到小徐格庄找徐元义商议如何处理两个县委合并后的交接工作。当晚，徐元义纠集徐元章、徐元洪、李文芝、徐凤瑞等人，以开会为由将张静源骗到小徐格庄东南，在芹口沟河滩将其杀害，并残忍毁坏了张静源的面貌，试图制造假象混淆视线。10 月底，莱阳县委查清了真相，刘松山、宋化鹏、宋玉桂在水口村召开会议，派姜忠泰、李元勋处决了徐元义。

张静源被害时年仅 32 岁，风华正茂，奋发有为，他原本可以选择安逸

---

① 刘同钧：《胶东之光（1930—1937）：第一任中共胶东特委书记——张静源传略》，山东省新闻出版局，1990 年版，第 61 页。

② 宋竹庭，于寿康：《胶东风云录：海莱地区党的早期活动》，山东人民出版社，1981 年版，第 18 页。

平静的一生，成为一位受人尊敬的教育家，但为了国家和民族，他毅然决然选择革命道路，矢志不渝，以身报国。他的被害令革命战友们悲恸不已，跟随他走上革命道路的王之凤挥泪写下悼词：

> 张公音容宛如生，杜宇泣血吊英灵。
> 犹见小窗灯火明，似闻先生读书声。
> 壮志未酬身先死，留得浩气贯长虹。
> 莫道香山弹丸地，却燃星火耀胶东。[①]

张静源的英骨最初被存放于莱阳红土崖，2002 年移厝于博兴县烈士陵园，党和政府在莱阳红土崖烈士陵园和栖霞英灵山为张静源修建纪念碑以志纪念。如今，海阳市博物馆还珍藏一幅张静源在离开香山小学时，为学生徐育航亲书的一首藏头诗：

> 香自寒来梅傲雪，
> 山色皑皑梅更洁。
> 春神送暖融六出，
> 风鸟欢唱送梅歌。

张静源笔下的傲雪寒梅，正是万万千千像他一样的共产党人的真实写照，他们无惧白色恐怖，不畏生死，舍生取义，"用宝贵生命换取革命胜利"，才迎来今天的民族独立、国家强大、人民幸福。如今，新时代的"香山春风"吹遍祖国山河大地，从滨州高渡村，到青岛宋哥庄小学，再到烟台刘伶庄，每一个张静源曾经不屈不挠奋斗过的地方都已发生了翻天覆地的变化，不变的是人们对张静源等革命先驱的缅怀和追思，英雄虽去，浩气长存，齐鲁大地，星火永耀！

---

① 烟台晚报：《张静源在香山小学》，2011 年 3 月 30 日 A14 版。

【参考文献】

[1] 宋竹庭,于寿康.《胶东风云录：海莱地区党的早期活动》[M].济南：山东人民出版社,1981:6—20.

[2] 博兴县党史办公室.《博兴文史资料第 1 辑：博兴学生运动》[M].滨州：滨州地方新闻出版局,1984:47—53.

[3] 博兴县党史办公室.《博兴文史资料第 1 辑：博兴县最早的党支部——中共高渡支部简介》[M].滨州：滨州地方新闻出版局,1984:30—32.

[4] 博兴县党史办公室.《博兴文史资料第 1 辑：博兴第一个共产党员——张静源烈士（1901—1933）》[M].滨州：滨州地方新闻出版局,1984:26—29.

[5] 黄悦新.《博兴文史资料第 2 辑：民国前期(1912—1936)的博兴教育》[M],滨州：滨州地方新闻出版局,1985:87—95.

[6] 谢明钦.《深切怀念张静源同志》[J].烟台党史通讯, 1985(1):41—43.

[7] 谢明钦.《四十余载忆当年——党在莱阳的早期活动片段》[J].烟台党史通讯, 1985(1):11—14.

[8] 刘坦.《招莱边区党的历史》[J].烟台党史通讯, 1985(1):15—20.

[9] 刘永禄,王守志.《莱阳党组织的创建时期》[J].烟台党史通讯, 1985(1):25—29.

[10] 刘起良.《海阳党组织的建立和早期的革命斗争》[J].烟台党史通讯, 1985(1):30—34.

[11] 孙书云.《招远党组织的建立和发展》[J].烟台党史通讯, 1985(1):30—34.

[12] 姜平义.《莱阳中学党的早期活动》[J].烟台党史通讯, 1985(1):39—40.

[13] 刘同钧.《胶东特委的秘密机关——小龙寺鸡鸭公司》[J].烟台党史通讯, 1985(1):44—45.

[14] 王兴才.《胶东特委书记张静源被害经过》[J].烟台党史通讯, 1987(2):26.

[15] 中共烟台市委党史资料征委办公室.《中共烟台市党史大事记

（1921—1949）》[M].北京：中共党史出版社,1989:56.

[16]黄悦新.《博兴文史资料 第5辑：清朝末年的博兴教育》[M].滨州：滨州地方新闻出版局,1990:68—71.

[17]中共乳山县委党史征委会.《胶东之光（1930—1937）：中共胶东特委筹建始末》[M].济南：山东省新闻出版局,1990:12—13.

[18]刘同钧.《胶东之光（1930-1937）：第一任中共胶东特委书记——张静源传略》[M].济南：山东省新闻出版局,1990:51—61.

[19]刘同钧.《胶东之光（1930-1937）：胶东特委的秘密联络机关——霄龙寺鸡鸭公司》[M].济南：山东省新闻出版局,1990:14—18.

[20]中共青岛市委党史资料征委办公室.《中共青岛党史大事记(1921—1949）》[M].北京：中共党史出版社,1990:73.

[21]中共山东省委党史研究室.《中共胶东地方史》[M].北京：中共党史出版社,2005：83—85.

[22]丁留宝.乡村教师：乡村革命的播火者——以安徽农村党组织建设为例（1921—1931）[D].上海师范大学,2007年.

[23]刘昶.革命的普罗米修斯：民国时期的乡村教师[J].中国乡村研究,2008(00):42—71.

[24]烟台日报.张静源：中共胶东特委第一任书记[N].烟台日报,2009-08-06(003).

[25]鲁北晚报.张静源：高渡党的创建人 博兴革命播火者[N].鲁北晚报,2011-05-27(05).

[26]烟台晚报.张静源在香山小学[N].烟台晚报,2011-03-30(14).

[27]滨州日报.张静源建起滨州第一个党支部[N].滨州日报,2011-05-17(06).

[28]威海日报.胶东特委第一任书记张静源[N].威海日报,2011-04-08(02).

[29]赵荣红,刘静雅.中共胶东第一任特委书记：张静源[N].鲁北晚报,2015-06-09(04).

[30]烟台日报.赤诚为党浩气长存——记胶东特委第一任书记张静源烈士[N].烟台日报,2016-09-26(11).

[31] 中共烟台市党史研究院 . 党史研究 : 党史荟萃 9 第二节 党组织的发展和中共胶东特委的建立 , 地方政府门户网站 , 2016-12-22/2022-10-10.

[32] 中共烟台市党史研究院 . 党史研究 : 烟台党史大事记 中共烟台大事记第一卷 : 党组织的创建记载大革命时期、土地革命战争时期（1919.5—1937.7）, 地方政府门户网站 .

[33] 中共烟台市委党史研究室 .《中共胶东特委史》[M]. 济南 : 山东人民出版社 ,2018:67—72.

[34] 聂宏凯 , 贾小壮 . 民国时期中国教育督导制度探析 [J]. 长白学刊 ,2019(02):139—144.

[35] 李海静 . 高渡村 : 滨州第一个农村党支部 [N]. 鲁北晚报 ,2021-03-08(10).

[36] 邱芹 . 张静源 : 建立滨州市第一个农村党支部 [N]. 滨州日报 ,2021-03-04(03).

李广田

◎张丽影

李广田，号洗岑，笔名黎地、曦晨、望之。1906 年 10 月出生于山东省齐东县（现邹平市）草头庙村的一户贫苦农民家庭，周岁时过继给舅舅李汉云抚养。中国现代文坛杰出的作家之一，一生致力于中国的文学事业和教育事业。李广田自幼喜爱书籍，渴望读书的机会，1923 年考入山东省立第一师范学校。在新文化的传播氛围影响下，李广田加入"书报介绍社"。1929 年考入北京大学外语系，与卞之琳、何其芳获称"汉园三诗人"。1935 年大学毕业，回济南任教，并投身于文学创作。抗日战争期间，赴西南联大任教，积极支持学生组织进步文艺社团，同学生一起迈出民主斗士勇毅的步伐。1948 年 7 月加入中国共产党，李广田继续将文学作为自己的思想武器，广泛宣传马列主义，成为高等学府中的民主斗士，积极完成党交给的"保护学校，团结知识分子"的任务，以教师身份掩护学生和共产党同志，为中国的教育事业和文学事业贡献出自己的力量。

读书萌芽期

1913 年李广田入私塾，随祖父识字，1914 年入乡村私塾，1915 年到 1921 年期间在村中读初小。李广田年少时期热爱书籍，在《自己的事情》中李广田自述父母不赞成自己读书，只需要知道自己的姓名，认识账目就可以，"能够继续读小学，还是我自己争取的结果"。李广田在艰难的处境中积极地寻求知识，1921 年，高小毕业后的李广田进入县城二年制的师范讲习所学习。李广田回忆道："大概我的先生们看我的性格和天资也近于读书，于是一再帮助我向父亲请求，结果是允许我到县城去读师范讲习所，而不是让我到省城去读中学，因为县城比省城近，师范讲习所比中学年限短，早毕业，可以做小学教员，家庭也早些得到帮助，总之，完全是经济观点。"就这样，李广田未毕业就被聘为县立第三高等小学的教员。

沐浴新思想

从事教育的李广田，继续期盼更高的教育目标。1923 年，李广田积攒了一些在小学教书的薪水做路费，来到济南，考入山东省立第一师范学校。当时正值新文化运动蓬勃发展，鲁迅、郭沫若的作品以及《语丝》《创造》《沉钟》等新文学团体及刊物如雨后春笋破土而出，尤其是当时翻译过来的苏联作品，更是深受青年人欢迎的精神食粮。在新文化的传播氛围影响下，李广田同广大进步学生一同加入了中国社会主义青年团的地下组织，在组织中专心阅读和创作，思想认识和知识基础有了新的升华。

1924 年，李广田加入由庄龙甲领导的旨在交流革命进步书刊的秘密组织——"书报介绍社"。李广田作为成员之一参与到组织服务工作中，带领学生阅读进步期刊，向进步学生介绍和出售进步书刊和一些苏联作品，在济南重点学校中发现培养进步学生，当时有不少进步学生受此影响走上了革命道路。李广田在书报介绍社中发挥着重要的作用，经常为了书源问题冒着风险四处奔走。他曾经到济南邮局取书时被逮捕，关押在东关大街监狱，并被判处死刑，直到北伐军打到济南才被释放。李广田在《自己的事情》中提到："当时的政治情形非常严格，我们所购书中有《文学与革命》若干册，书未到手，我就被捕入狱了。在狱月余，受尽苦刑，北伐军打到省城我才得到自由。出狱之后我回到家乡，知道由于我的不幸而连累了家庭。我在家里并未久住，便跑到一个偏僻的小城去教小学。"

为教育事业贡献力量

1929 年，李广田任教曲阜山东省立二师教师一职，6 月省立二师师生演出林语堂新剧《子见南子》，引起孔府和上层权贵反对，认为学生亵渎孔子，要求对学生严惩，教务主任王祝晨、国文教师李广田等坚决反对。李广田在省立一师读书期间，王祝晨曾任省立一师校长，王祝晨倡导新思潮，对李广田的思想起到了积极引领作用。最终，他们的反抗以王祝晨被迫离任、李广田被解聘而告终。

1929 年，李广田考入北京大学外语系，在北大学习期间他掌握了多门语言，学习了外国文学，受西方浪漫派、颓废派、象征派影响，李广田热衷于散文和诗歌。1930 年 2 月，李广田开始在报刊上发表诗作和散文，在《未名》上发表了第一篇散文《狱前》，记录了自己当年被捕入狱的思想经历，表露了一个 22 岁的青年在反抗封建军阀的黑暗统治中对待生与死、革命与文学的鲜明观点和磊落的胸怀。李广田的文学创作生涯开始绽放，1934 年，李广田、卞之琳和何其芳共同编辑了诗集《汉园集》，三人获称"汉园三诗人"。

1935 年，北大毕业的李广田回到济南，成为省立一中的一名教员，同时不忘创作之心。李广田讲课清晰，容易调动学生积极性，同时他一边授课，一边写作。1936年3月，他出版了第一本散文集《画廊集》，显示了清新自然、朴实浑厚的风格。同年底出版了第二本散文集《银狐集》，写法"渐渐地由主观抒写变向客观的描写"，标志着他散文创作的日趋成熟，通过文学艺术形式，以自己的亲身经历和感受反映民众身处黑暗向往光明的追求。此外，李广田还创作了歌词《少年人》："我们是紫色的一群，我们是早晨的太阳，我们是迎日的朝云，我们是永久的少年人。知识博深，勇敢热心，我们有铁血的精神。看！佛山长碧，明湖长青，趵突水长喷。我们的意志长存，我们的精神常新！日新，又新，永远向前进！前进！前进！"音乐老师瞿亚先谱曲后，这首校歌便天天传唱于校园内外。

1936年10月，鲁迅逝世，李广田利用济南一中周一纪念周会，向学生们介绍鲁迅反帝、反封建、反旧势力的不妥协精神。同时还在课堂上慷慨激昂地朗诵延安传来的诗歌："神州起战争，大杀鬼子兵，战士个个是英雄。这批人马哪里来？西北陕甘宁……"

1937年，抗日战争全面爆发，李广田怀着一颗知识分子的赤子之心，随省立一中经河南、湖北流亡南下，最终到达四川。1939年，山东的中学合并，在四川罗江成立国立六中。国立六中是抗日战争时期在四川绵阳地区以山东流亡中等学校师生为主体所组成的一所中学，为储存国家后备力量、保证流亡学生完成学业贡献了一份力量。

李广田时任国立六中四分校国文教员。流亡过程中，国民党反动统治的黑暗和教育界的昏庸深深影响着李广田，他在抗战中重建了生活态度，也确定了新的文学观点。教学上，他把国民党的教材放在一边，自行选编活页的讲义，讲授鲁迅、高尔基、果戈里的作品和有关抗日的文章。通过课堂教学和课外指导，传播马列主义文艺理论和进步思想，鼓励学生走上革命道路。1941年2月，他被国民党反动当局解聘，学校继而也被解散。

高等学府的民主斗士

1941 年，李广田来到昆明西南联大任教，在学校接触了大量进步师生。在高涨的民主运动感染下，李广田编写了"文学论"讲义。在西南联大期间，李广田开始用马列主义讲授文艺理论，参加各种进步的学生活动，热情支持学生组织进步的文艺社团和创办文艺刊物、壁报，并担任了文艺社、冬青社等社团的导师。在参加进步文艺活动时，李广田结识了有同样政治情操和爱国情怀的朱自清、闻一多。

1945 年，西南联大学生为反对内战、抗议当时国民党反动派的暴行宣布罢课。12 月 1 日，国民党反动派将目标对准师生，向学校投掷手榴弹，炸死 4 名学生，制造了震惊全国的"一二·一"惨案。李广田与进步学生一起坚持罢课斗争，参加游行示威及为四烈士守灵、路祭、送殡等活动。1946 年，闻一多被国民党特务暗杀，李广田彻底认清国民党政府的反动本质，他积极参加反对国民党反动派暴行和悼念革命烈士的活动，也因此被列入了国民党暗杀名单。李广田没有丝毫胆怯和犹豫，继续用真名发表《我听见有人控告我》《不是为了纪念》等文章，斥责国民党反动派的法西斯暴行，李广田在血的教训中更加觉醒，决心踏着民主斗士的血迹勇敢前行。

抗日战争胜利后，西南联大解散，李广田随联大复员北上，到天津南开大学中文系任副教授。他积极参加进步师生反饥饿、反内战、反迫害的斗争，慰问被反动军警打伤的学生，发表谴责国民党法西斯暴行的讲话，遭到国民党通缉。后经朱自清介绍转到清华大学中文系任教授，期间公开支持学生民主运动，李广田找到了自己的政治归宿。1948 年 7 月，李广田加入中国共产党。

8 月，清华大学中文系主任朱自清因病逝世，李广田继任清华大学中文系主任。北平解放前夕，面对国民党政府对进步人士的大肆搜捕，李广田积极完成党交给的"保护学校，团结知识分子"的任务，以教师身份掩护学生和共产党员。

1942 年至 1949 年，李广田发表了散文《灌木集》《圈外》《回声》《日边随笔》，小说《欢喜团》《金坛子》《引力》，文学评论《诗的艺术》《文艺书简》，论文《创作论》《认识与表现》《论文学教育》，在作品中表达了自己抗日救亡的爱国思想，揭露了社会的黑暗。

1949 年，李广田参加全国第一次文代会，当选为全国文联委员、文联理事。1950 年 7 月，李广田参加北京市文代会，当选为常务理事、组织联络部长，10 月，参加中央文学研究所的筹备工作并讲课。同年 11 月，李广田任清华大学副教务长，主管文科教学、科研及留学生等工作。1952 年，因全国院系调整，李广田奉命调任云南大学副校长，后升任校长兼党组书记。在云南工作期间，历任中国科学院云南分院文学研究所所长、中国作家协会云南分会副主席、中国作家协会理事等职。1956 年，当选中共"八大"候补代表，列席"八大"。

1958 年，为深入发掘、整理民族民间文学，云南大学中文系的师生们在党组织领导下，组成了十几个民族民间文学调查队，分赴各个民族聚居地区搜集民间文学。1959 年，李广田精心修订了撒尼人民间叙事长诗《阿诗玛》，1961 年，李广田又亲自整理了傣族民间叙事长诗《线秀》。1962 年，李广田整理并出版傣族传说《一滴蜜》，重新整理修订撒尼族长诗《阿诗玛》，并担任同名影片的文学顾问。李广田对民族民间文学的整理，为我国民间文学传承事业做出了巨大贡献。

在"文化大革命"中，李广田受到批判，1968 年 11 月去世，终年 62 岁。1978 年秋，平反昭雪。1982 年 5 月，骨灰安放在北京八宝山革命公墓。

李广田生前著作凡 20 种，约 200 万字，记有：

《汉园集·行云集》（诗集）1936 年商务印书馆版 文学研究会创作丛书

《画廊集》（散文）1936 年商务印书馆版 文学研究会创作丛书

《银狐集》（散文）1936 年文化生活出版社版 文学丛刊第三集

《雀蓑记》（散文）1939 年文化生活出版社版 文季丛书之四

《圈外》（散文）1942 年国民图书出版社版

《回声》（散文）1943 年春潮社版 春潮社文学丛书

《欢喜团》（短篇小说）1943 年工作社版

《诗的艺术》（论文）1943 年开明书店版 开明文学新刊

《灌木集》（散文）1944 年开明书店版 开明文学新刊

《文学论》（文艺理论遗稿，完稿于 1945 年，生前未出版）

《金坛子》（短篇小说）1946 年文化生活出版社版 文学丛刊第八集

《引力》（长篇小说）1947 年晨光出版公司版 晨光文学丛书第二十五种

《文学枝叶》（论文）1948 年益智出版社版 一知文艺丛书

《日出随笔》（散文）1948 年文化生活出版社版 文学丛刊第九集

《创作论》（论文）1948 年开明书店版

《文艺书简》（论文）1949 年开明书店版

《西行记》（散文）1949 年文化工作社版 工作文丛第一辑

《论文学教育》（论文）1950 年文化工作社版 未名丛书

《散文三十篇》（散文）1956 年作家出版社版

《春城集》（诗）1958 年作家出版社版

此外，李广田还整理了两部少数民族长诗：

《阿诗玛》（撒尼族叙事长诗）1960 年人民文学出版社版 中国民间文学丛书

《线秀》（傣族叙事长诗）1962 年上海文艺出版社版

【参考文献】

[1] 李岫 . 李广田研究资料 [M]. 北京 : 知识产权出版社 ,1983.

[2] 李岫 . 岁月、命运、人 : 李广田传 [M]. 北京 : 人民文学出版社 ,2006.

[3] 边茂田 . 滨州文化志（1949—2009）[M]. 北京 : 方志出版社 ,2011.

[4] 李少群 . 李广田传论 [M]. 济南 : 山东文艺出版社 ,1990.

张芹香

◎满维鸿

张芹香（1890—1941），字泮藻，号自强，济南市北园镇大杨庄人，山东同盟会早期会员。1914年考入山东省立第一师范学校，毕业后践行"教育救国"理念，兴办大张庄、杨庄、沃家庄等7所新式小学，举办农民讲习所，尝试开办济南第一所聋哑学校。参与反对"二十一条"、五四运动等爱国运动，组织学生、农民游行示威，号召集会，发表演说，组织罢工罢课，抵制日货，营救抗日农民，呼吁政府减免农民负担等活动。1938年参加"山东抗日铁血锄奸救国团"，在敌占区开展刺杀日伪高官、破坏军备等秘密活动，因叛徒出卖被捕，遭严刑拷打仍不屈服，1941年2月就义，终年51岁。

19世纪末期，人类文明进入崭新的现代阶段，传统的中国社会也开始发生深刻而剧烈的变化，清政府的腐败统治日渐衰落，在持续抵制西方近代科学半个世纪之后，封建统治者们开始意识到西方科学和新式教育的重要性，于是，在1901年"兴学诏书"颁布后，清政府允许各地将书院改为学堂，并准许教授国学之外的科目。同时，在中国持续了上千年的科举制度酝酿着退出历史舞台，这是中国近代教育发展史上划时代的重要时期，从这时起，中国传统旧式教育与西方新式教育开始融合交汇。

在山东，1901年山东大学堂的设立标志着齐鲁新式教育的开端。第二年，为推进新式教育，快速培养新式教育所需师资，山东筹建大学堂的师范馆。

师范馆的设立首开山东师范教育之先河，从1902年到2022年，从师范馆到山东师范学堂，到山东优级师范学堂、山东高等师范学堂，再到山东省立第一师范、济南师范学校，到现今的济南幼儿师范高等专科学校，栉风沐雨，朝乾夕惕，伴随着"新式师范教育"的发展，这所百年名校筚路蓝缕、以启山林，已走过了一个多世纪的奋斗历程。建校之初，这里培养了一大批致力于山东早期新式教育发展的新式知识分子，以鞠思敏、王祝晨、刘冠三、丛涟珠、范明枢等为代表，他们积极传播新式文化，培养新式人才，推动社会发展进步，做出了重要贡献。张芹香亦是其中之一。

张芹香出生于杏林世家，其父张友圃医术高明，善于书画，博学多才，闻名乡里。张友圃思想开放，重视教育，不仅将7个子女中的男孩送入团馆、门馆学习，还延聘私塾先生为女孩在家授课。排行第三的张芹香亦不例外，幼年接受传统的旧式儒家文化教育，后受到山左公学影响，开始接受革命思想，是山东同盟会早期会员。进入山东省立第一师范学校学习后，愈发认识到教育对国民的重要性，师范毕业后致力教育，为民国初期济南地区的小学教育、社会教育、特殊教育等进行了积极探索实践，造福桑梓，影响深远。同时，张芹香关注社会，关心时政，心系民生疾苦，为民奔走疾呼，以实际行动反抗侵略暴行，抗击日寇，被捕后不屈不挠继续斗争，最终舍生取义，英雄行为一直为后人铭记。张芹香逝世后，其同事和学生创立了"芹香中学"以纪念其爱国抗日的革命精神。

初露峥嵘，投身革命

1905 年孙中山在东京组织同盟会，留日学生们积极参与，其中山东籍贯者加入同盟会有 53 人之多，如徐静心、丁惟汾、彭占元等均为早期会员。这些进步人士先后归国后成立同盟会山东分会，以学界为主要阵地，联系工商界、官僚士绅、北洋新军宣传革命，发展会员，发动反清革命活动。

1906 年，同盟会员刘冠三、刘东侯、丁鸿芹等筹资在济南北园杨家庄张家花园创办"山左公学"，其宗旨即为"驱除鞑虏，恢复中华，建立民国，平均地权"①。一方面兴办教育，培养人才；一方面宣传革命思想，播撒革命种子。学校的教师多为留日学生担任，其中大部分都是同盟会员，如丁鸿芹、刘一桂、丰文翰、左汝霖、鞠思敏等，贤士云集。教学中除了设置正常的文理课程，还设有军事课程、体育课程等，以培养学生爱国情怀、强健学生体魄。一时间学校名声大噪，虽然完全是自费，还是吸引了周边及各地数百名学生踊跃报考。

由于张家花园校舍有限，仅可设校部、教室和教职员宿舍，上百名学生只能分住于附近村庄里，最远者离校一公里，每日往返颇为辛苦，但学生学习的积极性高涨，在校生规模不断增长，最多时达千人之多，其中很多人加入了同盟会，成为山东革命党的骨干②。在这个时期，居住在大杨庄的张芹香开始接触到先进思想，尝试用新的角度观察社会，思考问题，寻求出路。与身边的许多进步学生一样，张芹香也积极加入同盟会，并成为济南的早期会员之一。

武昌起义之后，山东同盟会策划组织山东独立，学界人士也积极参与其中。伴随着山东独立受挫，"中华民国"成立之后并未实现真正的民主共和等一系列革命失利，鞠思敏、王祝晨、于明信等同盟会重要成员在发动革命运动和兴办教育之间的天平发生偏移，认为唯有教育才能真正救国，于是彻底投身教育事业，希望通过培养人才实现救国理想，这一思想的转变也影响了年轻的同盟会成员张芹香。

心怀理想，考入师范

张芹香自幼进入旧式学馆启蒙，一直接受严格的封建儒家教育，深知旧式教育的弊端，受到山左公学教师、著名教育家刘冠三、鞠思敏等人的进

---

① 于天助：《潍坊文史资料选辑第7辑：辛亥革命先驱刘冠三》，潍坊市新闻出版局，1991年版，第149—150页。

② 刘明婵，刘漪：《济南文史资料选辑第10辑：回忆祖父刘冠三的办学及革命活动》，济南市新闻出版局，1992年版，第96—99页。

步思想影响后，认识到新式教育可以开发民智，救亡图存，诚如鞠思敏所言："国家强盛，在育人才，人才之路，在于广大教育和投入经费。不重视教育，何以能使齐鲁振兴发展，鼠目寸光，到头来贻害国家、民族……"① 怀揣教育救国的理想，1914 年，张芹香考入山东省立第一师范学校。

山东省立一师的学校建制几经沿革，先后历经山东大学堂师范馆、山东师范学堂、山东优级师范学堂、国立山东高等师范学校等，1913 年教育部统一规划高等师范院校，将山东划在北京高等师范的区域内，裁撤山东高等师范，在原校址上续办山东省立第一师范学校，仍由鞠思敏担任校长。鞠思敏教育教学经验丰富，提倡民主办学，大胆推进教育改革，邀请黄炎培、陶行知、梁漱溟、张伯苓等名家到校讲学，聘请外省优秀人才担任教师，改进教学方法，改善教学条件，改革学校管理规范，重视学校环境建设，尤其注重校园文化建设，鼓励学生组建各类团体，研究各学科教学方法和改良社会问题。通过这些措施，在学校形成了民主、科学的文化氛围。

在这样的环境中，张芹香经过新式教育的洗礼，正式蜕变成为新型知识分子。彼时师范教育与现今的师范教育不同，当下师范教育以培养中小学教师为办学目标，而当时的师范生除了要培养教育教学能力，还要注重培养办学能力。正是得益于此，有一些师范专业的学生毕业后开始到山东各地的乡村经营办学，成为推广新式教育的新生代主力军，譬如济南章丘的于联珉、青岛黄岛的赵印泰、日照莒县的史致远、威海文登的宋伯恒等②，均为民国初期师范生办学的范例。这些师范生作为新式教育的接受者，通过办学反哺新式教育，将所学知识用于实际中去，推广教育，开启民智，对社会进步起到积极推进作用，张芹香亦是这些难能可贵的教育实践者之一。

---

① 丁涛：《天桥文史资料选辑第 3 辑：终身治教 誉满齐鲁——记济南师范早期的杰出学生、校长，山东四大教育家之首鞠思敏先生》，济南市新闻出版局，1999 年版，第 96 页。

② 许庆如：《变革与传承：近代山东乡村教育研究》，南京大学出版社，2020 年版，第 104—113 页。

知行合一，投身教育

清末民初的中华民族，国家衰败，民不聊生，政府没有足够资金来投入教育，基础教育资源普遍匮乏。以济南历城区为例，仅在镇武庙、泺口、菜市庄等处设置小学学堂[①]，数量稀缺，可接纳的适龄学童人数寥寥无几，远不能满足民众所需。张芹香的家乡北园镇一带地处偏远，甚而一直没有开设公办小学，农家子弟无书可读。张芹香从省立一师毕业回到家乡，面对这一现状深感痛心，决心兴办新式学堂，免费招收男女适龄儿童入学。

办教育首先需要场地和资金，张芹香自己带头慷慨解囊，并四处发动募捐，但募集到的资金毕竟有限，无力购置或租用校舍。参照那个时代其他办学者的经验，张芹香经多方勘察、选址，将小学设立于大杨庄邻村大张庄的三义庙，将寺庙的南屋粉刷一新，购置教具、桌凳等，整理后作为教室使用，北屋则作为校部，聘请老师，办起了新式小学。

有了学校却没有学生，因为当地的老百姓深受传统文化影响，对新学堂怀有疑虑，如毛泽东在农村调查中所言："'洋学堂'，农民是看不惯的""农民欢迎私塾，不欢迎学校，宁欢迎私塾老师，不欢迎小学教员。"[②]新式教育办学之困难可略见一斑。山东是儒家思想的发祥地，儒家文化的影响广泛而深远，当人们听说张芹香还招收女学生同校读书，传统封建思想受到巨大挑战，一时间异议蜂起，没有家长愿意把孩子送到新学堂去上学。张芹香和其他教师一起到各个村庄去宣传动员，鼓励家长送孩子们去上新学，不厌其烦地反复宣讲接受新式教育的好处，并承诺不收取学费。就这样，锲而不舍地宣讲了一段时间，陆续招收了十余名学生，终于，学校正式开学了。开学后，张芹香也不断遇到问题和挑战，譬如学生年龄、学习程度参差不齐，没办法统一安排，只能采用复式教学法授课；

---

① 北园镇志编纂委员会编：《北园镇志》，山东科学技术出版社，1991年版，第367页。

② 毛泽东：《毛泽东选集第一卷：湖南农民运动考察报告》，人民出版社，1991年版，第39—40页。

又譬如师资困难，只能从省外聘请；又譬如经费不足，运行艰难等。张芹香克服重重困难，身兼数职，既负责学校日常管理，也亲自参与教学。他上课认真，旁征博引，讲事说理透彻明白，很受学生欢迎，也得到积极的社会评价。就这样，前来报名读书的学生越来越多，很快，大张庄小学已经不能容纳来求学的孩子了，张芹香开始筹划兴办第二所学校。

有了第一所小学办学的经验，张芹香很快看中了大杨庄村北的一座观音庙，简单地改建修整后，建立了第二所小学——杨庄小学。在这期间，张芹香除了亲自授课、教学管理之外，仍坚持不断在周边村庄进行招生宣传，他到处召开宣讲会，讲解上新学的好处，劝导乡亲们将适龄儿童送入学校，帮助乡亲们了解新式教育，不断扩大新式教育的影响。渐渐地，就读的学生越来越多，当杨庄小学不能容纳更多学生，张芹香开始再一次寻找新的办学场所。就这样，张芹香利用村庄当地的庙产或其他公共场所，四处募捐办学资金，不足处就自掏腰包，陆续筹建了黄台山小学、张公坟小学、刘家桥西黑和尚庙小学、角楼庄小学、沃家庄小学等 7 所小学。这些学校的举办不仅普及基础教育，培养新式人才，也为新式思想的传播起到重要作用，在北园、历城一带影响很大。

开办的学校越来越多，所需的师资也愈发紧张。张芹香一直坚持亲自上课，1917 年夏天，省视学巩秉秋视察历城学务，恰逢张芹香在沃家庄小学上课，有记录记载："教员张芹香授国文，讲解透彻，引举事例亦极确实，学生尽能领会，课堂上之动作秩序亦极整齐。"[①] 对学校的管理、老师的教学都予以高度评价。

除了自己授课，张芹香还大胆选用女教师，动员受过教育的嫂嫂张笑鼙、四妹张季芳到校教书。公开聘用女教师招收女学生，这些做法在民国初年、思想落后的中国北方乡村是前所未有的。据史实记载，1919 年，教育家王祝晨执掌山东省立一师附属小学时推行教育改革，公开招聘同工同酬的女

---

① 黄时陶：《天桥文史资料选辑第十辑——张芹香事略》，济南市新闻出版局，1992 年版，第 130 页。

教师，并招收女学生、实行男女同班等，这些举措被称为山东小学教育的开创性改革，在当时引起轩然大波，王祝晨因此遭到极大的诋毁迫害，王家被打砸破坏，《齐鲁公报》《平民日报》等报刊连续刊登文章攻击。张芹香办学早于这个时间，且主要在济南市北园镇周边农村，社会阻力之大可想而知，比王祝晨的教育改革更易招致社会抨击，但张芹香不惧社会压力，坚持破除旧思想，推广新教育，首开社会之先风，尤为难能可贵。

为宣传革命、开启民智，张芹香不仅开办小学，还在原院东大街（今泉城路）开办了一所农民讲习所，专门招收农民和社会青年，宣传爱国反帝，推广革命思想，提倡社会新风如妇女放足，等等。

20世纪30年代，北园一带公立小学、私立小学不断增加，适龄儿童失学问题得到缓解，张芹香又注意到一个特殊的失学群体——聋哑儿童。1937年前后，他听说天津有一所聋哑学校，不仅传授知识，还教授学生一些可以谋生自立的生产技能，便远赴天津，邀请天津聋哑学校校长齐肆三来济南商讨共同办学。齐肆三被其热情所感动，亲自带领几名学生来到济南，和张芹香一起在千佛山下的残废院试办聋哑学校。张芹香每天和齐肆三师生们一同四处奔波、宣传招生，正当学校即将步入正轨之时，卢沟桥事变爆发，中华民族开始全面抗战，战火很快蔓延到了济南，济南的第一所聋哑学校无奈搁浅了。

纵观张芹香的办学经历，从乡村小学到农民讲习所，再到聋哑学校，他的成功实践一方面得益于经历过师范学校的系统教育和训练，熟悉学校的教学和管理工作；另一方面缘于接受新式教育，使他具有更宽广的视野、广阔的胸怀，办学不拘一格，形式多样。另外，张芹香不计个人得失，全身心投入到教育救国事业中去，知行合一，笃行不怠，坚定不移地践履所学，方能有所成就。正因如此，张芹香为近代新式教育所做的努力探索得到社会、民众的高度认可，被当地人尊称为"历城武训"。

抗日救国，为民请命

　　1915 年，日本假借第一次世界大战的机会试图独占中国领土，向中国政府提出完全违背国际关系准则、意在吞并中国的"二十一条"。袁世凯政府权衡再三，准备接受这一丧权辱国的条约。消息一经传出，举国哗然，全国各地纷纷举行集会以示反对。山东济南作为"二十一条"中所讨论的核心地区更是掀起抗日浪潮，社会各界组织游行示威，声讨日本侵略行为，国人自发发起抵制日货活动，"物质精神上之作用也，人生至自然之举动也，不背国内法，而亦无关系于国际法者也，其范围且狭于罢市及同盟罢工，亦无影响于社会秩序者也"[①]。25 岁的张芹香此时正在省立一师读书，立即和其他进步学生一起积极参与爱国活动。他回到家乡北园，组织农民和学生参与罢市罢课斗争，发表抗日演说，劝说百姓不要购买日本商品，并号召百姓反抗日本侵略统治，反对政府签署卖国"二十一条"。这场运动中，张芹香得到了很多锻炼，为他后来坚定不移抵抗日本侵略者，多次参与抗日活动打下了基础。

　　1919 年五四运动爆发后，济南再一次掀起"外争国权，内惩国贼"的群众爱国运动的热潮，学生罢课，工人罢工。学生组织了学生联合会，民众自发组织"救国十人团"，工人发起组织"劳动五人团"，抗日情绪高涨，时常召集会议，组织游行示威、公开演讲、散发传单、抵制日货等抗日活动。

　　这个时期，驻扎在济南的日军需要大量的粮食供给，于是断绝日军粮源也成为一个重要的斗争手段。张芹香在之前反抗"二十一条"时已经积累了丰富的抗日活动经验，当时他正在北园一带办新学，利用工作之便，张芹香经常在杨庄、刘家井、霞侣市一带发表爱国演讲，并和救国十人团一同发动群众，拒绝卖粮给日本军队，在铁路沿线设卡阻挠日军收购粮食。这些抵制活动卓有成效，驻济日军一时陷入粮荒。6 月初，受到打击的日军

---

　　①罗元铮主编：《中华民国实录第一卷 上册》，吉林人民出版社，1997年版，第269页。

开始大肆抓捕破坏粮食供应的爱国学生，霞侣市村民李继寿、刘砚田为援救被抓的两名学生与日军正面冲突，当场被捕并遭日军刑讯逼供。张芹香（李继寿口述记录中误为张琴香）得知这一消息，立刻串联周围各个村庄，召开集会抗议日军行为。为尽力营救李继寿、刘砚田，村民们推选张芹香为群众代表与日本侵略者和军阀交涉，张芹香为扩大社会影响，联系了山东学生联合会，组织千余人大集会，在会上，张芹香慷慨发言，痛斥日军暴行，和与会群众一同前往省长公署请愿，并包围日本领事馆。迫于巨大的社会压力，李继寿等村民最终被释放。日本侵略者和山东军阀的暴力行为不仅没有达到恐吓群众、破坏运动的目的，反而更加激发了国民同仇敌忾之情，山东的爱国运动益发高涨。

　　20世纪30年代，张芹香曾到聊城临清、惠民等地的政府部门短期供职，因不满民国政府的官僚腐败，愤然辞职，回到济南继续开展教育相关工作。不管身在何方，张芹香始终关心底层人民疾苦，坚持为民发声。1937年夏天，济南发生了历史上罕见的重大水灾，由于玉符河决堤，整个北园镇陷入汪洋，庄稼被洪水淹没，颗粒无收，农民的房屋被冲毁，大量倒塌。洪水、饥荒、疾病接踵而至，受灾群众无家可归，衣食无着，流离失所。这种情况下，当局政府不仅不救助灾民，反而强迫百姓交粮纳税，这一暴虐行为引起灾民和社会各界的强烈不满。面对饿殍遍地、民不聊生的悲惨现状，张芹香主动联合各村代表，不断向省政府抗争不合理政策，提出免税赈灾的要求。经过张芹香和社会各界的持续努力，最终得以免去一年农税，不仅于此，灾民还获得了政府赈济的一些粗粮，得以缓解燃眉之急，暂渡难关。

舍生取义，为国赴难

　　1937年七七事变后，抗日战争全面爆发，北京、天津陆续沦陷，日军大举南侵，12月27日济南沦陷，整个山东很快沦为敌占区。日军入侵济南仅仅半年多的时间里就制造了一系列惨案，从"历城鹊山惨案""济阳惨案""长清大彦村惨案",到"历城田庄惨案""曹家圈惨案""长清水泉峪村惨案"等,屠杀中国军民数以千计,烧毁房屋上千间,掠夺粮食数万斤,导致的财产损失难以估算,给济南人民造成难以弥补的战争创伤。

在侵华期间,日本一直采取"以华制华,以战养战"的策略,扶持一些卖国求荣的民族败类成立"中华民国临时政府",于 1938 年 3 月成立伪山东省公署,利用傀儡政权来加强对沦陷区的控制,同时,豢养大批汉奸打手成立维持会,实行白色恐怖统治。日本侵略者和这些出卖国家和人民利益的民族叛徒相互勾结,犯下了累累罪行,可谓罄竹难书。

为打击日寇,惩治汉奸,1938 年春夏之交,济南的爱国志士们自发组成"山东抗日铁血锄奸救国团"(简称"抗日铁血团"),策划在敌占区开展秘密活动。此时的张芹香已经年近半百,但他不顾个人安危,抱病积极参与"抗日铁血团",并成为其中骨干人员,主要策划组织在济南的破坏活动。1939 年到 1940 年期间,"抗日铁血团"先后刺杀伪山东省省长唐仰杜、伪教育厅厅长郝书喧、伪高等法院院长张朝骥等日伪高级官吏,对卖身投靠日军的汉奸们形成极大的心理压迫;先后成功地截获日军抢掠收取的税金,烧毁了日军在济南的弹药库,破坏了北关火车站货场。北关是日军运送武器粮草的关键中转站,这一系列活动给驻扎在济南的日军沉重打击,也招致日军对"抗日铁血团"的疯狂围捕。

1940 年,日军突击搜查"抗日铁血团"在芙蓉街的秘密据点,发现了组织成员花名册。根据这本花名册,日军逮捕了 100 余名成员,其中包括济南地区和青岛地区的负责人毕复生、李景禹等人。日军对逮捕的成员严刑拷打,有些成员被折磨致死,有些成员被杀害,有些成员被判处徒刑,直到日本投降后才被释放。这其中,也有一些成员经不起考验,被捕后不堪威逼利诱,叛变革命,如济南地区负责人毕复生等。这些关键成员泄露大量重要情报,导致其他成员的暴露和陆续被捕,组织受到了极大伤害,"抗日铁血团"就此一蹶不振。

据张芹香三子张志铎回忆,由于"抗日铁血团"成员张仲鲁的出卖,1940 年的冬天,张芹香在家中被日本宪兵逮捕。为获知更多情报,狱中的张芹香遭到日军严刑拷打，本已年迈且有伤病的张芹香受尽敌人的折磨摧残，但是即便被打至头破血流、面目全非，连同牢房的难友都辨认不出，他也始终没有透露任何信息，甚而时常安慰同囚室的难友，传授斗争经验，鼓励大家勇敢与敌人斗争。1941 年 2 月，重伤不愈的张芹香被日军折磨致死，时年 51 岁。

在山东人民坚决抵抗日本侵略者的日子里，像张芹香这样的英雄事迹不胜枚举，正是无数英烈们的鲜血和牺牲才换来了最后抗日战争的胜利。人们从不曾忘怀革命先烈的付出，抗日战争胜利后，济南社会各界在大明湖南岸的一座小楼里举行了隆重的"张芹香先生追悼大会"，数百人聚集在一起，纪念缅怀他英勇不屈的革命精神。

1946 年，张芹香的学生葛子勇作为发起人，联系他的同事、学生和亲友一同筹建了"济南私立芹香初级中学"，校址设在北园大杨庄 40 号的一所四合院，这里是张芹香的故宅。张芹香曾无数次在这里召开宣讲会，为村民宣传革命，讲解新式教育的好处，也曾在这里策划组织抗日活动。在这个有纪念意义的地方开办学校，继承他的遗志，恰是对这位教育家、革命家最好的纪念。芹香中学前后招收过三届学生，共计 200 余人，对北园一带的教育发展起到重要的推动作用。芹香中学毕业的学生中，有很多后来成为各行各业的中坚力量。可惜由于经费不足，芹香中学在解放前夕停办。

鲁迅先生在《中国人失掉自信心了吗》一文中曾谈到有史以来的革命者，他说："我们从古以来，就有埋头苦干的人，有拼命硬干的人，有为民请命的人，有舍身求法的人……虽是等于为帝王将相作家谱的所谓'正史'，也往往掩不住他们的荣耀，这就是中国的脊梁。"回望张芹香曲折坎坷的一生，在那个风雨如晦的时代，他秉持一个新式知识分子的良知，不忘初心，大爱无私；他为了教育救国四处奔波，兴学育人；他为了国家和百姓奔走疾呼，不惧辛苦；他为了抗日救国不屈不挠，杀身成仁。张芹香正是鲁迅先生笔下革命者的真实写照，他将宝贵的一生都奉献给了民族、国家和人民，无愧为"国之脊梁，民之武训"。

【参考文献】

[1]胡汶本,田克深.五四运动在山东资料选辑[M].济南:山东人民出版社,1980:375—380.

[2]綦际霖.山东文史资料选辑第二十六辑 回忆1902—1916年的山东师范学堂[M].济南:山东人民出版社,1989:9—22.

[3]毛泽东.毛泽东选集第一卷[M].北京:人民出版社,1991:39—40.

[4]刘玉澄.天桥文史资料选辑第2辑 张芹香与芹香中学[M].济南:济南市新闻出版局,1991:170—174.

[5]北园镇志编纂委员会.北园镇志[M].济南:山东科学技术出版社,1991:367.

[6]马庚存.同盟会在山东[M].济南:山东人民出版社,1991:53—63.

[7]于天助.潍坊文史资料选辑第7辑:辛亥革命先驱刘冠三[M].潍坊:潍坊市新闻出版局,1991:144—158.

[8]刘明婵,刘漪.济南文史资料选辑第10辑:回忆祖父刘冠三的办学及革命活动[M].济南:济南市新闻出版局,1992:96—103.

[9]黄时陶.天桥文史资料选辑第10辑 张芹香事略[M].济南:济南市新闻出版局,1992:128—134.

[10]天桥区志编纂委员会.天桥区志[M].济南:山东人民出版社,1993:857.

[11]济南市志编纂委员会.济南年鉴1993[M].济南:济南市新闻出版局,1993:308.

[12]张志铎,张喆生.山东文史集萃(修订本)下[M].济南:济南市新闻出版局,1998:536—539.

[13]张志铎,张喆生.山东文史教育卷[M].济南:济南市新闻出版局,1998:422—427.

[14]黄时陶.历城文史资料·"历城武训"张芹香(1880—1941)[M].济南:济南市新闻出版局,1998:220.

[15]丁涛.天桥文史资料选辑第3辑:终身治教,誉满齐鲁——记济

南师范早期的杰出学生、校长，山东四大教育家之首鞠思敏先生 [M].济南：济南市新闻出版局,1999:88—98.

[16]张春常，李秋毅.济南师范学校百年史：张芹香 [M].济南：齐鲁书社,2002:251—255.

[17]张书丰.山东师范教育百年历程的回顾与思考 [J].山东师范大学学报（人文社会科学版）,2003:49—55.

[18]黄时陶.历城文史集粹·"历城武训"张芹香（1880—1941）[M].济南：济南市新闻出版局,2004:111—113.

[19]张迎迎.近代山东新型知识分子研究（1900—1937）[D].山东师范大学，2007.

[20]许庆如.变革与传承：近代山东乡村教育研究（1901—1937）[D].华东师范大学,2012.

后　记

　　济南幼儿师范高等专科学校肇始于1902年的山东师范馆，是一所有着百年历史的师范学校，同时又是一所红色师范学校。在不同历史时期，学校为中国革命和建设培养了大量的进步青年，这些进步青年为争取民族独立、人民解放和实现国家富强、人民幸福做出了重要的贡献。

　　党的十八大以来，习近平总书记多次就"用好红色资源，传承好红色基因"做出重要指示。学校高度重视学校红色文化的传承工作，构建了全方位、立体化的红色文化传承体系。为进一步挖掘校史中宝贵的红色文化资源，学校成立红色校史研究小组，加强对校史中革命先烈的研究，以更好赓续红色血脉，落实立德树人的根本任务。研究小组先期选取了学校在山东省立一师时期的15位校友，广泛搜集校友资料，撰写校友传记，编写本书，力求真实全面地反映他们的成长历程，展现这一进步青年群体为山东共产党、共青团组织的创建与发展做出的巨大贡献。

　　本书面世，承蒙中共山东省委党史研究室原副主任丁龙嘉指导。丁主任在从选题到实施、从思路到方法、从框架到内容等方面给予了编写组高屋建瓴的指导和帮助；本书在编辑过程中，得到了诸城市委党史研究中心、郯城县委党史研究中心，广饶县委党史研究中心、诸城市相州镇党史研究室等单位及专家学者的大力帮助；本书在出版过程中，得到了济南出版社的有力支持，在此，我们一并表示衷心感谢！

　　由于我们的水平有限，不免存有疏漏，恳请广大读者不吝批评指教。

编　者

2023年2月